Bettina Graf
Reisen und seelische Gesundheit

Tourismuswissenschaftliche Manuskripte
Herausgegeben von H. Jürgen Kagelmann
Bd. 12

Bettina Graf

Reisen und seelische Gesundheit

Erfahrungs(t)räume zwischen Autonomie und Geborgenheit

Profil Verlag
München Wien

Dr. Bettina Graf, Dipl.-Psych.
Technische Universität Berlin
Zentrum Technik und Gesellschaft
Sekretariat HAD 38
Hardenbergstraße 4-5
10623 Berlin

Die Deutsche Bibliothek – CIP-Einheitsaufnahme

Graf, Bettina :
Reisen und seelische Gesundheit: Erfahrungs(t)räume zwischen Autonomie und Geborgenheit/Bettina Graf. -
München ; Wien: Profil Verlag, 2002
  (Tourismuswissenschaftliche Manuskripte, Bd. 12)
  ISBN 3-89019-541-5

© 2002 Profil Verlag GmbH München Wien und Autorin
Umschlaggestaltung: J. Kagelmann; Abbildung: Cypress Gardens, Florida (Foto J. Kagelmann)
Gedruckt nach Typoscript
Druck und Bindung: Gräbner, Altendorf
Printed in Germany
ISBN 3-89019-541-5

Dieses Werk ist urheberrechtlich geschützt. Jede Verwertung außerhalb der engen Grenzen des Urheberrechtsgesetzes ist ohne Zustimmung des Verlages unzulässig und strafbar. Dies gilt insbesondere für Vervielfältigungen, Übersetzungen, Mikroverfilmungen und die Einspeicherung und Verarbeitung in elektronischen Systemen.

Inhalt

	Danksagung	7
1	**Reisen und seelische Gesundheit: Idee und Zielsetzung**	9
2	**Allgemeine Überlegungen zum Thema Reisen und Theorieansätze aus verschiedenen Disziplinen**	15
2.1	Reisen gestern, heute und morgen: Geschichte, Status Quo und Trends für die Zukunft	16
2.2	Die Entwicklung von Reisen und Tourismus im sozioökonomischen Kontext	32
2.3	Zur Beziehung von Arbeit und Freizeit	35
2.4	Tourismuswissenschaft: Ideen und Forschungsergebnisse	40
3	**Psychologische Konzepte und Theorien**	52
3.1	Die Beziehung zwischen Mensch und Umwelt beim Reisen: Umweltpsychologische Überlegungen	53
3.2	Zur Beziehung zwischen Mensch und Natur	69
3.3	Landschaftsästhetik	71
3.4	Dialektischer Transaktionalismus	73
3.4.1	Die Dialektik von Autonomie und Geborgenheit	75
3.4.2	Dialektische Prozesse und physische Umwelt	77
3.5	Architektur- und Wohnpsychologie	79
3.6	Psychoanalytische Denkansätze	85
3.6.1	Zur Bedeutung der Grundkonflikte	87
3.6.2	Philobatismus und Oknophilie	97
3.6.3	Der Reisende als Künstler	104
3.6.4	Reisen als Fest oder Ritual	111
3.7	Gestalttherapeutischer Ansatz: Der Mensch Umwelt Kontaktprozess oder was ist ein Erlebnis?	114
3.8	Macht Reisen gesund? Überlegungen aus der Gesundheitspsychologie	120
3.9	Modelle der Gesundheitspsychologie	132
4	**Methoden**	140
4.1	Einleitung: Qualitative Sozialforschung	140
4.2	Grounded Theory als Forschungsstrategie	148
4.3	Die Erhebung	150
4.3.1	Problemzentrierte Interviews	150
4.3.2	Experteninterviews	153
4.3.3	Teilnehmende Beobachtung	153

4.4	Die Analyse	155
4.4.1	Die Analysetechniken der Grounded Theory	155
4.4.2	Das Programm ATLAS/ti: Computerunterstützte Analyse qualitativer Daten	160

5 Die Untersuchung — 162

- 5.1 Planung und Durchführung: Das Untersuchungsdesign — 162
- 5.2 Auswahl und Beschreibung der Interviewpartner — 165
- 5.3 Interviewleitfäden — 169
- 5.4 Aufzeichnung der Teilnehmenden Beobachtung: Reisetagebücher — 169

6 Ergebnisse — 171

- 6.1 Gegenwelten: Zwei Reisesubkulturen — 171
- 6.2 Die zentralen inhaltlichen Kategorien (Ergebnisse des offenen Kodierens) — 178
- 6.3 Tabellarische Darstellung der Kategorien mit Dimensionalisierung — 232
- 6.4 Zwei Achsenkategorien (zentrale Kategorien): Ruhe und Entspannung versus Aufregung und Abenteuer — 239
- 6.5 Die Theorie: Die Ausbalancierung des Grundkonfliktes vor dem Hintergrund einer bedürfnisgeleiteten Umweltwahrnehmung — 247

7 Diskussion — 254

- 7.1 Zum therapeutischen Effekt von Reisen: Möglichkeiten und Grenzen — 254
- 7.2 Zur Gestaltung von Regenerations- und Erlebnisräumen: Architekturpsychologische Überlegungen — 263
- 7.3 Schlussfolgerungen für die Planung von Freizeitorten und Freizeiteinrichtungen — 267
- 7.4 Exkurs: Tourismus und nachhaltige Entwicklung — 269
- 7.5 Zur Wechselwirkung von Theorie und Empirie: Kritische Methodenreflektion — 276

8 Ausblick — 281

9 Zusammenfassung — 285

10 Literatur — 287

Danksagung

Ohne die Hilfe vieler Menschen hätte dieses Buch nicht entstehen können. Allen, die mich unterstützt haben, möchte ich an dieser Stelle von Herzen danken!
Ich danke an erster Stelle meinen Interviewpartner/innen für ihre Offenheit und für ihre Bereitschaft, so eindrücklich über ihre Reisen zu berichten. Ihre Erzählungen bilden die Grundlage dieses Buches.
Mein herzlichster Dank gilt ferner allen Kolleginnen und Kollegen, die mich während der intensivsten Arbeitsphasen unterstützt und entlastet haben. Ich danke allen Kolleginnen und Kollegen aus dem Forschungsprojekt *WohNach*. Darüber hinaus danke ich ganz besonders *Till Haustedt* für seine tatkräftige Unterstützung in der Lehre, *Elvira Valamanesh* für die Entlastung in Verwaltungsaufgaben und *Sabine Gruner* für ihre große Hilfsbereitschaft und die Entlastung im Rahmen des Forschungsprojektes *WohNach*. Für hilfreiche inhaltliche Anregungen danke ich allen, mit denen ich über meine Arbeit sprechen konnte, deren Ideen mich inspiriert haben und deren Interesse mich motiviert hat.
Ich bedanke mich herzlich bei meinen Freunden *Christian Bartmann*, *Gabriele Dorrer* und *Monika Fries* für hilfreichen Anregungen, inspirierende Gespräche und interessante Ideen. Ich danke *Peter Seiler* für sein Interesse und sein offenes Ohr. Ich danke allen Kolleginnen und Kollegen des Forschungsprojektes *Kontrasträume und Raumpartnerschaften* für ihr Verständnis, für inhaltliche Anregungen und für ihr Interesse. Weiter möchte ich allen Kollegen und Kolleginnen danken, die mich bei den Korrekturarbeiten unterstützt haben. Mein besonderer Dank gilt *Gesa Kliesch, Sabine Gruner, Jens Eitmann* und *Ann-Kathrin Frank*.
Für die Hilfe bei der Gestaltung des Manuskriptes danke ich *Christine Kuch* und *Jens Eitmann*.
Schließlich danke ich herzlich meinen Betreuern und Beratern Herrn *Prof. Dr. Harloff* und Frau *Prof. Dr. Jaeggi* für ihr Interesse und für ihre wichtigen, interessanten und unterstützenden inhaltlichen Ratschläge und Anregungen. Darüber hinaus danke ich beiden für ihre Offenheit und Akzeptanz gegenüber dem Forschungsthema und für ihre ermutigende Haltung. Ich danke den Tourismusexperten Herrn *PD Dr. Hasso Spode* und Herrn *Dipl.-Psych. Heinz Hahn* für Ihre

anregende und informative Auskunft im Rahmen von Experteninterviews.
Herrn *Dr. Dienel* danke ich für Unterstützung in inhaltlichen und formalen Angelegenheiten. Ich danke schließlich Herrn *Prof. Dr. Dr. Legewie*, durch den ich die qualitative Forschung kennengelernt habe und in dessen Seminar vor einigen Jahren die Idee das Thema „Reisen" wissenschaftlich zu betrachten entstanden ist.

Bettina Graf   Berlin, Mai 2002

Anmerkung: Um die Anonymität der Interviewpartner/innen zu wahren und aus Gründen der Verständlichkeit ist im folgenden Text die männliche Schreibweise verwendet worden. Gemeint sind hiermit jedoch immer Frauen und Männer.

"Anyone concerned with travelling has to realize first, that he is reaching deep into one of the major conflicts of the human mind: A desire for sameness, the return to the womb, if you wish, conflicting with the motivation to reach out and to discover the world."

Dichter (1967)

1 Reisen und seelische Gesundheit: Idee und Zielsetzung

Der Wunsch zu reisen durchzieht die Menschheitsgeschichte seit ihren Anfängen. Was steht hinter dem Drang nach Mobilität? Welche psychischen Veränderungen werden durch das Reisen hervorgerufen?
Zu diesen Fragen möchte ich im Rahmen dieses Buches Stellung nehmen. In Zentrum steht dabei die Problemstellung, ob und wie Tourismus einen Beitrag zur Förderung und Erhaltung der seelischen Gesundheit von Reisenden leisten kann. Grundlage der Überlegungen sind zum einen Interviews mit Reisenden und zum anderen teilnehmende Beobachtungen. Es soll versucht werden, die Ergebnisse in verschiedene theoretische Rahmen einzuordnen, vor allem in solche aus der Umweltpsychologie und aus der Tiefenpsychologie, um ein breiteres Verständnis für den psychologischen Zusammenhang des Tourismusphänomens zu entwickeln. Ziel ist schließlich die Ausarbeitung eines Modells, das die Ergebnisse integrierend zusammenfasst und Aufschluss über psychologische Wirkmomente von Reisen ermöglicht. Dabei beziehe ich mich auf die empirischen Ergebnisse der Interviews, knüpfe aber auch an theoretische Überlegungen an, sofern sie sich in den Interviews widerspiegeln. Darüber hinaus sollen erste Ansatzpunkte erarbeitet werden, wie jene Disziplinen, die für den Tourismus planen, gestalten und entwerfen, psychologische Forschungsergebnisse stärker als dies bisher geschieht in ihre Überlegungen mit einbeziehen und dadurch Umwelten schaffen können, die dem Menschen stärker gerecht werden. Das Massenphänomen des Reisens findet in der akademischen Psychologie nach wie vor kaum Beachtung. Fast

ausschließlich die im Dienste der Tourismusindustrie stehende psychologische Marktforschung hat sich bisher dem Thema zugewandt. Auf größeres Interesse hingegen stieß das Reisen in der Soziologie, in der Ethnologie und in der Pädagogik, schließlich aber vor allem in der Ökonomie; der Tourismus ist eine große und weiterhin vielversprechende Wachstumsindustrie. Ökonomische und soziologische Erklärungsansätze wurden erarbeitet. Gerade über den Zusammenhang zwischen Massentourismus und gesellschaftlichen Strukturen ist viel geschrieben worden. Genuin psychologische Betrachtungsweisen sind selten und werden, wenn überhaupt, dann nicht einmal von Psychologen formuliert. Ich denke beim Thema Reisen/ Urlaub und Tourismus lohnt sich auch der Blick auf das Erleben und Verhalten einzelner Individuen. In diesem Sinne möchte ich versuchen, Reisen psychologisch zu betrachten; dabei soll die Bedeutung des Reisens für die Gesundheit, und hier vor allem für die seelische Gesundheit, im Vordergrund stehen.

Psychische Regeneration wird seit langem als ein Hauptmotiv der Urlaubsreise angenommen (vgl. Krippendorf 1984). Im Rahmen dieses Beitrags sollen Reisende befragt werden: Wie erleben *sie* ihre Reise bzw. ihren Urlaub? Touristisches Reisen zeigt heute hoch diversifizierte Erscheinungsformen. Betrachtet man den modernen Reisemarkt, so stellt man fest, dass es die verschiedensten Angebote gibt, die offenbar mit ganz unterschiedlichen Reisewünschen korrespondieren.

Welche Reisenden sind nun geeignet für eine Untersuchung mit der genannten Zielsetzung? Meine Überlegungen waren die folgenden: In der Ethnologie, auch aber in der Psychoanalyse und in den Literaturwissenschaften wird im Zusammenhang mit Reisen immer wieder das Konzept der *Fremde* als bedeutungsvoll erwähnt. Die Begegnung mit dem Neuen und Unvertrauten, wird als zentrales Thema und wesentliches Merkmal des Reisens angesehen. Reisen bedeutet dann die Relativierung des "Eigenen" in der Auseinandersetzung mit dem "Fremden". Es ginge um das Erfahren der eigenen Möglichkeiten und Grenzen. Die äußere Fremde führe uns nicht zuletzt zum Fremden in uns selbst.

Das Fremde wirkt auf den Menschen ambivalent; Faszination und Neugier einerseits stehen Gefühlen von Angst, Bedrohlichkeit und Finsternis andererseits gegenüber. Schaut man sich nun aber an, was die meisten Urlauber wirklich machen, so hat dies in vielen Fällen wenig mit „Fremde" zu tun. Das Luxushotel mit Service rundum, das Ferienhaus, das alljährlich wieder angesteuert wird oder schließlich der Wohnwagen, der quasi als Schneckenhaus mit geführt wird: solche Erscheinungen vermitteln eher den Eindruck, dass das Ziel der Reise das bessere Zuhause ist, und nicht die Fremde. Auf der Grundlage solcher Überlegungen wurden nun Reisende ausgewählt, die bezüglich des Konzeptes Fremde und Fremderleben als kontrastierend erscheinen. Zum einen wurden Alleinreisende betrachtet, die in außereuropäischen Kontinenten unterwegs sind, und zum anderen Wohnwagentouristen die mit Partner oder im Kreise ihrer Familie in Deutschland Urlaub machen. Es bilden sich die folgenden beiden Gruppen:

Traveller
- *Allein reisend*
- *Rucksack*
- *Ins außereuropäische Ausland*

Wohnwagentouristen
- *Mit anderen reisend*
- *Wohnwagen*
- *In Deutschland*

Es wurde also eine Gruppe ausgewählt, die ihr physisches und soziales Zuhause quasi vollständig am Heimatort zurücklässt und eine andere Gruppe, die ihr Zuhause auf die Reise mitnimmt. Von der Gegenüberstellung dieser beiden Gruppen erhoffte ich mir Aufschluss darüber, ob eine Theorie zu den psychologischen Effekten von Urlaub und Reisen über die Beschreibung einzelner Reiseformen hinaus möglich ist, und wenn ja, wie eine solche Theorie aussehen kann.

Die Literaturrecherche in verschiedenen Disziplinen und international ergab zunächst ein trostloses Bild: Spezifische Forschung zum Thema Reisen und seelische Gesundheit liegt kaum vor (vgl. auch Keul, 1997, zum Forschungsstand vgl. Kap. 2.4). Darum musste ich theoretisch weiter ausholen und versuchen, verschiedene Rahmenkonzepte für das Thema nutzbar zu machen. Daraus folgt der Aufbau des Beitrags:

Nach einer ersten *Begriffsklärung* (Kap. 2) möchte ich mit einer *geschichtlichen Betrachtung* beginnen (Kap. 2.1). Wie reisten die Menschen früher, wer reiste überhaupt, wie sahen die typischen Reiseformen verschiedener Zeiten aus? Wer reist in Zukunft und welche Formen des Reisens wird er voraussichtlich wählen? Daran anschließend soll das *Reisen im gesellschaftlichen Kontext* betrachtet werden (Kap. 2.2). Welche sozioökonomischen Rahmenbedingungen gehen mit welchen Formen des Reisens einher? Welche strukturellen Bedingungen müssen vorhanden sein, damit überhaupt gereist wird? Welche Bevölkerungsgruppen tragen die touristische Bewegung am meisten? Solche Überlegungen führen zur *Beziehung zwischen Arbeit und Freizeit*, die daran anschließend betrachtet werden soll (Kap.2.3). Wie sieht diese Beziehung aus? Welche Auswirkungen haben Veränderungen in einem der beiden Lebensbereiche auf den anderen? Zum Abschluss dieser theoretischen Überlegungen unterschiedlicher Herkunft, soll der *Forschungsstand der interdisziplinären Tourismuswissenschaft* kurz referiert werden (Kap. 2.4). Im nachfolgenden Teil (Kap. 3) werden verschiedene theoretische Rahmenkonzepte aus der Psychologie dargestellt, die anschließend zur Interpretation der Ergebnisse herangezogen werden sollen. Ausgewählt wurden solche Konzepte und Theorien, die mir auf der Grundlage meines Kenntnisstandes vor der Durchführung der Interviews als relevant und sinnvoll erschienen. Beginnen will ich mit einer Darstellung der *Mensch-Umwelt-Beziehung* aus der Perspektive der Umweltpsychologie (Kap. 3.1). Wie verändert sich unsere Beziehung zur Umwelt, wenn wir auf Reisen sind und welche Veränderungen der Wahrnehmung und des Erlebens sind zu erwarten? Einige Überlegungen zur besonderen Beziehung zwischen dem Menschen und der *natürlichen Umwelt* schließen sich an (Kap. 3.2). Darauf aufbauend wird ein kurzer Blick in die *Landschaftsästhetik* geworfen (Kap. 3.3). Nachfolgend soll der *dialektische Transaktionalismus,* eine spezielle, neu ausgearbeitete Form des Transaktionalismus betrachtet werden (Kap. 3.4). Dieser stellt innerhalb der Umweltpsychologie eine Metatheorie dar, die auch in die Architektur- und Wohnpsychologie übernommen wurde. Im Rahmen dieses Ansatzes kommt der *Autonomie – Geborgenheitsdialektik*, als zentralem Spannungsfeld menschlichen Erlebens eine besondere Bedeutung zu (Kap. 3.4.1). Es soll darüber hinaus dargestellt werden, was die Überlegungen des dialektischen Transaktionalismus für die *Gestaltung physischer Umwelten* bedeuten können (Kap. 3.4.2.). Daran anschließend soll ein Blick in die Architektur- und Wohnpsychologie geworfen werden (Kap. 3.5). Im folgenden Kapitel möchte ich einige psychoanalytische Denkansätze darstellen (Kap. 3.6). Beginnen will ich mit der Bedeutung der sogenannten Grundkonflikte, wobei ich vor allem auf den *Abhängigkeits-Unabhängigkeitskonflikt* und seine Beziehung zur oben genannten *Autonomie-Geborgenheitsdialektik* eingehen will (Kap. 3.6.1). Es wird auf verschiedene *Reaktionsmöglichkeiten auf diesen Konflikt* im Kindesalter und auf daraus resultierende Unterschiede im Erleben des Erwachsenen eingegangen (*Philobatismus und Oknophilie*, Kap. 3.6.2). Im folgenden Kapitel möchte ich an eine Idee, die der Sozialwissenschaftler Hennig (1997) formuliert hat, anknüpfen (Kap. 3.6.3). Der Autor hat versucht, Verbindungen zwischen dem *Reisen und dem spezifischen Erleben des Künstlers* herzustellen. Dies soll unter Bezugnahme auf Gedanken Freuds, zur psychologischen Funktion künstlerischen Schaffens, weiterverfolgt werden. Es soll ferner der Gedanke formuliert werden, *Reisen als Fest* oder als *modernes Ritual* zu verstehen (Kap. 3.6.4). Nachfolgend möchte ich einige Konzepte aus der *Gestalttherapie* aufnehmen und damit auch auf Erfahrungen im Rahmen meiner Gestalttherapieausbildung zurückgreifen (Kap. 3.7). Die Gestalttherapie, als *erlebnisgenerierendes* und *erlebnisintensivierendes* Vorgehen, ermöglicht eine Reflektion der im Tourismus zur Zeit sehr gängigen Begriffe *Erlebnis* und *Event*. Es soll ferner auf die *Bedeutung von Freizeit und Reisen für die Gesundheit* näher eingegangen werden (Kap. 3.8). Hier soll auch eine Begriffsklärung bzgl. des *Gesundheitskonzeptes* geleistet werden. Kann Reisen zur Steigerung von Gesundheit und Lebensqualität beitragen und wenn ja, wie? Abschließend werden einige *Modelle aus der Gesundheitspsychologie*, zur Entstehung psychischer Gesundheit, kurz skizziert (Kap. 3.9). Im darauffolgenden Teil des Beitrags sollen zunächst die *methodologischen Überlegungen*, die dem Untersuchungsansatz zugrunde liegen, kurz skizziert werden (Kap. 4.1). Dabei kann nur einführend auf die erkenntnistheoretischen Grundlagen der qualitativen Sozialforschung eingegangen werden. In einem weiteren Abschnitt soll auf die der *Grounded Theory* zugrunde liegenden Forschungsstrategien Bezug genommen werden (4.2). Die *Datenerhebungsmethoden* werden im Kapitel 4.3 dargestellt. Die Datenanalyse wird anschließend im Kapitel 4.4 besprochen. Schließlich wird im Kap. 4.4.2 kurz auf die Möglichkeiten der im Rahmen dieser Arbeit eingesetzten computergestützten Datenanalyse eingegangen. Im nachfolgenden Kapitel 5 wird die *Durchführung der Untersuchung* besprochen. Was genau ist gemacht worden, welche Daten wurden erhoben, welche Interviewpartner sind zu Wort gekommen? Anschließend werden die Ergebnisse der Untersuchung vorgestellt (Kap. 6). Zunächst werden im Kapitel *Gegenwelten* (Kap. 6.1) die beiden „Reisesubkulturen", die der Camper und die der Traveller, kurz beschrieben. Dann werden die *zentralen inhaltlichen Kategorien* zunächst tabellarisch, daran anschließend ausführlicher mit Beispielzitaten und dann nochmals tabellarisch, mit Zuordnung der Interviewpartner dargestellt (Kap. 6.2, Kap. 6.3). Es ergibt sich hier zunächst ein Bild der inhaltlichen Fülle und Breite. Um dies in einem zweiten Schritt zu reduzieren werden die inhaltlichen Kategorien dann um zwei zentrale Oberkategorien, sogenannte *Achsenkategorien* gruppiert (Kap. 6.4). Danach werden diese Achsenkategorien nochmals integriert, so dass sich das Gesamtmodell, die *Grounded Theory* ergibt (Kap. 6.5). Schließlich werden die Ergebnisse, Bezug nehmend auf verschiedene *inhaltliche Schwerpunkte* diskutiert (Kap. 7). Zunächst soll dabei zu möglichen *therapeutischen Effekten* von Urlaub und Reisen Stellung genommen werden. Möglichkeiten und Grenzen positiver Auswirkungen auf die Gesundheit sollen reflektiert werden (Kap 7.1). Der nachfolgende Abschnitt beschäftigt sich mit der *Gestaltung von physischen Umwelten für Freizeit und Tourismus* (7.2). Hierbei soll es darum gehen, wie Räume, die Erholung und Lebensqualität fördern sollen, geschaffen sein müssen, so dass „gesundheitsförderliche Lebenswelten" entstehen können. Erste Anregungen für die Gestaltung von Erholungsräumen sollen in diesem Zusammenhang formuliert werden. Ferner sollen erste, aus den Ergebnissen ableitbare Schlussfolgerungen für Tourismusplaner skizziert werden (Kap 7.3). Es folgt ein Exkurs zu den Erfordernissen einer *nachhaltigen Entwicklung* im Bereich des Tourismus (Kap. 7.4). Abschließend soll im Kapitel *„Zur Wechselwirkung von Theorie und Empirie"* das methodische Vorgehen der Untersuchung kritisch reflektiert werden (Kap. 7.5). Mit einem Ausblick auf weitere, spannende Fragestellungen für die Tourismusforschung und einer abschließenden Kurzzusammenfassung möchte ich das Buch beenden (Kap. 8 und 9).

2 Allgemeine Überlegungen zum Thema Reisen und Theorieansätze aus verschiedenen Disziplinen

In den folgenden Kapiteln werden einige allgemeine theoretische Überlegungen zum Thema Reisen und Tourismus dargestellt. Hier soll zunächst ein breiterer theoretischer Hintergrund reflektiert werden, bevor der Rahmen unter Bezugnahme auf psychologische Konzepte stärker verengt wird (vgl. Kap. 3.1 bis 3.7). Zunächst aber zur Begriffsklärung: Was verstehen wir unter Tourismus? *Tourismus* und *Fremdenverkehr* werden in der Regel synonym verwendet und umfassen sowohl den *nationalen* als auch den *internationalen* Reiseverkehr (vgl. Opaschowski 1996, S. 19 ff). Der Tourismusbegriff ist durch zwei grundlegende Voraussetzungen gekennzeichnet: Der Aufenthalt an einem anderen Ort als dem eigenen Wohnort ist nur *vorübergehend* und die am Zielort ausgeübten Tätigkeiten werden *nicht entlohnt*.

Im Jahr 1991 hat die WTO (Welttourismusorganisation) eine Definition für den Begriff Tourismus verabschiedet. Tourismus bezeichnet danach die Aktivitäten von Personen, die sich an Orte außerhalb ihrer gewohnten Umgebung begeben. Sie halten sich dort zu Freizeit-, Geschäfts- oder anderen Zwecken auf, jedoch nicht länger als ein Jahr. Touristen nutzen spezielle Infrastrukturen am Urlaubsort und konsumieren fremde Wirtschafts- und Kulturgüter, ohne ihrerseits Produktivleistungen zu erbringen (vgl. Opaschowski 1996, S. 20). Geschäftsreisen; Kongresse oder Familienbesuche fallen nach dieser Definition also auch unter den Begriff Tourismus, das Ausüben einer entlohnten Tätigkeit in einem fremden Land jedoch nicht. Touristen sind *vorübergehende Besucher*, die *wenigstens eine Nacht* und *höchstens ein Jahr* am besuchten Ort verbringen. Der Zweck ihrer Reise kann sein (a) *Familienbesuch*, (b) *Weiterbildung* (c) *Freizeit* und/oder (d) *Vorbereitung und Abschluss von Geschäften*. Im Gegensatz zu dieser Definition geht es im Rahmen der hier vorgestellten Arbeit ausschließlich um das Reisen zu Freizeitzwecken (vgl. c).

Begonnen wird dieser erste Teil des Beitrags mit einem geschichtlichen Überblick und mit einem Blick in die Zukunft des Reisens.

Daran anschließend soll das Tourismusphänomen vor dem Hintergrund gesellschaftlicher Bedingungen betrachtet werden. Auch zur Beziehung von Arbeit und Freizeit möchte ich kurz Stellung nehmen. Es schließt sich ein Überblick über wichtige tourismuswissenschaftliche Ideen und Forschungsergebnisse an.

2.1 Reisen gestern, heute und morgen: Geschichte, Status Quo und Trends für die Zukunft

Die Geschichte des Reisens ist durch vielfältige Erscheinungsformen gekennzeichnet. Sie umfassend zu rekonstruieren wäre ein sehr aufwendiges Vorhaben. Jede Zeit in der Menschheitsgeschichte kannte ihre eigenen Formen des Reisens. Darum möchte ich mich im Rahmen dieses Kapitels darauf beschränken, *einige besonders typische Reiseformen* ihrer Zeit vorzustellen und zu versuchen, Beziehungen zum modernen Tourismus herzustellen. Es wird sich zeigen, dass die Geschichte der Reise als „Last" lang ist; viel kürzer ist die Geschichte der Reiselust. Abschließend werde Ich einige wesentliche Entwicklungslinien des Reisens skizzieren. Ein kurzer geschichtlicher Rückblick zeigt, dass Reisen und Mobilität am Anfang unserer Zeit an existenzielle Motive gebunden waren; Menschen bewegten sich im Raum, um Nahrung zu finden, um einen Partner zu suchen, um zu jagen oder auch Handel und Geschäfte zu betreiben. Im Mittelalter erlangte ein neues Motiv Bedeutung: Gereist wurde nun aus religiösen Gründen. Pilgerreisen zu heiligen Orten hatten damals eine wichtige Bedeutung im Leben des gläubigen Menschen. Die eigentliche Reise um ihrer selbst willen, ohne erkennbares existenzielles oder religiöses Motiv, gilt innerhalb des mitteleuropäischen Kulturkreises als ein relativ junges Phänomen. In der deutschen Klassik tauchte im Zusammenhang mit Reisen das Bildungsmotiv auf, in der Romantik entwickelte sich ein Motiv, die Welt entdecken- und erleben zu wollen, welches in Beziehung zu einer Neubewertung der Natur stand. Wurde die Natur noch im Mittelalter als unheimlich und bedrohlich wahrgenommen, so wurde ihr nun neue Wertschätzung zuteil, sowohl in ästhetischer Hinsicht, als auch bezüglich ihrer Bedeutung für Gesundheit und Regeneration.
In der tourismusgeschichtlichen Literatur wurde häufig die "Grand Tour" junger Adliger im 17. und 18. Jahrhundert, die dazu dienen

sollte junge Menschen aus höherer Schicht zu bilden und in die Gesellschaft einzuführen, als die eigentliche Vorfahrin der modernen touristischen Reise angesehen. Daneben wurde das Reisen von Künstlern und Gelehrten zum Zweck von Erfahrung und direktem Kontakt mit den Gegenständen der Erkenntnis, eine dem humanistischen Bildungsideal verpflichtete Forderung (s. Alexander von Humboldt, Naturforscher und Weltreisender 1769-1859; Wilhelm von Humboldt, Gelehrter und Staatsmann 1767-1835; Gründer der heutigen Humboldt-Universität zu Berlin) erwähnt.

Als eine zweite Vorläuferin der modernen touristischen Reise wurde die Badereise des 18. Jahrhunderts gesehen. Der Badeaufenthalt in inländischen Kurorten kam damals bei gesellschaftlich gutsituierten Bevölkerungsgruppen in Mode. Bei dieser Reiseform fand sich erstmalig das Motiv Gesundheit und Erholung. Diese beiden Formen des Reisens: die Bildungsreise und die Badereise, gab es jedoch auch schon im antiken Rom und im alten Griechenland (Löschburg 1997). "Ideelles" Reisen war jedoch auch im 18. und 19. Jahrhundert noch keineswegs eine Beschäftigung des normalen Menschen, sondern ein Zeitvertreib sozial Privilegierter.

Betrachtet man Urlaub und Reisen heute, so sieht man, dass der Tourismus, besonders in Deutschland, in den letzten Jahrzehnten einen enormen Aufschwung erfahren hat. Reisen ist ein fester Bestandteil unserer *Erlebnisgesellschaft* und Prognosen deuten darauf hin, dass sich dies in Zukunft nicht ändern wird. Im Gegenteil: Bei zunehmender Freizeit entstehe mehr Raum für Reisen und zugleich auch die Chance, positive Effekte von Freizeit und Urlaub noch mehr für die eigene Gesundheit und Lebensqualität zu nutzen. Hier liegen die besonderen Möglichkeiten der Freizeit. Der frei verfügbaren Zeit als Quelle von Lebensqualität und Gesundheit kann in Zukunft eine wichtigere Rolle zukommen. Aber zunächst zurück zu den „ersten Wegen".

2.1.1 Die ersten Wege: Reisen aus der Sicht von Evolutionstheorie und Schöpfungsgeschichte

„Unser Wandertrieb und Vagabundentum ist zum großen Teil Liebe, Erotik. Die Reiseromantik ist zur Hälfte nichts anderes als Erwartung des Abenteuers". Hermann Hesse

Ein Blick in die kulturelle Evolution des Menschen zeigt, dass unsere Vorfahren schon lange vor der Zeit, als sie sich an bestimmten Orten dauerhaft niederließen, mobil waren. Homo sapiens war am Anfang seiner Zeit Jäger und Sammler. Auf der ständigen Suche nach Nahrung zogen die Menschen der Frühgeschichte in kleinen Gruppen durchs Land; sie fanden Schutz und Behausung in Höhlen oder unter überhängenden Felswänden. Mobilität war mit Vorteilen für Fortpflanzung und Überleben verbunden. Betrachtet man einige Zahlen der menschlichen Frühgeschichte, so sieht man, dass der Mensch die allerlängste Zeit seines Daseins unterwegs war und nicht sesshaft lebte. Homo sapiens, unser direkter Vorfahre, tauchte ca. 35.000 v. Chr. erstmalig in Europa auf. Erst in der Übergangsperiode von der mittleren Steinzeit zur jüngeren Steinzeit, die in Mitteleuropa um ca. 4.000 v. Chr. begann, gab ein Teil der Menschheit das Nomadentum auf und wurde zu sesshaften Ackerbauern. Der Ackerbauer kultivierte Nutzpflanzen, er hielt sich Haustiere, er baute sich erstmalig eine feste Wohnung, er erfand die Töpferei und die Weberei.

Fasst man die Zahlen zusammen, so stehen im mitteleuropäischen Raum 29.000 Jahren einer nomadischen Lebensweise nur 6.000 Jahre der Sesshaftigkeit gegenüber. Bezöge man Homo erectus, den Vorfahren von Homo sapiens in die Betrachtung mit ein, so ergäbe sich ein noch weitaus dramatischeres Ungleichgewicht. Während heute die Reise die Ausnahme darstellt und der Großteil des Daseins für die meisten Menschen von einer sesshaften Lebensweise bestimmt ist, war dies früher umgekehrt. Lange Zeit war der Alltag des Menschen durch ständiges Unterwegssein gekennzeichnet. Die Interpretation von Mobilitätbedürfnissen im Sinne einer anthropologischen Konstante (vgl. z.B. Romeiß-Stracke 1997, Dienel 1997), die ihren Ursprung in der menschlichen Frühgeschichte hat, erscheint berechtigt.

„Nomaden sind wir alle" heißt ein Aufsatz der Tourismuswissenschaftlerin Romeiß-Stracke (1997). Die Autorin kommt in diesem Zusammenhang unter anderem zu der Schlussfolgerung, dass das im Rahmen der ökologischen Tourismuskritik entstandene Denkmodell des ganzheitlichen Lebensraums (weitgehender Verzicht auf Mobilität, ganzheitliches Leben in der Nachbarschaft, kleine, lokale Netze und Wirtschaftsräume) unter Berücksichtigung der menschlichen Evolution eher als sozialromantisch denn als realistisch einzuschätzen ist. Was dem Menschen an einer Stelle an Mobilität genommen werde, z.b. durch kürzere Wege zur Arbeit oder zum Einkaufen, das hole er sich an anderer Stelle, z.B. in der Freizeit zurück. Dieses Phänomen sei unter Verkehrsplanern seit langem bekannt. In einem ganz anderen Licht erscheint die Reise in der Entstehungsgeschichte des Menschen aus Sicht der christlichen Religion, durch die unser Kulturkreis geprägt ist.

„Dem Beginn unserer Zeitrechnung geht ein Mythos voraus, der auf merkwürdige Weise die Dialektik von Sesshaftigkeit und Mobilität illustriert: Die Vertreibung der ersten Menschen aus dem Paradies." (Liebs,1991 S. 263)

Ursache für die Vertreibung aus dem Paradies war der menschliche „Erfahrungshunger". In dem Moment, in dem der Mensch den Apfel vom „Baum der Erkenntnis" gegessen hatte, wurden die Pforten des Paradieses für alle Zeiten hinter ihm geschlossen. Metaphorisch begriffen kann man dies so interpretieren, dass im Sinne des Alten Testamentes Erfahrungshunger und Erkenntnisinteresse wenig geeignet sind, um dem Menschen Glück zu bescheren.
Opaschowski hat in seiner Studie „Mythos Urlaub. Die unerfüllbare Sehnsucht nach dem Paradies?" (1991) die *Paradiessehnsucht* als Leitmotiv des Reisens heraus gearbeitet. Der Mensch reise in der Hoffnung, das Paradies wieder zu finden. Dies sei jedoch unmöglich, da er sich durch seinen Erkenntnishunger die Türen dazu für alle Zeiten verschlossen habe.

2.1.2 Reisen in der Antike

Wie bereits erwähnt, kannte die Antike Reiseformen, die im mitteleuropäischen Raum erst sehr viel später auftauchten. Es gab die Pilgerreise, die Bildungsreise und die Bäderreise. So reisten die alten Griechen zum Beispiel gerne nach Delphi, um das Orakel zu befragen (Löschburg 1997). Göttliche Heiligtümer waren beliebte Pilgerziele.

„In Epidauros, wo sich ein Tempel des griechischen Arztgottes *Asklepios* befand, ist noch der Grundriß eines `Kurhotels` mit

180 Zimmern erhalten." (Löschburg 1997, S.15)

Zahlreiche Entdeckungsreisen zu Schiff wurden unternommen, das neu erworbene Wissen wurde festgehalten und man versuchte es zu einem neuen Weltbild zu verflechten, welches bereits weit über den Mittelmeerraum hinaus reichte. Reiseliteratur wurde geschrieben. Die Griechen waren die großen Erkundungs- und Entdeckungsreisenden der damaligen Zeit. Die Griechen reisten vor allem über die Meere; das Römische Reich hingegen verfügte bereits über ein weit verzweigtes und komfortables Straßennetz, welches das Reisen auf dem Landweg ermöglichte.

„Dieses Straßensystem reichte von der Nordsee bis zur Sahara, von der Küste des Atlantik bis zu den Donauländern und nach Mesopotamien." (Löschburg 1997, S.26)

Die Straßen dienten zunächst nur politischen und verwaltungstechnischen Zwecken, sie wurden jedoch schon bald auch von Händlern, Abenteurern und Gelehrten auf Studienreisen genutzt. Die Römer kannten schon die Bade- und die Bildungsreise, die häufig als kulturgeschichtliche Vorfahrinnen der modernen touristischen Reise bezeichnet werden.

„Ein beliebtes Reiseziel des gebildeten Römers war Griechenland mit seinen noch heute beeindruckenden Baudenkmälern, dem Tempel von Delphi, den Städten Athen, Korinth, Argos und Sparta. Fremdenführer eilten geschäftig hin und her.... Und das Geschäft mit den Reiseandenken florierte... In Ägypten finden sich Zeugnisse einer damals schon bestehenden Unsitte vieler Reisender: Pharaonengräber, die mit Namen, Daten und Gedichten römischer Touristen bekritzelt sind." (Löschburg 1997, S.28)

Aber nicht nur die Bildungsreise, sondern auch die Badereise war bei den Römern sehr beliebt; es entwickelte sich ein lebendiges Bäderwesen. Die Menschen machten sich auf die Reise, um in schwefel- oder eisenhaltigen Quellen, von denen sie Genesung oder neue Lebenskraft erhofften, zu baden. So entstand in Bajä bei Neapel ein elegantes Luxusbad, wo sich die Oberschicht der damaligen Zeit regelmäßig einfand, um gemeinsam einem verschwenderischen Lebensstil zu frönen.

2.1.3 Reisen im Mittelalter: Pilger, Kaufleute und Handwerker

Auch zu dieser Zeit war das Reisen noch keine Angelegenheit der breiten Masse.

„Im Mittelalter waren Reisen in der Regel nur einem sehr begrenzten Personenkreis möglich: den jeweiligen Herrschern und ihrem Gefolge, hohen geistlichen Würdenträgern, Missionaren, Boten oder Kaufleuten." (Herbers 1991, S. 23)

Die einzige Form unterwegs zu sein, die auch für andere Bevölkerungsschichten möglich war, war die Pilgerreise. Der Einzelne machte sich als *peregrinus* (Fremder) auf den Weg, um sein Seelenheil in der Fremde zu suchen. Später kam die Pilgerfahrt zu bestimmten Orten in Mode,

„... es entwickelte sich ein Bedürfnis auf den Spuren des Herrn zu wandeln und alle Orte zu besuchen, an denen der Erlöser leibhaftig gewirkt hatte." (Herbers 1991, S.23)

Herbers sieht zwei weitere Momente als ausschlaggebend für die Entstehung von Pilgerfahrten an: zum einen die Entwicklung des Ablasswesens und zum anderen, dass den Überresten der heiligen Leichname, den Reliquien übernatürliche Kräfte zugesprochen wurden. Motiv der Pilgerreise war, neben dem Wunsch nach Selbstheilung, Erlösung und Buße. Beliebte Ziele waren Jerusalem, Rom und Santiago de Compostela. Löschburg (1997) vermutet, dass das religiöse Motiv damals zum Teil auch Deckmantel für Abenteuer- und Reiselust war, die zur damaligen Zeit als Reisemotiv jedoch noch nicht gesellschaftsfähig war. Im Verlauf des späteren Mittelalters kamen regionale Kultorte zu den weiter entfernten Pilgerorten hinzu. Damit waren die Wallfahrten geboren. Bei der Wallfahrt handelte es sich um eine gemeinschaftliche Angelegenheit, eine kollektive Bewegung, die in Form einer Prozession durchgeführt wurde. Sie fand zu festen Terminen statt und führte zu bestimmten Gnadenstätten. Neben den *religiös motivierten Reisen* entwickelte sich durch den *Aufschwung der Städte* ab dem 11. Jahrhundert ein reges *Handelswesen*. Kaufleute und Händler zogen mit ihren Frachtwagen zu den verschiedenen Märkten um ihre Waren feilzubieten. Der Kaufmannsberuf war zu dieser Zeit untrennbar mit ausgedehnten Reisen verbunden. War ein Geschäft etabliert, so wurde der Geschäftsmann an einem bestimmten Ort sesshaft und ließ seine Lehrlinge für sich reisen. Auch bei den Handwerkern gehörte die Reise zur Berufsausbildung: Lehrlinge und Gesellen erweiterten ihr Können durch Techniken und Praktiken, die sie in anderen Regionen erworben hatten. Je spezialisierter und je kunsthandwerklicher orientiert ein Beruf war, desto weiter erstreckten sich die Reisen.

2.1.4 Die großen Entdeckungsreisen: Christoph Columbus und Vasco da Gama

Auf der Suche nach Asien erreichte *Christoph Columbus* im Jahr 1492 die Karibik. Die entdeckten Inseln wurden in spanischen Besitz genommen und Columbus wurde zum Vizekönig von *Hispaniola*, wie die neuen spanischen Besitzungen in der Karibik nun genannt wurden. Er beschäftigte sich anschließend (ohne großen Erfolg) mit der Verwaltung der neuen Kolonie. Christoph Columbus war Vorreiter für weitere Eroberer und Missionare, für religiöse Gruppierungen und afrikanische Sklaven, die sich in der Karibik niederließen. Er eröffnete den Europäern eine neue Welt und erweiterte den Horizont des damaligen Denkens.
Die Ressourcen der entdeckten Landstriche wurden von den neuen Kolonialherren in Beschlag genommen, Gold und Silber, Kartoffeln und Mais gelangten so nach Europa. Nur fünf Jahre nach Columbus erreichte ein anderer Entdeckungsreisender tatsächlich Asien: Der Portugiese *Vasco da Gama*. Im Jahr 1497 erreichte er *Calicut* im heutigen *Goa* an der Westküste Indiens. Hier befand sich damals das Zentrum des orientalischen Überseehandels. Vasco da Gama eröffnete den Überseehandel nach Europa und brach damit gleichzeitig die arabische Handelsmacht. Von Entdeckungsgeist und Bildungsinteresse motivierte Reisen haben nach Meinung einiger Autoren heute nur noch eine untergeordnete Bedeutung im modernen Tourismus (vgl. z.B. Spode 1993; Hennig 1997; oder auch Romeiß-Stracke, die von einen neuen „Freizeit-Proletariat" in der Wissensgesellschaft spricht). Im Gegensatz dazu meint Opaschowski (1998) jedoch, einen neuen Trend ausgemacht zu haben, den Trend zur *Kultur- und Studienreise*. In der letzten Zeit habe einerseits die Bildung kontinuierlich zugenommen, andererseits sei der Anteil älterer

Menschen an der Bevölkerung stetig gewachsen. Gerade die älteren und gebildeten Menschen hätten ein großes Interesse an Studienreisen; darum vermutet Opaschowski hier in Zukunft eine größere Nachfrage.

2.1.5 Frühe Neuzeit: Bildungs- und Gelehrtenreisen

Die Bildungsreise wird in der Tourismusliteratur gerne als „Fossil" der modernen touristischen Reise dargestellt, denn bei dieser Reiseform waren im mitteleuropäischen Kulturkreis erstmalig ideelle und individuelle Motive zu finden. Wie schon erwähnt (s.o.) werden jedoch in letzter Zeit kritische Stimmen laut, die der Meinung sind, mit dem Gedanken der Bildungsreise den Motiven des Großteils der Touristen nicht gerecht zu werden (z.B. Hennig, Spode). Der Verweis auf die frühen Bildungsreisen überfrachte den Tourismus und die Touristen mit einem Anspruch, dem diese weder gerecht werden können, noch wollen (vgl. z.B. Hennig 1997).

Dennoch möchte ich diese Reiseform hier kurz skizzieren, denn sie hat zumindest eine moderne Nachfahrin hervorgebracht: die Kultur- und Studienreise. In der frühen Neuzeit diente die sogenannte „Grand Tour" der Einführung junger Adliger in die Welt der Aristokratie, wobei der junge Stammhalter an seinen verschiedenen Reisestationen bei befreundeten Familien abstieg. Obwohl diese sogenannte „Kavalierstour" offiziell als Abschluss der adligen Bildung galt, wurde sie vermutlich häufig als Vergnügungsfahrt angesehen und erlebt.

Unter dem Begriff „Gelehrtenreisen" verstand man die Bildungsreisen akademisch geschulter Menschen. Dazu gehörten damals vorwiegend Theologen, Lehrer, Professoren und Ärzte. Im Anschluss an eine solche Reise verfassten die Akteure meist ein Buch in mehreren Bänden, welches das neu gesammeltes Wissen der Öffentlichkeit zugänglich machen sollte. Alexander von Humboldt war der Prototyp eines solchen Reisenden, jedoch auch Bürgerliche des 19. Jahrhunderts folgten diesem Vorbild (vgl. Ida Pfeiffer, s.u.).

2.1.6 Reisen in der Romantik: die Entdeckung der Natur, Wandern und Baden - eine kulturgeschichtliche Wiege des modernen Tourismus

Als eine weitere kulturgeschichtliche Wiege des Tourismus gelten die in der Zeit der Romantik im mitteleuropäischen Raum auftauchenden *Natur- und Badereisen*. Während der mittelalterliche Mensch noch von einem abergläubigen Furchtempfinden vor Meer und Bergen beherrscht war, entdeckte der Mensch der Romantik nun als Folge erster gesellschaftlicher Modernisierung die Natur als wertvoll, schützens- und erhaltenswert. Es kam zu einer Idealisierung von Schönheit und heilender Wirkung der möglichst unberührten Natur (vgl. auch Bell et al. 1996). Der Badeaufenthalt in inländischen Kurorten kam Ende des 18. Jahrhunderts in Mode. Die neue Reiseform wurde *Spa* genannt, nach dem Vorbild des belgischen Luftkurortes Spa. Man glaubte an die heilende Wirkung von Wasser und Luft. Diese Form des Reisens wurde zunächst vorwiegend aus gesundheitlichen Gründen unternommen. 1794 wurde in Deutschland die erste Seebadeanstalt in Doberan-Heiligendamm eingerichtet. Damit wurde der erste Schritt in Richtung einer Etablierung des Badewesens getan. Die neuen Badegäste kamen aus wohlhabenden Kreisen, zunächst kam nur die Aristokratie, jedoch schon bald eiferte das begüterte Bürgertum ihr nach. Lichtenberg beschreibt das Landschaftserleben an der Meeresküste mit den folgenden Worten:

> „Der Anblick der Meereswogen, ihr Leuchten und das Rollen ihres Donners ... die großen Phänomene von Ebbe und Flut, deren Beobachtung immer beschäftigt ohne zu ermüden ... alles dieses, sage ich, wirkt auf den gefühlvollen Menschen mit einer Macht, mit der sich nichts in der Natur vergleichen lässt. Man muss kommen, sehen und hören" (zit. nach Schnur 1997).

2.1.7 Frauenreisen

Für Frauen war es lange Zeit sehr ungewöhnlich zu reisen. Die Frau wurde traditionell mehr dem häuslichen Lebensbereich und dem des näheren Wohnumfeldes zugeordnet. Dies führte dazu, dass bis weit ins 20. Jahrhundert hinein Frauen vom Reisen so gut wie ausgeschlossen blieben. Untersuchungen bei Kindern zeigen, dass noch heute das Zuhause für Mädchen eine größere Bedeutung hat als für Jungen (Saegert & Winkel 1980), während sich umgekehrt der Lebensradius von Jungen schon früh über einen sehr viel weiteren Raum als der von Mädchen erstreckt (Muchow & Muchow 1935/1978; Webley 1981; Flade 1993 a). Touristisches Reisen von Frauen ist heute jedoch eine Selbstverständlichkeit. Einige Zahlen weisen sogar darauf hin, dass Frauen häufiger reisen als Männer.

Ida Pfeiffer war in einer Zeit unterwegs, lange bevor der moderne Massentourismus und damit auch das Massenreisen der Frauen entstand. Sie wurde später durch ihre zahlreichen Reisebuchveröffentlichungen bekannt.

„Vieles hatte ich gesehen, aber auch vieles ausgestanden, und das Wenigste so gefunden wie ich es mir dachte." (Ida Pfeiffer)

Ida Pfeiffer brach am 22. März 1842 im Alter von 44 Jahren zu ihrer ersten großen Reise in den Nahen Osten auf. Aufgewachsen in Wien lebte sie zusammen mit ihren fünf Brüdern in einer wohlhabenden Kaufmannsfamilie. Von klein auf benahm sie sich selbst wie ein Junge und weigerte sich die für Mädchen übliche Kleidung zu tragen. „Weibliche" Tätigkeiten und das dem entsprechende Benehmen waren ihr lange Zeit zuwider. Erst ihre Verliebtheit zu ihrem Hauslehrer bewirkte, dass sie langsam die von ihr als Frau erwarteten Verhaltensweisen annahm:

„Ihm verdanke ich es, dass ich im Verlauf von drei bis vier Jahren vollkommen zu der Einsicht der Pflichten meines Geschlechtes gelangte, dass aus dem wilden Jungen eine bescheidene Jungfrau wurde." (Pfeiffer 1857)

Von nun an identifizierte sich Ida Pfeiffer ganz und gar mit der ihr zugewiesenen Rolle als Frau und heiratete einige Zeit später einen 24 Jahre älteren Mann mit dem sie ein ärmliches, entbehrungsreiches und arbeitsames Leben führte. Erst nachdem ihr Mann verstorben und die Kinder aus dem Haus waren, sie also keinerlei Verpflichtungen als Hausfrau und Mutter mehr hatte, widmete sie sich endlich ihrem Jugendtraum, dem Reisen. Ihrer ersten Reise folgten bald mehrere Weltreisen, bis sie im Jahre 1858 an den Folgen eines

in Madagaskar eingefangenen Fiebers starb, so dass sie ihre Reiselust mit einem frühen Tod bezahlt hat.
Was veranlasste diese Frau, die über keinerlei Vermögen verfügte, in einer Zeit, in der das Reisen für Frauen höchst unüblich war, zu ihrer Abenteuerlust? Ida Pfeiffer selbst gab als Reisemotivation immer wieder eine angeborene Freude am Wandern und Reisen an. Schon als Kind habe sie eine intensive Sehnsucht nach fernen Ländern verspürt. Bei ihren Reisen ging es Ida Pfeiffer offensichtlich in erster Linie um das Unterwegssein selbst, aber auch der Kitzel des Abenteuers und das Besichtigen fremder Länder spielten eine Rolle. Ihre Faszination für fremde Menschen und Kulturen hielt sich jedoch sehr in Grenzen. Sie beurteilt die Bewohner fremder Länder meist sehr skeptisch und ganz aus der eurozentrischen und puritanischen Perspektive einer Bürgerlichen aus dem 19. Jahrhundert. Die Idealisierung des „Wilden", ein seit der Weltumseglung *Bougainvilles* (1766-1769) im Zusammenhang mit fremden Kulturen (insbesondere mit denen der Südsee) immer wieder auftauchendes Motiv, findet sich bei Ida Pfeiffer keineswegs. Ganz im Gegenteil: Immer wieder beschwert sie sich in ihren Reisebeschreibungen über die Hässlichkeit und Faulheit der farbigen und der indigenen Bevölkerung. Ebenso beklagt sie sich häufig über fremde Sitten und Gewohnheiten, die sie als zügellos und verkommen erlebt.

2.1.8 Reisen im 20. Jahrhundert am Beispiel Deutschlands: Weimarer Republik, Nationalsozialismus, Moderner Massentourismus nach 1945

Auch in der Zeit der Weimarer Republik gab es noch keinen gesetzlich festgelegten Anspruch auf Erholungsurlaub. Damit fehlte nach wie vor die wichtigste Grundbedingung für die Entwicklung des modernen Massentourismus (Keitz 1997, S.33). Trotzdem beschwerte man sich bereits im Jahr 1925 in Garmisch-Partenkirchen, dass es eine neue Schicht von Reisenden gäbe, die man vorher nicht gesehen habe: Arbeiter und Angestellte aus der Industrie prägten das Gesicht der Saison, die „bessergestellten Kreise" seien ausgeblieben. Das Privileg des Reisens für Gutsituierte begann sich nun aufzulösen (die Kritik des Massenreisens von Seiten der Bessergestellten hat jedoch eine weit längere Geschichte). „Überall Masse, wenig Qualität" beklagte ein Hotelbesitzer diesen Trend.
Das alte, zahlungskräftige Mittelschichts- und Oberschichtspublikum

verabschiedete sich in den zwanziger Jahren als die zentrale Zielgruppe des Reisemarktes. An seine Stelle rückt der sogenannte „neue Mittelstand" bestehend aus Beamten, Angestellten und erstmals auch vereinzelt Arbeitern (Keitz 1997, S. 53). Spode (1996) stellt jedoch fest, dass die bürgerliche Urlaubsreise für den Großteil der Arbeiterschaft in der Weimarer Republik weiterhin unerschwinglich blieb.

Es entsteht jedoch eine ganz neue Art des Reisens: die Fahrt im eigenen Auto. Dies ist zur damaligen Zeit noch ein sehr exklusives Vergnügen (Spode 1996). Der Kurzurlaub kommt in Mode: Weniger gut Verdienende fahren für einige Tage an die Ostsee, ins Erzgebirge oder in andere nah gelegene Urlaubsgebiete innerhalb Deutschlands. Es kommt zu einem Anstieg der Reiseintensität bei einer Abnahme der Übernachtungsdauer (so wie heute; Anm. d. Verf.). Die Arbeiterbewegung versucht einen am bürgerlichen Urlaub orientierten Sozialtourismus auf die Beine zu stellen (Spode 1996). Im Jahr 1929 erschüttert die Weltwirtschaftskrise auch Deutschland und die Übernachtungszahlen sinken unter den Vorkriegsstand zurück (ebd.).

Für das Reisen während der Zeit des Nationalsozialismus steht die „Kraft durch Freude"– Bewegung, unter der schon bald nach der Machtergreifung durch die NSDAP der Großteil des Fremdenverkehrswesens gleichgeschaltet wurde. Auf diesem Weg gelangte auch der Bereich Freizeit und Reisen unter den nationalsozialistischen Einfluss. Die „Kraft durch Freude"- Reisen lockten durch so billige Preise, dass Reisen erstmals auch für die breite Masse erschwinglich wurde. Deren Dankbarkeit konnte sich Hitler auf diesem Wege sichern. Die Möglichkeiten, in der Freizeit Einfluss zu nehmen und Propaganda zu verbreiten wurden schnell erkannt. Der durch den Urlaub entstehende Freiraum wurde zur Beeinflussung der Menschen im Sinne der nazistischen Ideologie benutzt.

In der Zeit nach dem Zweiten Weltkrieg kam das Reisewesen aufgrund der gewaltigen Zerstörung, die der Krieg hinterlassen hatte, erst langsam wieder in Schwung. Die Bedeutung der Reise bei der Bevölkerung war jedoch eine andere geworden: Schon im Jahre 1955 schätzten 83% der Bundesbürger die Urlaubsreise nicht mehr als eine Luxusware ein (Keitz 1997). Zeitgenössische Soziologen sprachen bereits von einer neuen sozialen Norm, die entstanden sei. Das tatsächliche Reiseverhalten lag hinter dieser neuen „sozialen

Repräsentation" vom Reisen jedoch noch weit zurück. Der monatliche Privatverbrauch für Reisen lag im Jahre 1961 noch bei 1,1 % und war damit niedriger als der aus der zweiten Hälfte der zwanziger Jahre (1,3 %). Ab 1960 stieg der Anteil des für Reisen zu Verfügung stehenden Budgets jedoch kontinuierlich an und lag im Jahr 1983 schließlich bei 5 %. Trotzdem war in den 50er und frühen 60er Jahren die Konsumpräferenz der Deutschen eindeutig der Eigenheimerwerb. Ein Bericht der Gesellschaft für Konsumforschung schreibt hierzu:

> „Im Ort (in den umliegenden Orten ist es ähnlich) gilt nur der etwas, der ein eigenes Haus besitzt. Wer schon einige Jahre verheiratet ist und noch kein eigenes Wohnhaus besitzt, verliert an Achtung. Da man allgemein sehr früh heiratet, fängt man noch früher zu sparen an, baut ein Haus mit viel Eigenleistung und schuftet dann, um den aufgenommenen Kredit zurückzuzahlen. Eine Urlaubsreise wäre da Luxus ... Fast alle Befragten waren in den letzten Jahren nicht in Urlaub gefahren, viele noch nie im Leben. Die jüngeren Leute erklärten meistens: In einigen Jahren wollen wir unsere Schulden bezahlt haben und dann werden wir uns einen Urlaub leisten" (zit. nach Keitz 1997).

Die Entwicklung des Tourismus von 1954-1991 in Zahlen ergibt das folgende Bild: In einem Zeitraum von knapp 40 Jahren (1954-1991) hat sich die Reiseintensität der Deutschen fast verdreifacht. Noch 1954 reiste nur jeder vierte (24%), Anfang der 90er Jahre reisen rund zwei Drittel (66%). Die Anzahl der Reisenden ist im selben Zeitraum von 9 Mio. auf rund 32 Mio. pro Jahr gestiegen. Auch die Reisehäufigkeit hat sich geändert: Während in den 50er Jahren, wenn überhaupt, dann eine Urlaubsreise pro Jahr gemacht wurde, so unternahm man in den darauf folgenden Jahrzehnten immer häufiger eine zweite oder sogar eine dritte Reise im Jahr. Betrachtet man die *Reiseziele* der Deutschen, so zeigen sich auch hier bedeutsame Veränderungen. Während 1954 noch fast alle Reisen in deutsche Gebiete führten (85%), verbrachten 1990 bereits 70% der Deutschen ihren Urlaub im Ausland. Aber auch bei den Auslandsreisen haben sich die Vorlieben verändert: während Österreich lange Ferienziel Nummer eins war, liegt es heute nur noch an dritter Stelle hinter Spanien und Italien. 1994 haben die Deutschen 65,2 Millionen Auslandsreisen unternommen, damit sind sie prozentual gesehen weltweit eine der Nationen, die am meisten reisen. Die Möglichkeiten von Touristen sind an die zur Verfügung stehenden Verkehrsmittel gebunden. Insofern spiegelt Reisen immer auch den Stand der Technologieentwicklung in diesem Bereich wieder. Während Geschäftsreisende in der Regel die schnellsten und bequemsten Mobilitätsangebote benutzen, haben beim Freizeitreisen „frühere", langsamere Möglichkeiten der Fortbewegung nie völlig an Bedeutung verloren. Sie genießen oft sogar den im Tourismus häufig anzutreffenden Reiz der Nostalgie. Gerade bei der An- und Abreise hat sich ein bedeutender Wandel vollzogen. 1954 war die *Bahn* noch mit Abstand das wichtigste Reiseverkehrsmittel um den Urlaubsort zu erreichen (56%). Danach folgte der *Bus* (20%) und 10% der Deutschen fuhren mit dem *Motorrad* in den Urlaub. Das *Flugzeug* hatte keine Bedeutung. Seit den 70er Jahren hat sich der *PKW* als das beliebteste und für Urlaubsreisen am häufigsten genutzte Verkehrsmittel durchgesetzt (um 60%). An zweiter Stelle steht heute das Flugzeug (27%). Bahn und Bus liegen nur noch bei je 8%. Opaschowski (1996) beschreibt die Entwicklung des Tourismus nach dem Krieg als explosionsartig.

"1953 reisten 10,96 Millionen Westdeutsche ins Ausland; zwei Jahre später waren es bereits 28,18 Millionen, was einer Steigerung von 160 Prozent entsprach." (Opaschowski 1996, S.87)

Am stärksten nahmen an der touristischen Entwicklung der Nachkriegszeit die Großstädter, die gehobenen Einkommensschichten, die freien Berufe, die Angestellten und die Beamten teil (Knebel 1960, S. 76, zit. nach Opaschowski 1996). Die Chancen das kommerzielle Urlaubsangebot wahrzunehmen sind seitdem ungleich verteilt geblieben: "Beruf und Einkommen entscheiden auch heute noch über die Reiseintensität." (Opaschowski 1996, S.87)

2.1.9 Ausblick

Der allgemeine Trend geht nach Meinung Opaschowskis weiterhin zu immer mehr und immer weiteren Auslandreisen. Damit setze sich eine Entwicklung fort, die sich seit den 60er Jahren zeige, als im Jahr 1968 erstmalig mehr Menschen aus Westdeutschland ins Ausland als ins Inland gereist sind. Opaschowski prognostiziert über die Urlaubs- und Reisewelt von morgen, dass der Trend, im Urlaub "dem eigenen Land den Rücken zuzukehren" weiter anhalten werde. Hier eine Wende herbeizuführen, was aus ökologischer Sicht wünschenswert ist, sei nur auf längere Sicht möglich. Dafür bedürfe es Kampagnen und Strategien für ein gezieltes Erlebnismarketing. Deutschland müsste zum Land der unbegrenzten Möglichkeiten werden:

> "Natur und Kultur pur, Erlebnis und Abenteuer hautnah, Fun und Phantasie inklusive. Eine Jahrhundertaufgabe" (Opaschowski 1997).

Als "Reisepioniere", welche die Zukunft des Tourismus bestimmen werden, nennt Opaschowski die folgenden Gruppen:
1. *Die Globetrotter:* Hier finden sich hauptsächlich jüngere Erwachsene und Singles, die neue und faszinierende Ziele auf der ganzen Welt ansteuern. Sie organisieren die Reise individuell, leben am Urlaubsort aber in ihrer "Szene" unter Gleichgesinnten.
2. *Die Intervaller:* Diese Gruppe kann sich nicht mehr jedes Jahr einen Urlaub leisten und bleibt deshalb auch mal zu Hause. Zu dieser Gruppe gehören insbesondere Familien mit Kindern. Sie sind als Urlauber genügsam: „Hauptsache es gibt einen Spielplatz für die Kinder und die Wohnbedingungen sind angenehm".
3. *Die Spontis:* Auch hier finden sich überwiegend junge Leute und Singles. Die vielen Last-minute-Angebote sprechen diese Urlaubergruppe an. Sie entscheiden erst kurz vor Reisebeginn, wohin es geht. Bevorzugt werden weite Reiseziele wie Hong Kong oder die Karibik.
4. *Die Kultur- und Studienreisenden:* Hier finden sich hauptsächlich ältere und höher gebildete Menschen. Da die durchschnittliche Bildung in den letzten Jahrzehnten kontinuierlich zuge-

nommen hat und der Anteil der Älteren an der Bevölkerung immer größer wird, vermutet Opaschowski hier den größten Wachstumsmarkt. Als bevorzugte Reiseregionen prognostiziert er östliche Kulturen, wie Indien, Südostasien oder Japan.
5. *Die Abenteurer:* Hier stehen Naturreiseziele im Vordergrund. Gesucht würden naturnahe Bademöglichkeiten, intensive Kontakte mit Einheimischen und eine internationale Atmosphäre. Bei dieser Gruppe findet sich nach Opaschowski eine besondere Sensibilität für fremde Kulturen.
6. *Die Nomaden:* Für diese Gruppe ist das Unterwegssein an sich das Wesentliche. Die Reiseausstattung ist bescheiden, auf Komfort wird weitgehend verzichtet. Diese Gruppe bezeichnet Opaschowski als die eigentlich sozial- und umweltverträglich Reisenden. Sie suchen Kontakt zu Einheimischen und bevorzugen als Fortbewegungsmittel das Fahrrad.

Zu Beginn des 21. Jahrhunderts werden Stimmen laut, die ein Ende des sesshaften Zeitalters ankündigen. In Zuge gesellschaftlicher Umgestaltungsprozesse, hin zu einer Dienstleistungs- und Informationsgesellschaft und unter dem Einfluss jener Prozesse, die unter dem Stichwort „Globalisierung" gefasst werden, sei eine weitgehend sesshafte Lebensform nicht mehr zeitgemäß. Zudem erfordere ein übersättigter Arbeitsmarkt vom einzelnen höchstmögliche Mobilität und Flexibilität, was zwangsläufig mit häufigen Ortswechseln und Reisen in Zusammenhang steht. Wenn dies so ist, könnte bald die Sesshaftigkeit das Besondere im Kontrast zum mobilen Alltag werden. Umgekehrt deuten sich jedoch auch Trends an, die zu einem „mehr" an Sesshaftigkeit führen. So sind aufgrund ökonomischer Umstände (Arbeitslosigkeit, Absinken des Lohnniveaus etc.) viele Menschen kaum noch in der Lage sich eine Urlaubsreise zu leisten. Ferner könnte die Sesshaftigkeit im Alltag in Zukunft auch dadurch erhöht werden, dass immer mehr Menschen von zu Hause aus arbeiten.

2.1.10 Zusammenfassung

Die kurze Zusammenstellung verschiedener Reiseformen, früher und heute zeigt, wie untrennbar das Reisen mit gesellschaftlichen Rahmenbedingungen verbunden war und ist. Jede Reiseform ist nur vor dem Hintergrund des jeweiligen gesellschaftspolitischen und kulturellen Milieus zu verstehen. Reisen im Dienste von Erholung und Vergnügen waren die längste Zeit ein Luxus, der nur wenigen Menschen einer Gesellschaft zuteil wurde. Das Phänomen des Massentourismus ist historisch jung, im 19. Jahrhundert entstanden, der Nationalsozialismus trug entscheidend zu dessen Entstehung bei. Es zeigt sich, wie sich Trends zunächst in kleinen privilegierten Milieus bilden, um sich anschließend immer weiter auszubreiten. Auch lässt sich beobachten, dass das zentrale Motiv der eher passiven Regeneration, welches in der ersten Hälfte des 19. Jahrhunderts im Vordergrund stand, in den letzten Jahrzehnten immer stärker durch den Wunsch „etwas zu erleben" abgelöst wurde. Zur Zeit deutet sich aber auch hier wieder ein Gegentrend, hin zu mehr Ruhe und Entspannung, an.

2.2 Die Entwicklung von Reisen und Tourismus im sozioökonomischen Kontext

Das gesellschaftliche Umfeld hat einen wesentlichen Einfluss darauf, ob und wie der Mensch reist. Besteht die Möglichkeit zum Reisen, so werden dessen Erscheinungsformen stark vom soziokulturellen Milieu, in welches ein Mensch eingebettet ist, geprägt. Ebenso wie für andere Kulturerscheinungen auch, ist eine Grundbedingung für touristisches Reisen, dass der Mensch in der Lage ist sich einen Raum zu schaffen, in dem er frei davon ist, seine elementarsten Bedürfnisse zu befriedigen und sein Überleben zu sichern (vgl. Huntington 1945, zitiert nach Bell et al. 1996, S.194). Er muss die Möglichkeit haben, für längere Zeit den Lebens- und Arbeitsort zu verlassen. Dies war bis ins 20. Jahrhundert hinein für die meisten Menschen nicht der Fall.
Eine gesetzliche Regelung für Erholungsurlaub, für die Gewährung einer Jahresfreizeit unter Fortzahlung des Einkommens (Keitz 1997, S.14) gab es in früherer Zeit nicht, womit eine wesentliche Voraussetzung für die Entstehung des Massentourismus fehlte. In den 20er Jahren des 20. Jahrhunderts erlangten die Arbeiter nach den Angestellten als letzte das Recht auf Erholungsurlaub. Die Grundlage für die Entstehung des Reisens für alle, nicht mehr nur für privilegierte

Bevölkerungsschichten, wurde schließlich erst dadurch geschaffen. Seitdem diese Bedingungen vorhanden sind, hat die Reisewelle einen kaum zu bremsenden Siegeszug angetreten, der selbst durch ökonomische Krisen kaum aufzuhalten ist. Obwohl der Tourismus eng mit der Entwicklung des gesellschaftlichen Wohlstandes zusammenhängt, zeigt sich die Tourismusindustrie als ein von Rezessionsprozessen vergleichsweise wenig beeindruckter Wirtschaftszweig. Man könnte annehmen, dass in Zeiten wirtschaftlicher Krisen das "Luxusprodukt Reisen" als erstes aufgegeben wird. Das ist jedoch nicht der Fall, und es stellt sich um so mehr die Frage, was die offensichtlich so große Bedeutung des Reisens für den Menschen ausmacht.

Viele Tourismustheoretiker waren lange Zeit der Meinung, dass der gesellschaftliche Kontext die einzige wichtige Determinante für das Reisen und die Reisewünsche sei. Diese Überlegung zum Reisen verbanden sie zumeist mit heftiger Gesellschaftskritik (Enzensberger 1962; Krippendorf 1984). Reisewünsche und –motive wurden als Resultierende der systemstabilisierenden Interessen einer kapitalistischen Industriegesellschaft interpretiert. Krippendorf z.B. ist der Meinung, dass "die Freizeit und vor allem das Reisen, Farbtupfer in diese kahle Lebenswelt malen sollen" (1984, S.50). An späterer Stelle stellt er fest:

> "Die Motivation des einzelnen Menschen zu verreisen, draußen zu suchen, was er drinnen nicht finden kann, entsteht weniger aus individuellem Antrieb. Das Motiv entsteht vor allem unter dem Einfluss der sozialen Umgebung, aus der jeder Mensch seine Normen bezieht." (1984, S.52)

Viele Reisebedürfnisse wären, nach Meinung Krippendorfs, auch zu Hause zu befriedigen, wenn nur bessere Voraussetzungen dafür geschaffen würden. Aber daran werde nicht gedacht, man habe den Kampf für wohnlichere Städte und humanere Arbeitsverhältnisse längst aufgegeben. Anstatt dessen sei das Reisen zur sozialen Norm erhoben worden (1984, S.52). Nach Krippendorf gibt es kein eigentliches touristisches Bedürfnis; das Reisemotiv sei vielmehr ein ausschließlich gesellschaftlich erzeugtes. Die von den Menschen geäußerten Motive (z.B. in der früher alljährlich vom Starnberger Studienkreis für Tourismus durchgeführten Befragung) bezeichnet er als

"sekundäre", von außen erzeugte Motive.
Erst im letzten Jahrzehnt sind auch intrapsychische Beweggründe für das Reisen stärker ins Visier der Tourismuswissenschaftler getreten. Jedoch auch eine psychologische Perspektive, die individuelles Erleben und Handeln in den Vordergrund rückt, muss den wesentlichen Einfluss der jeweiligen gesellschaftlichen Rahmenbedingungen und der jeweils relevanten gesellschaftlichen Gruppen auf jegliches Verhalten anerkennen (vgl. auch Graumann 1996; Harloff et al. 1999). Ebenso muss jegliches Erleben und Verhalten vor dem Hintergrund des kulturellen Umfeldes in dem ein Individuum lebt, verstanden und interpretiert werden. Darüber hinaus sucht die Psychologie aber wichtige Einflussfaktoren für Erleben und Verhalten auch im Individuum selbst und in seiner Interaktion mit der Umwelt (vgl. Graumann 1996). Dabei gehen wir davon aus, dass eine speziell menschliche Grundausstattung von Bedürfnissen und Motiven existiert. Was wir als dazugehörig zählen, ist unterschiedlich, entsprechend dem Menschenbild und dem theoretischem Hintergrund eines Forschers (vgl. auch Jaeggi 1995). Der Mensch wirkt auf die Bildung von Gesellschaften ein, die Gesellschaft (verstanden als soziale Makroumwelt) wirkt ihrerseits wieder auf die Individuen zurück, durch diese Wechselwirkung verändern sich im Verlauf der Zeit sowohl die Individuen als auch die Gesellschaft (vgl. auch transaktionale Ansätze in der Psychologie, z.B. Altman & Rogoff 1987; Harloff et al. 1998). Ausgehen könnte man z.B. von einem menschlichen Mobilitätsimpuls, der im Lauf der Evolution entstanden ist. Die stammesgeschichtliche Entwicklung von Homo sapiens war die bei weitem längste Zeit mit einer nicht sesshaften Lebensweise verbunden (vgl. Kap. 2.1). Mobilität war Bedingung für Überleben, Ernährung und Fortpflanzung und damit Inbegriff für Leben überhaupt. Das Schicksal dieses Impulses im Verlauf der weiteren Menschheitsgeschichte wurde dann von den jeweiligen Bedingungen geprägt, die eine Epoche kennzeichneten.
Darüber hinaus hatte auch jede Zeit ihre „erlaubte" Mobilität und ihre gesellschaftlich sanktionierte Mobilität. Mobilität und Reisen zum Vergnügen war beispielsweise im Mittelalter unseres Kulturkreises nicht nur nicht üblich, sondern gesellschaftlich inakzeptabel. Neben der Kaufmannsreise war jedoch die Pilgerreise mit religiösem Motiv ein akzeptierter Anlaß sich auf den Weg zu machen (vgl. Herbers 1991). Im 18. Jahrhundert entstand, ausgelöst durch stärker wer-

dende gesellschaftliche Reglementierungen und Zwänge, eine neue Natursehnsucht. Zunächst suchten Adlige und Gelehrte auf Reisen die unberührte Natur mit ihren unverdorbenen Menschen. Reisen blieb jedoch ein Privileg und nur wenige hatten daran teil.
Reisen heute, in einer pluralistischen Gesellschaft lässt sich aus soziologischer Perspektive wohl am besten im Rahmen eines Lebensstil- oder Milieuansatzes begreifen (vgl. Bourdieu 1991; Schultz 1999; Schulze 1993). Reisen wird dabei zu einer Konsumhandlung, die einerseits durch die Zugehörigkeit zu gesellschaftlichen Subgruppen bestimmt wird, und durch die umgekehrt dieses Zugehörigkeitsgefühl wiederum nach außen dargestellt wird. Nicht nur ob ich überhaupt reise ist wichtig, sondern vor allem wie ich reise, darauf kommt es an. Welche Destinationen wähle ich aus, welche anderen Touristen treffe ich an diesem Urlaubsort, welches Verkehrsmittel benutze ich zur An- und Abreise?
All das wird bestimmt durch den Einfluss gesellschaftlicher Subgruppen, mit denen sich die Einzelnen identifizieren. Schulze (1993) spricht von einer „Ästhetisierung des Alltagslebens": So wie wir uns für eine bestimmte Wohnungseinrichtung, eine bestimmte Form der Ernährung, einen bestimmten Kleidungsstil entscheiden, so wählen wir auch unterschiedliche Reiseformen aus. Die Möglichkeiten sind vielfältig und jeder kann sich das Angebot aussuchen, das zu ihm passt. Er kann das auswählen, was in der Gruppe, zu der er gehört, bevorzugt wird. Er kann sich aber auch jenen Angeboten zuwenden, die in einer Gruppe zu der er gerne gehören möchte, wahrgenommen werden. Konsumentscheidungen und damit auch Reisen werden zum Mittel der Selbstdarstellung; sie stiften Identität und dokumentieren die Position des Einzelnen in einer immer komplexer werdenden Gesellschaft.

2.3 Zur Beziehung von Arbeit und Freizeit

Auf der Grundlage heutiger Lebensbedingungen in postindustriellen Gesellschaften kann das folgende Szenario für die Zukunft entworfen werden:

- Die Freizeit vieler Menschen nimmt bei gleichzeitiger Abnahme der Berufsarbeit zu.
- Immer mehr Menschen unternehmen neben einem längeren Jah-

resurlaub einen oder mehrere Kurzurlaube in Laufe eines Jahres.
- Die Menschen beanspruchen immer mehr Wohnraum, wobei sich immer mehr Menschen Zweit- und Drittwohnsitze in landschaftlich reizvoller Lage leisten (vgl. Harloff et al. 1999 b).
- Gleichzeitig sind immer mehr Menschen von der Möglichkeit zur Erwerbsarbeit ausgeschlossen.
- Das subjektive Erleben von Freizeit nimmt bei vielen ab (vgl. Opaschowski 1994).

Manche sprechen bereits davon, dass viele Menschen die Last einer schier endlosen Freizeit zu tragen hätten (*Club of Rome* 1991, zit. nach Opaschowski 1994). Zugleich ergebe sich jedoch auch die Möglichkeit, immer mehr Zeit sinnvoll zu nutzen. Wichtig sei, dass es Möglichkeiten zu sinnerfüllter Beschäftigung gebe, die sowohl zum Persönlichkeitswachstum der Einzelnen, als auch zum Wohl der Gemeinschaft beitragen könnten.

Opaschowski weist jedoch darauf hin, dass die These von der immer größer werdenden Freizeit aus zwei Gründen mit Vorsicht zu betrachten sei. Zum einen wählt sie die Epoche der *industriellen Revolution* als Bezugspunkt. Die Menschen hätten jedoch erst in dieser Zeit begonnen, den größten Teil ihres Lebens mit Arbeit zu verbringen. Früher sei dies nicht so gewesen. In frühen agrarischen Gesellschaften wurde etwa die Hälfte des Jahres mit Festen, Feiern und Ritualen verbracht. Selbst Sklaven hatten an der großen Zahl der Fest- und Ruhetage teil. Das Jahr wurde durch zahlreiche Feiertage und rituelle Anlässe untergliedert. Zu diesen Zeiten blieb die Arbeit liegen und man widmete sich im Rahmen der jeweiligen kulturellen Bedingungen der Religion und dem freudigen Miteinander. Seit dem 15. Jahrhundert hätte die Zahl der Fest- und Ruhetage kontinuierlich abgenommen. Darüber hinaus kam es zu einer allmählichen räumlichen und zeitlichen Trennung von Arbeit und Freizeit:

> „In der Zeit zwischen 1750 und 1800 wurde die moderne Industriegesellschaft geboren und mit ihr verstärkte sich die zunächst räumliche, später auch inhaltliche und bewusstseinsmäßige Trennung von Arbeit und Freizeit." (Opaschowski 1994, S. 26)

Gegenüber der Zeit der Industrialisierung im 19. Jahrhundert hat die arbeitsfreie Zeit und damit die Freizeit tatsächlich wieder zugenommen, im Vergleich zu früheren Gesellschaftsformen sei sie jedoch immer noch gering. Der zweite kritische Punkt, der bei der These von der immer größer werdenden Freizeit zu berücksichtigen ist, sei, dass die Menschen *subjektiv* das Gefühl hätten immer weniger Freizeit zu haben. Diese Einschätzung entstände zum Teil durch die Zunahme sogenannter *Obligationszeiten* (Opaschowski 1994, S.30). Darunter sind die vielfältigen Verpflichtungen des komplexen, modernen Lebens zu verstehen, die neben der Erwerbsarbeit anfallen. Dazu gehören z.b.: Haushalts- und Reparaturarbeiten, Einkäufe und Konsumentscheidungen, die Auseinandersetzung mit immer neuer Technik, Behördengänge, Erledigungen und Besorgungen, familiäre und soziale Verpflichtungen" (vgl. auch Opaschowski 1994, S.30). Resultat dieser Entwicklung sei, dass trotz objektiver Zunahme der (erwerbs)-arbeitsfreien Zeit, die subjektiv erlebte Freizeit sinkt. So resumiert Opaschowski, dass die in der öffentlichen Meinung vorherrschende Vorstellung von der massiven Freizeitvermehrung nicht dem Bewusstsein eines Großteils der Bevölkerung entspricht. Die *Freizeitrevolution* finde in den Köpfen der Menschen nicht statt. Dies läge aber auch daran, dass das Anspruchsniveau an die Freizeit gestiegen sei. Für viele Menschen ist nicht mehr nur die Arbeitszeit, sondern gerade die Freizeit, der sinn- und identitätsstiftende Lebensbereich.

Schon lange ist Freizeit nicht mehr nur mit Entspannung und Regeneration assoziiert und damit der ausgleichende, passive Gegenpol zur Arbeit. Der Siegeszug des Terminus *Erlebnis* in der Tourismuswirtschaft zeugt von dieser Entwicklung. Darüber hinaus kann jedoch auch die steigende berufliche Beanspruchung (Arbeitsverdichtung, Konkurrenz am Arbeitsplatz, Selbstständigkeit), und die Zunahme der Doppel- und Mehrfachbelastungen dafür verantwortlich sein, dass wir subjektiv das Gefühl haben, über immer weniger freie Zeit zu verfügen.

Die Trennung zwischen Arbeit und Freizeit verwischt sich nun wieder; in vielen Berufen sind schon heute beide Bereiche weder räumlich noch zeitlich eindeutig voneinander zu trennen. Aufgrund der rasanten Entwicklung der Kommunikationstechnologien wird ein Großteil der Arbeit vom traditionellen Arbeitsplatz, wie z.B. dem Büro, abgekoppelt. Zukunftsvisionen prognostizieren, dass es bald schon Arbeitsplätze, wie wir sie heute kennen, nicht mehr geben wird. Büroräume werden nicht mehr erforderlich sein und man wird folglich Bürohäuser in Konferenzzentren umgestalten, die speziell für solche Anlässe vorbehalten sind, für die *Face-to-Face Kontakte* notwendig sind (vgl. Bell et al. 1996, S. 489 ff). Trotz dieser Entwicklungen, definieren wir Freizeit auch heute noch als *Kontrast zur Arbeit*. Darum möchte ich an dieser Stelle kurz auf mögliche Beziehungen zwischen Arbeit und Freizeit und sich daraus ergebende Konsequenzen für den Tourismus eingehen.

Bamberg (1986) unterscheidet vier grundlegende Modelle zur Beschreibung der Beziehung zwischen Arbeit und Freizeit:

(1) Das *Generalisations- oder Extensionsmodell*. Im Rahmen dieses Modells wird davon ausgegangen, dass die mit der Arbeit verbundenen Einstellungen und Handlungsweisen auch in der Freizeit wirksam sind. So wie jemand arbeitet, so verlebt er auch seine Freizeit, lautet die Kernannahme. So könnte z.B. eine eintönige und wenig abwechslungsreiche Arbeit dazu führen, dass auch die Freizeit eher monoton gestaltet wird. Ebenso könnte eine anstrengende und mit viel Ehrgeiz verbundene Arbeitsweise zu einem ähnlichen Freizeitverhalten führen. Man könnte sich z.B. einen beruflich stark engagierten Manager vorstellen, der im Urlaub Champion im Drachenfliegen werden will oder hohe Gipfel im Himalaya besteigt. Oder aber auch einen Fließbandarbeiter, der seinen Urlaub mit monotonen Tätigkeiten verbringt. Oder einen bequemlichkeitsorientierten Studierenden (falls es den noch gibt), der seinen Urlaub am Strand liegend verbringt. Ein selbstverwirklichungsorientierter Künstler, der seinen Urlaub mit Kreativkursen in der Toskana verbringt, ist ein weiteres Beispiel.

(2) Die zweite Perspektive auf die Arbeit-Freizeit-Beziehung ist das sog. *Kompensationsmodell:* Hier wird die Annahme vertreten, dass in der Freizeit das realisiert wird, was in der Arbeitswelt nicht verwirklicht werden kann. Vernachlässigte Bedürfnisse und Interessen, für die während des Arbeitsalltags weder Zeit noch Raum vorhanden sind, können nun befriedigt werden. In einer in weiten Bereichen durch Rationalitätszwang gekennzeichneten Arbeitswelt kommen hierfür vor allem auch emotionale, sinnliche und soziale Bedürfnisse in Frage. Dieses Modell hat im Kontext tourismuskritischer Überlegungen große Bedeutung gewonnen (vgl. z.B. Enzensberger 1958, 1962; Krippendorf 1984). Man könnte sich hier wieder den vielbeschäftigten Manager vorstellen, diesmal aber dabei, wie er sich in einem Luxushotel verwöh-

nen lässt. Oder aber den Fließbandarbeiter, der spannende und außergewöhnliche Abenteuer erlebt. Oder aber auch den Rucksackreisenden, der fern von den Zwängen der eigenen Gesellschaft in eine fremde Kultur eintaucht.

(3) Eine dritte Perspektive auf die Beziehung zwischen Arbeit und Freizeit ist das *Kongruenzmodell*. Dieses Modell geht davon aus, dass vorgefundene Beziehungen zwischen Arbeit und Freizeit nur scheinbar sind. Eigentlich werden beide Bereiche von relevanten Drittvariablen beeinflusst. Solche relevanten Drittvariablen können sozialer oder biographischer Natur sein. So beeinflusst der sozioökonomische Status oder die Zugehörigkeit zu einer bestimmten gesellschaftlichen Gruppe (vgl. auch Schulze 1993) nicht nur das Arbeitsleben einer Person, sondern auch deren Freizeitverhalten. Darüber hinaus werden auch biographische Faktoren, wie die Erziehung, die Werthaltungen des Elternhauses u.ä. sowohl das Berufs- als auch das Freizeitleben beeinflussen.

(4) Die vierte und letzte Annahme ist schließlich das *Unabhängigkeitsmodell*. Hierbei wird davon ausgegangen, dass Arbeitsleben und Freizeitverhalten zwei voneinander unabhängige Bereiche sind. Beide Bereiche sind für sich autonom und beeinflussen sich gegenseitig nicht. Wie ein Mensch arbeitet habe keinerlei Einfluss auf die Freizeit und umgekehrt. Es handelt sich vielmehr um zwei völlig voneinander getrennte Lebensbereiche, die jeweils unabhängig voneinander betrachtet werden müssen.

Vor allem die ersten beiden Modelle sind im Rahmen der Tourismustheorie aufgegriffen worden.

Nöldner (1990) hat sich Gedanken darüber gemacht, wie Arbeit und Freizeit im Kontext einer *gesundheitsförderlichen Lebensweise* integriert werden können. Er ist der Meinung, dass es aus gesundheitspsychologischer Sicht von Bedeutung sei, dass eine Person Arbeit und Freizeit integriert, um einen Lebensstil herauszubilden, der persönliche Entwicklung, psychisches Wohlbefinden und Gesundheit unterstützt. Als ein Modell hierfür, bietet er das *Lebensraumkonzept* (life space) von Crandall (1984) an. Nach Crandall sind Arbeitsorientierung und Freizeitorientierung zwei voneinander unabhängige Dimensionen. Je nach hoher oder niedriger Ausprägung dieser Dimensionen ergeben sich vier Typen: Der *Freizeithedonist* (hohe Freizeitethik und geringe Arbeitsethik), der *Arbeitssüchtige* (hohe Arbeitsethik und geringe Freizeitethik), der *Enttäuschte* (geringe Arbeitsethik und geringe Freizeitethik) sowie der *Selbstaktualisierer* (hohe Arbeitsethik und hohe Freizeitethik). Nöldner (1990, S. 216) stellt hierzu fest:

"Aus gesundheitspsychologischer Perspektive ist ein erfülltes Leben mit hoher Lebenszufriedenheit, subjektivem Wohlbefinden und körperlicher sowie seelischer Gesundheit am stärksten bei der Gruppe der Selbstverwirklicher zu erwarten."

2.4 Tourismuswissenschaft: Ideen und Forschungsergebnisse

Im folgenden Kapitel soll ein Überblick über theoretische Konzepte und empirische Forschungsaktivitäten zum Thema Reisen und Tourismus gegeben werden.
Noch vor einigen Jahren bezeichnete Kagelmann (1993) den Stand der tourismuswissenschaftlichen Forschung als wenig entwickelt: Gemessen an der gesellschaftlichen und wirtschaftlichen Relevanz des Themas seien die Forschungsbemühungen weltweit als sehr gering einzuschätzen. Im angloamerikanischen Forschungsbereich gebe es eine kleine lebendige Forschungsgruppe, die interdisziplinär und methodisch vielgestaltig arbeitet und ihre Ergebnisse in der Fachzeitschrift *Annuals of Tourism Research* (heute *Journal of Tourism Studies*) veröffentlicht. In der deutschsprachigen Psychologie sei das Thema bis heute nicht etabliert; einige Ansätze aus den 50er und 60er Jahren wurden nicht wieder in die Forschung aufgenommen. Im Vergleich dazu hätten die Soziologie und die Pädagogik dem Thema größere Aufmerksamkeit zukommen lassen. Im Rahmen der Pädagogik finde sich ein vergleichsweise intensiver Fokus im Zusammenhang mit neuen Berufsbildern in den Bereichen Freizeitpädagogik, Reisepädagogik und Animation.
Dennoch gebe es in Deutschland eine Tradition in der Tourismusforschung, die jedoch im außeruniversitären Bereich angesiedelt ist.

Sie werde von privaten oder halbkommerziellen Institutionen getragen und orientiere sich vorwiegend an den Interessen der Tourismusindustrie. Hier ist vor allem der Anfang der 60er Jahre gegründete Studienkreis für Tourismus in Starnberg (StfT) zu nennen, dessen Forschungsarbeiten vorwiegend unter einem marktpsychologischen Gesichtspunkt stehen. Das Fehlen einer einschlägigen Tradition habe jedoch den Weg zu innovativen und einfallsreichen Forschungsideen erleichtert. In den letzten Jahren hat sich einiges in Richtung der Etablierung einer interdisziplinären Tourismuswissenschaft getan. Aber bevor ich auf neuere Entwicklungen in diesem Bereich eingehen will, sollen zunächst ältere theoretische Überlegungen zum Tourismus knapp skizziert und einige interessante Ergebnisse der empirischen Tourismuswissenschaft vorgestellt werden.

Zunächst zu den theoretischen Überlegungen: Tourismustheorie war lange Zeit vor allem *Tourismuskritik*. Einer der ersten, der sich in diesem Jahrhundert mit dem Thema beschäftigt hat, war Enzensberger mit seiner *Theorie vom Reisen als einer Flucht aus der Wirklichkeit*. Mit ihm begann eine gesellschafts- und tourismuskritische Epoche für die Forschung in diesem Bereich. Als Startschuß für die Tourismusbewegung nahm Enzensberger den Beginn des klassischen Kapitalismus an, mit dessen Etablierung sich der Schritt vom Reisen zum Tourismus vollzogen habe. Je weiter sich die damit verbundene bürgerliche Gesellschaft ausgebreitet habe, um so größer sei der Wunsch geworden, genau dieser Gesellschaft zu entfliehen. Als philosophischen Hintergrund der Tourismusbewegung sieht Enzensberger die Romantik. Mit ihrer Betonung der Freiheit habe sie die Sehnsucht des Einzelnen erweckt, dieses Ideal zu verwirklichen.

"Sie verklärte die Freiheit und entrückte sie in die Ferne der Imagination, bis sie räumlich zum Bilde der zivilisationsfernen Natur, zeitlich zum Bilde der vergangenen Geschichte, zu Denkmal und Folklore gerann. Dies, die unberührte Landschaft und die unberührte Geschichte sind die Leitbilder des Tourismus bis heute geblieben. Er ist nichts anderes als der Versuch, den in die Ferne projizierten Wunschtraum der Romantik leibhaftig zu verwirklichen. Je mehr sich die bürgerliche Gesellschaft schloß, desto angestrengter versuchte der Bürger ihr als Tourist zu entkommen" (Enzensberger 1958, S.701 ff).

Die Vorstellung, als Tourist der Gesellschaft entfliehen zu können, bezeichnete Enzensberger jedoch als Illusion. Vielmehr habe sich die Befreiung aus der industriellen Welt selbst als Industrie etabliert, die Reise aus der Warenwelt sei ihrerseits zur Ware geworden. Auf jeder Reise erfahre der Tourist schmerzlich, dass die Suche nach Freiheit keine Erfüllung erlange. Dies führe jedoch nicht dazu, die Suche aufzugeben, sondern im Gegenteil, der Tourist unternehme immer wieder erneute Anstrengungen mit verstärkter Kraft. Dies ist, nach Enzensberger, der psychische Prozess, welcher der Reisebewegung zugrunde liegt und der die Energien für die Mobilität bereitstellt. Die Flut der Tourismusbewegung sei eine einzige Fluchtbewegung aus der Wirklichkeit, mit der unsere Gesellschaftsverfassung uns umstelle. Jedoch würde kaum ein Tourist wirklich mit der Freiheit umgehen können; vielmehr nehme er die Freiheit als Massenbetrug hin.

"Indem wir auf die Rückfahrkarte in unserer Tasche pochen, gestehen wir ein, dass Freiheit nicht unser Ziel ist, dass wir schon vergessen haben, was sie ist" (Enzensberger, 1958, S. 701 ff.).

Ein anderer Aspekt des Reisens steht bei Knebel (1960) in seiner Theorie vom *Reisen als demonstrativem Erfahrungskonsum* im Vordergrund. Der Autor versteht Art und Ziel der Urlaubsreise als eine *Quelle gesellschaftlichen Ansehens*. Wie und wohin jemand reist, zeigt, was er sich leisten kann, und zu welcher gesellschaftlichen Subgruppe er gehört. Darum würden die Reisenden auch ihre Reiseerfahrung mit Andenken, Fotos, Mitbringseln und Postkarten dokumentieren, um für jeden sichtbar zu machen, *wo* sie gewesen sind und dadurch, *wer* sie sind. Das höchste Ansehen wird demjenigen zuteil, der die außergewöhnlichsten Urlaubserlebnisse zu berichten hat. Freizeit und Urlaub wären beliebte Themen der alltäglichen Kommunikation und somit auch bevorzugte Bereiche für die gesellschaftliche Einordnung anderer Menschen. Deshalb sei es wichtig, gerade auch in diesem Bereich gut abzuschneiden und möglichst überall mitreden zu können. Reisen und Tourismus werden zu einer Möglichkeit die eigene gesellschaftliche Position anderen gegenüber zu kommunizieren. Jeder einzelne kann sich so im „Erlebniswettbe-

werb" positionieren.
Der Ansatz von Kentler (1963a; 1963b; Kentler et al. 1969) hingegen hebt den Aspekt vom *Urlaub als Gegenwelt zum Alltag* hervor. Kentler bezweifelt nicht, dass Reisen und die Art und Weise, wie wir Urlaub machen, zu Prestige und Ansehen beitragen können. Die wesentlichen Merkmale des Reisens sind für ihn jedoch andere. Kentlers Kernaussagen sind die folgenden:

> „Der Urlaub ist erstens eine Gegenwelt zum Alltag und erlaubt dem Touristen einen vorübergehenden Auszug aus seiner Gesellschaft; er ist aber zweitens zugleich eine Ergänzungsdimension zum Alltag, wo eine Ersatzbefriedigung aller von der Gesellschaft sonst unterdrückten Bedürfnisse möglich ist." (Kentler et al. 1969)

Auch Kentler hat eine gesellschaftskritische Perspektive und reiht sich damit in die Argumentationslinie anderer Tourismuskritiker ein. Der Urlaub wird zu einem Herrschaftsinstrument, um den Bestand einer repressiven Gesellschaft zu sichern. Die Möglichkeit die Gesellschaft für eine gewisse Zeit zu verlassen, verhindere revolutionäre Bestrebungen und Aggression gegen die gesellschaftliche Repression.

> „Urlaub ist die Fortsetzung der Repression unter der Tarnkappe scheinbar möglicher Freiheit" (Kentler 1969).

Reisen und Urlaub werden auch hier als Machtinstrument einer Gesellschaft interpretiert, die den eigentlichen Bedürfnissen der Menschen zuwiderläuft. Der alljährliche Urlaub ist das Zuckerbrot, mit dem die durch die kapitalistische Industriegesellschaft ausgebeuteten Massen bei der Stange gehalten werden.
Eine optimistischere Einschätzung der Bedeutung von Reisen und Tourismus findet sich bei Scheuch (z.B. 1977; 1981). *Urlaub als Distanz zum Alltag*, das ist hier der Leitgedanke. Distanz zur normalen Existenz, aber nicht deren Negierung, ist nach Meinung von Scheuch das, was die Reisenden wünschen. Er nimmt an, dass die Urlauber keineswegs gänzlich der Gesellschaft, in der sie leben, entfliehen wollen. Vielmehr ginge es darum, für eine begrenzte Zeit Distanz zum Alltag zu gewinnen. Kerngedanke seiner *rollentheoreti-*

schen Argumentation ist, dass das Reisen eine Möglichkeit darstellt, neue, im normalen Leben fremde Rollen auszuprobieren. Das Erproben neuer Verhaltensweisen steht im Vordergrund. Anschließend können neue Rollen auch im Alltag probiert und integriert werden und so zu einer weiteren Differenzierung und Flexibilisierung der Person beitragen.

> „Distanz zu der eigenen normalen Existenz zu gewinnen und in bescheidenem Maße einmal auszuprobieren, wie anders man selbst sein könnte, das kann verstanden werden als ein Versuch, in vorsichtigem Maße die Grenzen der eigenen Person zu überprüfen" (Scheuch 1977).

Gerade für jüngere Menschen, so Scheuch, sei dies sehr bedeutsam, weil diese noch weniger Lebenserfahrung hätten. Bei den älteren hingegen stünde die Verwirklichung von Wünschen und Lebensweisen, die der Alltag nicht bieten könne, im Vordergrund.

Auch ein späterer Denkansatz, der sich wiederum stärker an die Gedanken von Enzensberger und Kentler anschließt, wird als gesellschaftskritischer Ansatz bezeichnet. Er ist mit den Autoren Krippendorf (1984) und Prahl & Steinecke (1981) verbunden. Wie bei Enzensberger wird Tourismus als Flucht aus dem Alltag oder als das Aufsuchen einer Gegenwelt interpretiert. Der Tourismus gewinnt damit systemstabilisierende Funktion, er ist das Ventil, welches das Überleben in der Industriegesellschaft möglich macht. Auch schützt er die Gesellschaft vor innerem Aufbegehren und sozialen Unruhen. Reisen und Tourismus dienen dem Ausbalancieren von Spannungen zwischen verschiedenen Bedürfnispolen, welcher im modernen Alltag nicht gelingt. Die Spannung zwischen Arbeit und Erholung, Wachen und Schlafen, Anstrengung und Entspannung, Beruf und Familie, Freiheit und Gebundenheit, Risiko und Sicherheit; hier muss immer wieder ein neues Gleichgewicht hergestellt werden (vgl. Krippendorf 1984, S. 49). Tourismus ist hier zugleich Symptom und Therapieversuch einer Gesellschaft, in deren Rahmen die Schaffung eines solchen Ausgleichs auf anderem Wege nicht mehr möglich ist. Symptom insofern, als in einer Gesellschaftsform, die den menschlichen Bedürfnissen stärker entsprechen würde, eine Flucht nicht nötig wäre. Therapie insofern, als das die Reise den Versuch darstelle, der krankmachenden Gesellschaft für eine Zeit zu entfliehen. Wir finden hier eine sehr pessimistische Interpretation des Phänomens Tourismus. Diese ist verbunden mit der Forderung gesellschaftliche Probleme vor Ort zu lösen, in dem man etwa die Wohn- und Lebensbedingungen in den Städten verbessere. So könnte auch die Umwelt vor den negativen Folgen einer kontinuierlich zunehmenden Mobilität geschützt werden. Darüber hinaus müssten die Reisenden zu sogenannten "sanften Touristen" erzogen werden, die sich sowohl durch ein stärkeres Umweltbewusstsein als auch durch ein größeres soziales Verantwortungsgefühl auszeichnen. Die destruktiven Konsequenzen der Tourismusbewegung für Umwelt und Menschen könnten so begrenzt werden.

Ein anderer Ansatz der Tourismuskritik bezeichnet Tourismus als eine *moderne Form von Kolonialismus* (vgl. z.B. Mäder 1982; 1985). Der Tourist komme nicht als gleichberechtigter Partner ins Gastland, so heißt es hier, vielmehr fühle er sich als "König Gast" und möchte auch dem entsprechend behandelt werden. Gerechtfertigt werde dieser Status nach Meinung des Touristen dadurch, dass er ja viel Geld für den Urlaub zahle und dafür eine Gegenleistung von den Einheimischen, den "Dienern auf Zeit", erwarten könne. Die Bewohner des Gastlandes selbst seien jedoch meist nicht einmal Nutznießer des Tourismus. Die durch ihn erwirtschafteten Gewinne fließen vielmehr zum großen Teil direkt in die durch die westlichen Industrienationen gesteuerten Tourismuskonzerne zurück.

Im Folgenden sollen einige Ergebnisse empirischer Studien dargestellt werden (vgl. auch Braun 1993a).

Eine erste Pionierarbeit wurde von Hartmann (1962) durchgeführt, die sogenannte DIVO-Studie im Auftrag des Starnberger Studienkreises für Tourismus. Damals wurden 280 Menschen mittels teilstrukturierter Interviews nach ihren Reisemotiven und Urlaubswünschen befragt. Es wurden die folgenden vier Gruppen von Reisemotiven ermittelt:

1. *Erholungs- und Ruhebedürfnis* (Ausruhen, Abschalten, Herabsetzen geistig-seelischer Spannung, Abwendung von Reizen, keine Hast)
2. *Bedürfnis nach Abwechslung und Ausgleich* (Tapetenwechsel, Veränderung, neue Anregungen und Erfahrungen, neue Eindrücke, sich selbst entfalten, zu sich finden
3. *Befreiung von Bindungen* (Unabhängigkeit von sozialen Rege-

lungen, frei und ungezwungen sein, keine Rücksicht nehmen müssen, Befreiung von Pflichten, Ausbruch aus der alltäglichen Ordnung)
4. *Erlebnis- und Interessenfaktoren* (Erlebnisdrang, Neugierde, Reiselust, Fernweh, Interesse an fremden Ländern, Menschen und Kulturen, Kontaktneigung, Geltungsstreben; vgl. Hartmann 1962).

Der *Starnberger Studienkreis für Tourismus* führte in der Folgezeit eine Vielzahl von Untersuchungen durch, die sich vorwiegend mit der Analyse von Reisewünschen, Reiseerwartungen und Reiseverhalten auseinandersetzten. Die hier betriebene Tourismusforschung wurde auf der tourismuswissenschaftlichen Tagung „Motive, Meinungen, Verhaltensweisen" (1969) zusammengetragen. Die Forschung war von Anfang an stark am ökonomischen Nutzen orientiert, Versuche zur Theoriebildung wurden kaum unternommen. Seit 1970 führte der Studienkreis für Tourismus regelmäßig die *Reiseanalyse* durch, deren Stärken und Schwächen mit den Möglichkeiten und Grenzen repräsentativer Fragebogenuntersuchungen zusammenfallen.

Ein weiterer früher Ansatz stammt von Lehr (1964). Aus intensiven Befragungen wurden drei zentrale Inhalte von Reisen und Urlaub herausgearbeitet:

1. Urlaub als Zeit extremer Freizeit
2. Urlaub als Gegenpol zum Alltag
3. Urlaub und mitmenschlicher Kontakt (Lehr 1964).

Wiemann (1970) erwähnte die folgenden zentralen Inhalte des Reisens:

1. Flucht aus dem Alltag
2. Das Glücksgefühl der Freiheit
3. Das Flair des Besonderen
4. Die Entdeckung neuer Welten
5. Das Spiel von Lieblingsrollen
6. Prestigegewinn (Wiemann 1970).

Ein interessanter Ansatz, der auch versucht theoretische Überlegungen anzustellen, stammt von Schober (1975; 1979). Als Ziel des Urlaubs bezeichnete er schon damals das *Erlebnis*. Verglichen mit dem Erkennen *sei das Erleben die vitalere und kraftvollere Form der Wahrnehmung*. Vier Erlebnisbereiche wären dabei von Bedeutung:

1. Exploratives Erleben (Neues und Ungewohntes kennenlernen)
2. Biotisches Erleben (Wiederentdeckung des Körpers)
3. Soziales Erleben (Kontakt und Geselligkeit)
4. Optimierendes Erleben (sich erholen, braun werden, Kräfte sammeln; Schober 1975).

Im amerikanischen Raum führte Crompton (1979) eine Untersuchung durch, in deren Rahmen sieben zentrale Reisemotive erarbeitet wurden:

1. Flucht aus einer als irdisch und banal wahrgenommenen Umgebung
2. Selbsterforschung und -erweiterung
3. Entspannung
4. Prestige
5. Regression
6. Verbesserung von Verwandtschaftsbeziehungen
7. Erleichterung sozialer Interaktion (Crompton 1979).

Weitere Untersuchungen zum Erleben der Touristen wurden von Opaschowski veröffentlicht. In seiner qualitativen Untersuchung Mythos Urlaub (1991) wurden Urlaub und Reisen als die *„unerfüllbare Sehnsucht nach dem Paradies"* interpretiert.
Pearce (1983) sah bei einer Vielzahl der durchgeführten Befragungen das Problem, dass man vor allem sozial erwünschte Antworten erhielte. Deshalb forderte er schon früh, dass für die Erforschung des Phänomens Reisen eine subtilere, mehr theoretisch geleitete und intraindividuell orientierte Forschung notwendig sei. Als theoretischen Hintergrund schlug er schon damals Modelle aus der Humanistischen Psychologie vor[1].

---

[1] Z.B. das Selbstaktualisierungsmodell von Rogers (1951; 1970; 1977) und die Bedürfnishierarchie von Maslow (1973)

Braun (1993b) unterschied zwischen einer statischen und einer dynamischen Orientierung zur Umwelt beim Touristen. Im statischen Zustand verfolge eine Person das Ziel, ihre Identität, die durch die Bedrohungen im Alltag beschädigt wurde, wieder aufzubauen. Im dynamischen Zustand hingegen wolle der Tourist ein Land kennenlernen, Wanderungen unternehmen, Sehenswürdigkeiten besuchen und sei nicht damit beschäftigt seine Identität aufzubauen.

Ein weiterer interessanter Ansatz, der auch bei der Untersuchung von Reiseaktivitäten zur Anwendung kommen kann, ist der von Csikszentmihalyi (1975; 1998). Im Zentrum dieses Ansatzes steht das „Flowerlebnis". Der Autor beschreibt „Flow" als einen Zustand, bei dem der Mensch und seine Umwelt quasi miteinander verschmelzen und es darüber hinaus zu einem Verlust der Zeitwahrnehmung kommt. Dieser Zustand könnte nach Csikszentmihalyi auch als *Glück* bezeichnet werden. Er tritt vor allem dann auf, wenn wir so in eine Sache vertieft sind, dass wir alles um uns herum vergessen. Flow stellt sich dann ein, wenn der Mensch seine Fähigkeiten voll einsetzt, um die Aufgabe, die er sich gesetzt hat, gerade noch zu bewältigen. Es bestehe dann ein perfektes Gleichgewicht zwischen Umweltanforderungen und Handlungsfähigkeit.

Hahn und Kagelmann (1993) haben durch die Herausgabe ihres *Handbuchs zur Tourismuswissenschaft* einen wichtigen Schritt unternommen, Tourismusforscher im deutschsprachigen Raum zusammenzuführen und eine umfassende Bestandaufnahme verschiedenster Forschungsansätze zu leisten.

In der Zeitschrift *Psychosozial* ist im Jahr 1997 eine Ausgabe zum Thema „Tourismus und Gesundheit" (Kagelmann, Hrsg.) erschienen. Darin stellt Kagelmann erneut fest, dass eine von ausschließlich wirtschaftlichen Interessen unabhängige Tourismuswissenschaft noch immer am Anfang steht. Dies gelte gerade für gesundheitsbezogene Fragestellungen. Im Rahmen des Bandes werden Beiträge zu diesem Thema aus sozialwissenschaftlicher Sicht vorgestellt. Neben den Nutzenfaktoren von Reisen soll darin auch auf mögliche „Kosten", auf Seiten der Reisenden und auf Seiten der Bereisten eingegangen werden[2]. Eine kritische Stimme gegenüber dem „Mythos

---

[2] Auch die Frage, wie es eigentlich den "Bereisten", also den Menshen, deren Dorf, Stadt oder Region stark von Touristen besucht wird, ergeht, ist wichtig. Welchen Einfluss hat der Tourismus auf die Lebensqualität und Gesundheit der "Bereisten"? Eventuell schädigende Einflüsse des Touris-

Urlaub" wird gefordert, die sich nicht scheut, auch unerfreuliche Aspekte des Tourismusphänomens ans Licht zu rücken. Der Band enthält Beiträge zu verschiedenen Themen, u. a. zu Kuren und Wellness, zu psychotherapeutischen Aspekten von Gruppenreisen und zum Thema Tourismus in der postmodernen Erlebnisgesellschaft. Hennig (1997) hat unter dem Titel „Reiselust. Touristen, Tourismus und Urlaubskultur" eine Monographie zum Thema Reisen vorgelegt und damit einen wichtigen Beitrag zur Entwicklung der Tourismuswissenschaft geleistet. Er fordert darin, endlich Schluss damit zu machen, nur mit dem moralischen Zeigefinger auf den Touristen zu zeigen, wie das auch der Großteil der Tourismustheoretiker bisher getan habe. Er glaubt dieses Verhalten als ein elitäres Sich Abgrenzen wollen, gerade von Seiten des Bildungsbürgertums, zu entlarven. Dahinter stehe letztlich das *Bedürfnis nach sozialer Distinktion*, was auch eine Art soziales Grundgesetz der touristischen Dynamik sei. Wenn schon das Reisen überhaupt heute keine Besonderheit mehr sei, so möchte man sich wenigstens durch das „wie" des Reisens von anderen abheben. Der Bezeichnung "Tourist" hafte ein Stigma an, Tourist möchte keiner wirklich sein, vielmehr möchte jeder von sich behaupten: "Ich bin Reisender - der Tourist ist immer der andere" (Opaschowski 1996). Tourismus wird zum Feld sozialer Abgrenzung und Profilierung, wird zum Signal für die Kennzeichnung sozialen Prestiges. Schon Fontane (1819-1898) stellte seinerzeit fest: "Sonst reisten bevorzugte Individuen, jetzt reist jeder und jede". Fontanes Erklärung dafür liegt ganz im Sinne der oben beschriebenen Tourismustheorien des 20. Jahrhunderts, die den kompensatori-

---

mus auf diese Bevölkerungsgruppe waren in den siebziger Jahren Anlass für erneute Tourismuskritik und leiteten den Diskurs zum sozialverträglichen Reisen ein. An dieser Stelle sei auf die Studie *Alpendorf* (Guntern 1974; 1975; 1978; 1979) hingewiesen. Der Psychiater Guntern praktizierte damals in einem Dorf in den Schweizer Alpen, das sich im Jahr 1951 durch den Bau einer Verbindungsstraße innerhalb kürzester Zeit von einem abgeschiedenen Ort zu einem touristischen Zentrum entwickelte. Guntern fiel auf, dass im Zuge dieser Entwicklung bei seinen Patienten bestimmte Symptomkomplexe verstärkt auftraten (insbesondere psychosomatische Beschwerden und Alkohol-/Tablettenkonsum). Dies nahm er zum Anlass, den durch den Tourismus eingeleiteten ökonomischen und sozialen Wandel und dessen Auswirkungen auf die physische und psychische Gesundheit der Bewohner des Bergdorfes zu erkunden. Er stellte tatsächlich ein starkes Anwachsen von *psychosomatischen Problemen* und *Suchtproblemen* fest.

schen Effekt der Reise betonten (z.B. Enzensberger 1958/62; Kentler 1963; Krippendorf 1984).

"Elf Monate *muss* man leben, den zwölften *will* man leben. Jede Prosaexistenz sehnt sich danach alljährlich einmal in poetischer Blüte zu stehen".

Eine weitere Kernidee des Beitrags bezieht sich auf die Rolle der *Imagination* für das Reiseerleben. Damit rückt die Reiseerfahrung in die Nähe des Erlebens eines Künstlers, ähnlich wie dieses bei Freud (1908) beschrieben wurde. Beim Reisen ginge es nicht darum, eine möglichst realistische Erfahrung zu machen oder die Umgebung besonders wirklichkeitsnah wahrzunehmen. Im Gegenteil ginge es vielmehr darum, eine *imaginative Erfahrung* zu machen, das heißt eine Erfahrung, in der der Reisende selbst zum Erschaffer einer bedürfnisgerechten Wunschwelt werde.

„Der Tourismus hat sich in enger Verbindung mit den fiktoralen Räumen der Literatur und Bildenden Kunst entfaltet; häufig scheint er sich eher in diesen imaginären Welten zu bewegen als in der materiellen Realität" (Hennig 1998, S.7).

Die Anforderungen der Realität werden auf diesem Weg für eine bestimmte Zeit ausgeblendet und der Reisende kann sich seiner Wunschwelt hingeben. Dies funktioniert, da der Reisende von den Anforderungen des Alltagslebens befreit ist und, zumindest zum Teil, nach dem Lustprinzip leben kann. Von der Möglichkeit zur imaginativen Erfahrung, womit in der Regel eine gewisse Idealisierung der Reiseumgebung verbunden sei, hänge das Gelingen einer Reise ganz entscheidend ab.
Eine besonders interessante Initiative der letzten Jahre ist die alljährliche Herausgabe des Jahrbuchs für Reise- & Tourismusforschung *Voyage* (Gohlis et al. 1997; 1998; 1999; 2001).
Im Rahmen dieser Reihe werden jedes Jahr Beiträge aus verschiedenen Disziplinen zu Themenspektrum Tourismus veröffentlicht. Ziel ist dabei:

„... ein länder- und fächerübergreifendes Forum zu schaffen, das allen Interessierten – die ja allzuoft isoliert voneinander arbeiten, nichts voneinander wissen -Übersetzerdienste leistet; ein Forum, das der bestehenden Tourismuswissenschaft ebenso offensteht wie der Soziologie, der Geschichte, der Volkskunde, der Literaturwissenschaft oder der Philosophie. Ein Forum, das aber auch Raum lässt für nichtwissenschaftliche Gedankenflüge, für polemische Essays und für Literarisches ... `Voyage` will eine neue, eine fröhliche Wissenschaft vom Reisen begründen helfen. Eine Wissenschaft, die sich nicht in kurzatmigen Umfragen, geistlosen Modebegriffen und luftigen Zukunftsszenarien gefällt, eine Wissenschaft, die nicht schon alles weiß und steuern will, sondern die neugierig ist, Fragen stellt, Gedankenarbeit leistet, um vielleicht einmal ihre Ergebnisse in das `Kultursystem als ganzes` stellen zu können" (Spode 1997, S. 11).

In dieser Reihe werden jedes Jahr Beiträge zu einem bestimmten Schwerpunktthema vorgestellt. Bisher sind erschienen: `Warum reisen?´ (1997); `Das Bild der Fremde – Reisen und Imagination `(1998); `Künstliche Ferien – Leben und Erleben im Freizeitreservat ´(1999); `Tourismus verändert die Welt – aber wie?` (2001), `Reisen und essen`(2002).

3 Psychologische Konzepte und Theorien

Die folgenden Kapitel geben einen Überblick über die für die Untersuchung grundlegenden theoretischen Rahmenkonzepte aus der Psychologie. Vor dem Hintergrund von Vorüberlegungen wurden solche Konzepte und Theorieansätze gewählt, die für die Behandlung der hier zu bearbeitenden Fragestellung als besonders wertvoll erschienen.
Den Einstieg bilden umweltpsychologische Überlegungen zur *Beziehung zwischen Mensch und Umwelt*. Es soll überlegt werden, wie sich diese Beziehung beim Reisen verändern kann. Es folgt ein Blick auf die Mensch-Natur-Beziehung und in die Landschaftsästhetik.
Anschließend soll der *dialektische Transaktionalismus,* der eine für die Umwelt-, Architektur- und Wohnpsychologie relevante Metatheorie dargestellt, skizziert werden. Die *Autonomie – Geborgenheitsdialektik* soll hier näher dargestellt werden; ferner soll überlegt werden, welche Schlussfolgerungen die theoretischen Aussagen des dialektischen Transaktionalismus für die *Gestaltung physischer Räume* und speziell für Freizeiträume erlauben. Es folgt ein kurzer Blick in die *Wohn- und Architekturpsychologie*. Hier werden einige theoretische Überlegungen formuliert, die auch für Problemstellungen des Tourismus, speziell zur Gestaltung von Freizeitumwelten, interessante Schlussfolgerungen erlauben.
In den folgenden Kapiteln werden einige *psychoanalytische Denkansätze* dargestellt. Zunächst soll es um die Bedeutung von grundlegenden Konflikten und deren Schicksal im Lauf der Entwicklung im Rahmen psychoanalytischer Theoriebildung gehen. Daran anschließend soll dargestellt werden, wie durch einen unterschiedlichen Umgang mit solchen Konflikten, verschiedene Persönlichkeitstypen entstehen können, die später vielleicht auch unterschiedliche Reiseformen bevorzugen.
Nachfolgend wird eine Verbindung zwischen *Reisen und Kunst* hergestellt und das Reisen als eine Erfahrung interpretiert, die mit einer künstlerischen Weltwahrnehmung vergleichbar ist. Anschließend wird das *Reisen als ein Ritual* interpretiert, das einen Gegensatz zum profanen Alltag darstellt (vgl. Hennig 1997).

Im nächsten Kapitel wird überlegt, welche Schlussfolgerungen theoretische Überlegungen aus der Gestalttherapie für die psychologische Bedeutung von Reisen erlauben. Es werden ferner Überlegungen angestellt, welche Rolle Freizeit und Tourismus für die Gesundheit spielen können. Abschließend werden mehrere Modelle zur Entstehung von Gesundheit dargestellt, die auch darüber etwas aussagen, wie unter den veränderten Umweltbedingungen des Reisens Gesundheit entstehen kann.

3.1 Die Beziehung zwischen Mensch und Umwelt beim Reisen: Umweltpsychologische Überlegungen

„Wer sich in Bewegung setzt – oder gesetzt wird, erfährt etwas, sammelt Erfahrung, und das Zentrum solcher Erfahrung wird immer die Beziehung von Ich und Welt sein."

Liebs 1994, S.263

Der reisende Mensch verlässt die vertraute Umwelt für eine gewisse Zeit und setzt sich einer *fremden* oder zumindest einer *anderen* als der gewohnten Umgebung aus. Damit verändert sich auch die Beziehung zwischen Mensch und Umwelt, und das damit verbundene Erleben.
Verhalten und Erleben von Menschen in der Umwelt, die sie umgibt, sind das zentrale Thema der Umweltpsychologie. Dabei wird davon ausgegangen, dass zwischen Mensch und Umwelt ein kontinuierlicher Austauschprozess stattfindet, in dessen Verlauf sowohl die Umwelt als auch der Mensch sich verändern (vgl. Harloff 1998; Werner & Altman, 1998). Als Umwelt ist dabei sowohl die *physische* als auch die *soziale* Umgebung zu verstehen, wobei für den Umweltpsychologen die Bedeutung der *physischen Umwelt* im Vordergrund steht. Kennzeichnend für die Umweltpsychologie ist, dass sie versucht, den Menschen in seiner natürlichen *Alltagsumwelt* zu begreifen. Dementsprechend kommt der Feldforschung eine große Bedeutung zu. Einige für die Umweltpsychologie zentrale Theorieansätze versuchen die *Beziehung* zwischen Mensch und Umwelt zu beschreiben. Da die Veränderung der Mensch-Umwelt-Beziehung beim Reisen ein zentrales Merkmal und Grundlage eines veränderten Erlebens und Verhaltens ist, sollen diese Ansätze im Folgenden

kurz skizziert werden. Im Anschluss werden erste Überlegungen formuliert, welche Aussagen die einzelnen Ansätze für die Mensch Umwelt Beziehung beim Reisen machen können.

Der Arousal-Ansatz

Im Zentrum dieses Ansatzes steht die Beobachtung, dass der Mensch auf Umweltstimulation mit *Arousal* reagiert. Unter *Arousal* wird dabei eine Erhöhung der Gehirnaktivität aus dem *Erregungszentrum (formatio reticularis)* verstanden. Das *Arousalkontinuum* reicht vom Schlaf (niedriges Arousal) bis hin zu großer Aufregung und erhöhter Wachsamkeit (hohes Arousal).
Die Umwelt ist eine Quelle von Stimulation, die den Menschen auf allen Ebenen seines Erlebens – von der Wahrnehmung bis zur Handlung – beeinflusst. Das *Arousal* wird sowohl durch angenehme als auch durch unangenehme Stimuli erhöht. Auf eine Veränderung des *Arousals* reagiert der Mensch mit dem Versuch, eine sinnvolle Interpretation für den veränderten körperlichen Zustand zu finden. Zum einen beginnt er „nach innen" Informationen zu suchen. Er sucht nach Ursachen für die wahrgenommene Erregung und versucht sie sinnvoll zu interpretieren (z.B. als Freude oder Angst). Zum anderen beginnt er eine Informationssuche nach „außen". Auf der Suche nach einer angemessenen Bewertung der eigenen Erregung beobachtet er auch das Verhalten anderer Menschen. Er vergleicht die eigene Reaktion mit dem Verhalten der anderen (vgl. auch Schachter & Singer 1962). Wird eine geeignete Interpretation gefunden, so entsteht eine Emotion wie z.B. Freude oder Wut. Im Rahmen des *Arousalansatzes* wurde auch das sog. *Yerkes-Dodson-Law* formuliert, welches sich mit der Beziehung zwischen Erregung und Leistung beschäftigt. Es wurde festgestellt, dass ein mittleres Maß an Erregung für die Leistungsfähigkeit optimal ist. Darüber hinaus konnte beobachtet werden, dass bei der Lösung besonders schwieriger Aufgaben ein niedrigeres Erregungsniveau zu den besten Resultaten führt, bei der Beschäftigung mit einfacheren Aufgaben ist ein höheres Erregungsniveau optimal.

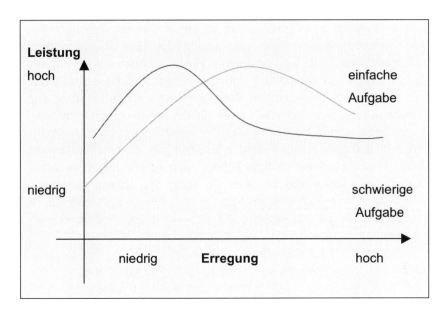

Abb. 3.1.1: Yerkes-Dodson Law

Darüber hinaus wird ein mittleres Erregungsniveau auch als am angenehmsten empfunden. Menschen versuchen sowohl ein zu niedriges als auch ein zu hohes Erregungsniveau zu vermeiden (Berlyne 1960; 1974).
Welche Schlussfolgerungen können hieraus für die Reiseerfahrung gezogen werden? Beim Reisen verändert sich die Umwelt, mit ihr verändert sich auch das *Arousal*. Dabei ist prinzipiell eine Verschiebung des *Arousals* in zwei Richtungen möglich. Es kann höher werden und es kann niedriger werden. Bei Kontakt mit einer neuen Umgebung ist zunächst davon auszugehen, dass das *Arousal* sich erhöht (vgl. auch Berlyne 1974). Ob das *Arousal* aber dann auf einem hohen Niveau bleibt, oder sich im Verlauf der Zeit auf ein niedrigeres als das gewohnte *Arousal* einpendelt, wird durch Merkmale der Reiseumwelt gesteuert. *Berlyne* (1974) stellte fest, dass eine Umgebung dann am positivsten eingeschätzt wird, wenn das *Unsicherheitsarousal* mittelstark ist. Dabei verfolgt der Mensch verschiedene Strategien um das *Unsicherheitsarousal* in einem mittleren Bereich zu halten. Bei Unterstimulation reagiert er mit *diversiver Exploration* und bei Überstimulierung mit *spezifischer Stimulation*. Das bedeutet, dass wir bei Unterstimulation verstärkt nach Anreizen aus der Um-

welt suchen um unser Erregungsniveau wieder in den angenehmen, in diesem Fall höheren Bereich, zu verschieben. Bei Überstimulation hingegen versuchen wir vorhandene Reize zu analysieren, um ein Gefühl von Kontrollierbarkeit und Sicherheit aufzubauen und dadurch die Erregung zu senken. Wenn wir davon ausgehen, dass der Reisende oder Urlauber nach einer für ihn angenehmen Erfahrung sucht, dann wird er versuchen das *Unsicherheitsarousal* in den mittleren, für ihn angenehmen Bereich zu bewegen. Wer sich in seinem Alltag eher überstimuliert fühlt könnte nach einer ruhigen Urlaubsumgebung suchen, die zu einer Senkung des Erregungsniveaus führen kann. Wer sich aber im Alltag eher unterstimuliert fühlt würde nach einer Umgebung suchen, die Spannung und Abenteuer verspricht.

Die Umwelt führt vor allem dann zu einer Erhöhung des Erregungsniveaus, wenn sie *neu* ist, wenn sie *komplex* ist, wenn sie *nicht mit dem was wir kennen überein stimmt* und wenn sie *Überraschungen* bereit hält (Berlyne 1974).

Berlyne war der Meinung, dass Umwelten, die ein mittleres Maß an Erregung hervorrufen, auch als am schönsten eingeschätzt werden. Einige neuere Forschungsergebnisse sprechen jedoch eher für eine lineare Beziehung zwischen den Umweltmerkmalen Neuheit, Überraschungsgehalt und Inkongruenz und der wahrgenommenen Schönheit (vgl. Bell et al. 1997, S.51). Die Reiseerfahrung, die sich auf einem gewünschten Stimulationsniveau bewegt, könnte auch mit einer ästhetischen Erfahrung verglichen werden (vgl. auch Kaplan 1985; Kaplan & Kaplan 1987; 1989).

Die oft berichtete erhöhte Kontaktorientierung einerseits (= Informationssuche nach außen), sowie die erhöhte Selbstaufmerksamkeit (= Informationssuche nach innen) auf Reisen andererseits könnten als Versuche zur Interpretation des eigenen Erregungsniveaus verstanden werden. Beides könnte auch als spezifische Exploration verstanden werden mit dem Ziel, das *Unsicherheitsarousal* zu senken.

Reisen insgesamt könnte als eine Form der *diversiven Exploration* verstanden werden, vor allem dann, wenn das Erleben von Neuem im Vordergrund steht.

Abschließend möchte ich noch auf eine wichtige Einschränkung des *Arousalansatzes* zu sprechen kommen. Es konnte gezeigt werden, dass das als angenehm erlebte Erregungsniveau keineswegs bei jedem Menschen gleich ist, vielmehr variiert es von Mensch zu

Mensch sehr stark. Das hängt mit verschiedenen Faktoren zusammen, womit sich der nun folgende Theorieansatz beschäftigt.

Der Adaptationsebenenansatz

Auch bei diesem Ansatz steht die Annahme, dass ein mittleres Maß an Erregung optimal ist im Zentrum (Wohlwill 1974). Stimulation stammt danach aus drei verschiedenen Quellen. Man unterscheidet die sensorische Stimulation, die soziale Stimulation und die Stimulation durch Bewegung. Diese drei Kategorien variieren auf mindestens jeweils drei Dimensionen, nämlich der Intensität, der Verschiedenheit und der Dimension von Muster/Struktur. Dabei beschreibt die Intensität wie stark ein Stimulus ist, die Verschiedenheit beschreibt den gebotenen Grad an Abwechslung, und die Muster-/Strukturdimension beschreibt, wie strukturiert bzw. wie offen und unsicher ein Reiz ist.

Die zentrale Annahme dieses Ansatzes besagt, dass es *für jede Person ein individuell optimales Stimulationsniveau* gibt. Dieses optimale Stimulationsniveau ist abhängig von der *Erfahrung* eines Menschen und *veränderbar*. Wenn eine andauernde Differenz zwischen Umwelt und individuellem Anpassungsniveau besteht, kommt es zu einer *Anpassungsreaktion*. Dabei kann entweder die Umgebung verändert werden (*Adjustment*) oder es kommt zu einer Anpassung der Person (*Adaptation*).

Eine Reiseumwelt, die sich in Art und Ausmaß der Stimulation von unserer Alltagsumwelt unterscheidet, könnte nach der Vorhersage dieser Theorie nicht nur dazu führen, dass unser momentanes Arousal fällt oder steigt, sondern auch dazu, dass nach einiger Zeit unser inneres Adaptationsniveau und damit das als angenehm erlebte Erregungsniveau steigt oder fällt. Eine aufregende und vielfältige Umgebung könnte also zu einem höheren inneren Erregungsniveau führen und auf Dauer zu einem Adaptationsniveau auf höherer Ebene. Umgekehrt könnte eine Ferienumwelt mit einer geringen Umweltstimulation zu einem Sinken des inneren Erregungsniveaus führen und auf Dauer zu einem niedrigeren Adaptationslevel beitragen. Ob eine Erhöhung oder Verringerung des Erregungsniveaus auf Reisen als angenehm oder als unangenehm empfunden wird, müsste vor allem davon abhängig sein, wie der Alltag erlebt wird.

Wird die Alltagsumgebung eher als zu spannungsreich empfunden, so bringt eine ruhige Urlaubsumgebung Erleichterung. Wird der Alltag eher als zu wenig stimulierend oder als monoton erlebt, so kann eine abwechslungsreiche Umgebung zu angenehmer Anregung führen. Auch im Rahmen dieses Ansatzes könnte das Reisen als ein Versuch interpretiert werden, ein gewünschtes Erregungsniveau zu erreichen. Darüber hinaus besteht aber auch die Möglichkeit, durch eine Reise das individuelle Adaptationsniveau auf Dauer zu verändern.

Der Wechsel der Umwelt geht mit der Möglichkeit einher, das Erregungsniveau in die ein oder andere Richtung zu verschieben und damit zu mehr Wohlbefinden zu gelangen. Eng verbunden mit diesem Ansatz sind auch zwei weitere Konzepte: der Umweltbelastungsansatz und der Unterstimulationsansatz.

Der Umweltbelastungsansatz

Der Umweltbelastungsansatz beschäftigt sich mit der Beziehung zwischen Mensch und Umwelt unter der Bedingung von Überlastung oder Überstimulation. Man geht hier davon aus, dass Menschen nur *eine begrenzte Menge an Umweltreizen aufnehmen* können. Wenn mehr relevante Umweltreize auf das kognitive System eines Individuums einströmen, als dieses verarbeiten kann, kommt es zur Überlastung. Folge davon ist, dass nur noch *selektiv* wahrgenommen wird: weniger wichtige Reize werden ausgeblendet und nicht mehr verarbeitet. Wenn z.B. mehrere Aufgaben gleichzeitig bearbeitet werden müssen und es so zu einer Überlastung kommt, wird die Leistung in der weniger wichtigen Aufgabe nachlassen. Auch die Aufmerksamkeit, die eine Person aufbringen kann ist nicht konstant, sie kann nach längerer Zeit erschöpft sein.

Länger andauernde Überlastung kann Folgeeffekte haben. So kommt es zu einem *Sinken der Frustrationstoleranz*, zu *Fehlern bei geistiger Arbeit*, oder zu einem *Nachlassen der Hilfsbereitschaft*. Bei lang andauernder Überlastung kommt es zur *Suche nach Erholung*. Die dafür aufgesuchte Umwelt sollte die folgenden Qualitäten erfüllen: Sie sollte sich von der normalen Umgebung unterscheiden („weg sein"), sie sollte genügend Bewegungsraum bieten und es sollte genügend Zeit zur Verfügung stehen; sie sollte interessant und fas-

zinierend sein, und sie sollte die Möglichkeit bieten, das zu tun, was man tun möchte.
Bei andauernder Überlastung ist ein Erholungsurlaub in der Natur sinnvoll; die beruhigende und entspannende Wirkung von Naturerfahrungen konnte in verschiedenen Studien eindrucksvoll nachgewiesen werden (Ulrich 1979; 1984; Ulrich et al.1991, vgl. auch Kap. 3.2). Wenn der Alltag eines Menschen durch chronische Überlastung gekennzeichnet ist, würde eine ruhigere und wenig herausfordernde Umwelt zu einer Senkung des inneren Stimulationsniveaus führen und könnte so zu gesteigertem Wohlbefinden beitragen.

Der Unterstimulationsansatz

Dieser Ansatz beschäftigt sich mit dem entgegengesetzten Phänomen, nämlich der Beziehung zwischen Mensch und Umwelt unter der Bedingung von Unterstimulation. Die zentrale Annahme ist hier, dass viele Probleme der Beziehung zwischen Mensch und Umwelt aus Unterstimulation resultieren.
So zeigen z.B. Untersuchungen zur sensorischen Deprivation, dass Unterstimulation zu physiologischen *Stressreaktionen*, zu *körperlichen Beschwerden* und zu *Leistungsminderung* führen kann. Bei Kindern kann Unterstimulation zu *Entwicklungsdefiziten* führen. Andererseits kann Unterstimulation jedoch auch *positive Effekte* haben (vgl. *REST = Restricted Environmental Stimulation Technique/Therapie*, Suedfeld et al. 1990). Zu Unterstimulation kommt es dann, wenn eine Umgebung nicht abwechslungsreich genug ist, um unsere Aufmerksamkeit auf sich zu ziehen. Parr (1966) versuchte die Entstehung von Jugendkriminalität und Vandalismus mit der durch die Monotonie der Großstädte ausgelösten Langeweile zu erklären. Im Gegensatz dazu, meinte er, enthielte die Natur so vielfältige und abwechslungsreiche Muster, dass ein Naturaufenthalt zu einer Verbesserung des Befindens führen könnte.
Aber auch ein Abenteuerurlaub, der mit einem erhöhten Erregungsniveau einher geht, könnte eine positive Wirkung haben. Die vielen Erlebnisreisen können als ein Versuch aufgefasst werden, Langeweile und Monotonie im Alltag entgegenzuwirken und das individuelle Erregungsniveau nach oben zu verschieben. Gerade wenn Menschen sich im Alltag eher unterfordert oder gelangweilt fühlen,

könnte das zu einer Verbesserung der kognitiven Fähigkeiten und vor allem zu einer Intensivierung des emotionalen Erlebens führen. Die Attraktivität von Extremsportarten könnte so erklärt werden. Der Urlaub kann umgekehrt aber auch zu einer Form von *Restricted Environmental Stimulation Therapie* werden, wenn eine besonders reizarme Urlaubsumwelt gewählt wird.

Der Behavior Constraint Ansatz

Eine wesentliche Annahme dieses Ansatzes ist, wie beim Umweltbelastungsansatz, dass unsere Informationsverarbeitungskapazitäten begrenzt sind und dass es infolge davon zu Überlastung kommen kann. Diese Überlastung führt zu dem *subjektiven Gefühl des Kontrollverlustes*.
Dieser *Verlust der wahrgenommenen Kontrolle* nimmt im Rahmen des Modells einen zentralen Stellenwert ein (Proshansky, Ittelson & Rivlin 1970; Rodin & Baum 1978; Stokols 1978, 1979; Zlutnick & Altman 1972). *Constraint* bedeutet hier, dass etwas in der Umwelt uns davon abhält zu tun, was wir gerne tun wollen, oder, dass etwas unsere Verhaltensmöglichkeiten begrenzt.
Dabei kann es sich um wirkliche Hindernisse handeln; es genügt jedoch auch allein die Vorstellung, dass die Umwelt uns von etwas abhält. Wesentlich ist die kognitive Interpretation einer Situation, als außerhalb unserer Kontrolle.
Kontrollverlust ist mit unangenehmen Gefühlen verbunden. Als Reaktion auf den Kontrollverlust kommt es zunächst zu dem Versuch, die Kontrolle über die Situation wiederherzustellen. Dies wird *psychologische Reaktanz* genannt (Brehm 1966). Wenn wir das Gefühl haben, dass unsere Handlungsfreiheit begrenzt ist, führt uns die *psychologische Reaktanz* zu dem Versuch, unsere Handlungsfreiheit wiederherzustellen. Wenn unsere Freiheit z.B. durch das Erleben von zu großer sozialer Dichte bedroht ist, verhalten wir uns so, dass andere Menschen von unserem Leben *ausgeschlossen* werden. Wir vermeiden Blickkontakt mit Fremden, wir verhalten uns distanziert und abweisend oder wir pflanzen Büsche vor unsere Terrasse, damit die anderen uns nicht mehr beobachten können. *Reaktanz* kann auch schon dann einsetzen, wenn wir vorhersehen, dass unsere Freiheit eingeschränkt sein wird, es muss gar nicht erst zur Erfah-

rung von Kontrollverlust kommen.

Was passiert, wenn es uns nicht gelingt, die Kontrolle wieder herzustellen? Als Folge vergeblicher Versuche die Freiheit wiederherzustellen kann es zu *gelernter Hilflosigkeit* kommen (Garber & Seligman 1981; Seligman, 1975). *Gelernte Hilflosigkeit* entsteht dann, wenn wir das Gefühl haben, dass unser Handeln keinen Effekt hat. Wir lernen, dass wir nichts machen können. *Gelernte Hilflosigkeit* kann zu *Depressionen* führen.

Der im Rahmen des *Behavior Constraint* Modells beschriebene Prozess enthält drei Stufen: *(1) Wahrgenommener Kontrollverlust, (2) Reaktanz, (3) gelernte Hilflosigkeit.* Das Gefühl von Kontrollverlust hat negative Konsequenzen für das Verhalten, wohingegen die Wiederherstellung von Kontrolle positiv für unsere seelische Verfassung ist.

Viele Untersuchungen konnten feststellen, dass dann, wenn die Möglichkeit besteht einen Stressor zu *kontrollieren*, viel weniger Stress entsteht, als wenn dies nicht der Fall ist. Lärm belastet uns z.B. viel weniger, wenn wir wissen, dass wir ihn zur Not auch abstellen können (Glass & Singer 1972). Diese Beobachtung spricht dafür, dass das Gefühl der Kontrolle eine wichtige Bedeutung bei der Entstehung von Stress hat. Im Rahmen des Modells werden drei Kontrolltypen diskutiert. Zum einen gibt es die *Verhaltenskontrolle.* Ich schalte die mich störende Musik aus. Zum anderen gibt es die *kognitive Kontrolle.* Ich kann durch verstärkte Informationsaufnahme ein besseres Verständnis über eine Situation erreichen und diese anschließend kognitiv umbewerten. Darüber hinaus gibt es die *Entscheidungskontrolle.* Entscheidungskontrolle habe ich dann, wenn ich unter mehreren Möglichkeiten auswählen kann, wenn ich z.B. die Möglichkeit habe umzuziehen, wenn mir eine Wohngegend zu laut ist. Auch ob das Erleben von Hilflosigkeit auftritt, hängt von mehreren Bedingungen ab. Hilflosigkeitserleben tritt vor allem dann auf, wenn wir für unseren Kontrollverlust über die Umwelt *stabile, allgemeine* und *internale* Ursachen annehmen.

Zur Veränderung der Mensch-Umwelt-Beziehung beim Reisen möchte ich hier zwei Gedanken formulieren. Zum einen könnte die Reise selbst als psychologische Reaktanz auf unkontrollierbare Alltagsbedingungen verstanden werden. Im Alltag ist unser Verhalten ständig in vielfältiger Weise einschränkt. Wer kann schon immer das tun, was er gern tun möchte.

Behavior constraint ist die Regel, nicht die Ausnahme. Dies muss natürlich nicht immer zu einem umfassenden Gefühl von Kontrollverlust führen. Dennoch könnte die Reise als ein Versuch interpretiert werden, wieder Kontrolle über ein fremd- und von außen bestimmtes Leben zu gewinnen. Wenn das gelingt, können wir mit einem positiven Effekt für unsere Gesundheit rechnen. Auf der Reise können wir vieles tun, wofür im Alltag der Freiraum fehlt. Dadurch kann das Gefühl von Kontrolle entstehen und damit das Wohlbefinden steigen. Vielleicht kann dies sogar langfristig vor der Entstehung depressiver Symptome schützen.

Ich möchte aber noch einen anderen Gedanken formulieren. Vor allem wenn die Reise in eine unvertraute Umgebung führt, sind wir vielen Situationen ausgesetzt, die neu und fremd sind. Damit kann es auch verstärkt zu einem Gefühl von Kontrollverlust kommen. Während wir in der vertrauten Umgebung gelernt haben mit Umweltanforderungen umzugehen, müssen wir in einer neuen Umwelt u. U. neues Verhalten erlernen.

Ob eine solche Erfahrung zu positiven oder negativen Effekten auf das psychische Wohlbefinden führt, wird vor allem davon abhängen, inwieweit es uns gelingt, neues Verhalten zu zeigen und dadurch wieder Kontrolle zu erlangen. Habe ich bei meinen Versuchen, die Kontrolle wiederzuerlangen, Erfolg, so fühle ich mich auch in der Zukunft gestärkt. Ich entwickle Vertrauen, dass ich auch zukünftige Umweltanforderungen meistern werde. Gelingt es jedoch nicht die gewünschte Kontrolle über die fremde Situation wiederherzustellen, so bleibt das Gefühl von Kontrollverlust bestehen. Nach wiederholten fehlgeschlagenen Versuchen werden sich die negativen Gefühle verstärken und es kann, wie ober geschildert, zur depressiven Symptomatik kommen. Die Reise birgt also Chance und Gefahr zugleich.

Der Umwelt Stress Ansatz

Der Umwelt Stress Ansatz ist ein weiteres Modell zur Beschreibung der Mensch-Umwelt-Beziehung. Der Ansatz geht davon aus, dass verschiedene Elemente der Umwelt als *Stressoren* betrachtet werden können, z.B. Lärm oder soziale Dichte, aber auch Zeitdruck am Arbeitsplatz oder Streitigkeiten mit dem Partner.

Die Reaktion auf diese Bedingungen wird als *Stressantwort* bezeichnet. Diese Reaktion enthält eine emotionale, eine physiologische und eine Verhaltenskomponente. Die physiologische Komponente wurde von Selye (1956) beschrieben und auch als *systemischer Stress* bezeichnet. Die emotionale und die Verhaltenskomponente wurden von Lazarus (1966) beschrieben und *psychologischer Stress* genannt. Das Umwelt Stress Modell integriert diese Komponenten. Der Ansatz enthält drei wesentliche Teile: die *Stressoren* (Merkmale der physischen und sozialen Umwelt), die *Bewertung der Stressoren* durch die Person und die daraus resultierende *Stressantwort*, bestehend aus einer emotionalen, einer physiologischen und einer Verhaltenskomponente. Es gibt verschiedene Stressoren, die in drei Gruppen eingeteilt werden können. Bei *Katastrophen* (Feuer, Erdbeben, Atomunfälle) handelt es sich um einen Stressor von extremer Intensität, der in der Regel viele Menschen gleichzeitig betrifft. Unter *persönlichen Stressoren* werden Belastungen aus dem persönlichen Umfeld, wie z.B. Trennung vom Partner, Tod eines Angehörigen oder auch Krankheit verstanden. Darüber hinaus gibt es die für die Umweltpsychologie besonders wichtigen *Hintergrundstressoren*. Als Hintergrundstressoren bezeichnet man solche Umweltreize, die wenig intensiv sind, die aber gerade durch ihr permanentes Auftreten oder dadurch, dass häufig viele von ihnen gemeinsam auftreten, zu Stress führen können. Zum einen gehören die *daily hazzels* zu dieser Gruppe. Gemeint sind hiermit die vielen kleinen Unannehmlichkeiten, die jeden Tag auftreten, z.B. die verpasste U-Bahn, die Autopanne, der vergessene Schlüssel oder Ähnliches. Zum anderen gehören zu dieser Gruppe die sogenannten *atmosphärischen Stressoren* wie Lärm, soziale Dichte, Luftverschmutzung, Gestank u.ä. Die Bewertung der Stressoren kann in Form von *Verlust, Bedrohung oder Herausforderung* geschehen. Verlust bezieht sich auf einen Vorfall, der schon vorüber ist wie z.B. die Trennung vom Partner. Die Bedrohungsbewertung bezieht sich im Gegensatz dazu auf einen Vorfall, der in der Zukunft erwartet wird, wie z.B. gesundheitliche Probleme aufgrund von Umweltverschmutzung. Die Herausforderungsbewertung bezieht sich auf die Möglichkeit den Stressor zu überwinden. Wir nehmen die Umweltanforderung wahr, schätzen sie aber als innerhalb unserer Bewältigungsmöglichkeiten ein; wir haben Vertrauen, dass wir die Schwierigkeiten überwinden werden. Die Bewertung der Stressoren wird von verschiedenen Faktoren beeinflusst. Bedeutung haben dabei *Eigenschaften des Stressors, Situati-*

onsmerkmale, individuelle Unterschiede, soziale und psychologische Variablen. Die Bewertung eines Stressors beeinflusst wiederum die Stressantwort. Die physiologische Stressantwort ist von Selye (*General adaptation syndrome*; 1956) beschrieben worden. Bewältigungsstrategien hängen wiederum von *individuellen und situationalen Faktoren* ab. Wenn der Versuch der Bewältigung nicht gelingt, kann das zu einer Verstärkung des Gefühls von Bedrohung führen. Gelingt er, so kommt es zur *Adaptation*. Adaptation hat positive und negative Komponenten. Da Stress Bestandteil jedes Lebens ist, ist es positiv, wenn gelernt wurde damit umzugehen.

Wir sind besser für zukünftige Umweltanforderungen gewappnet, wenn wir bereits schwierige Situationen bewältigt haben und wissen das es zu schaffen ist. Das *Selbstvertrauen* wächst und *neue Fähigkeiten* können entwickelt werden (Aldwin & Stokols 1987; 1988; Martin et al. 1987). Darüber hinaus kann die Auseinandersetzung mit Stress erzeugenden Situationen zu *Leistungsverbesserung* führen. Es gibt jedoch auch *psychische und physische Kosten* von Stress. Wenn die Anforderungen der Umwelt unsere Bewältigungsmöglichkeiten dauerhaft überschreiten, kann es zum physischen oder mentalen Zusammenbruch kommen. Folge sind häufig *psychosomatische Beschwerden, Leistungseinbußen* und eine *verminderte Toleranz gegenüber anderen Stressoren*. Darüber hinaus kann es zu langfristigen Folgeeffekten kommen. Wenn es nicht möglich ist sich ausreichend zu erholen, z.B. in der Natur (vgl. Ulrich et al. 1991), können die *Bewältigungskapazitäten dauerhaft eingeschränkt* sein. Auch physiologische Folgeeffekte können auftreten. So kann es zu einer *Beeinträchtigung des Immunsystems* kommen, was wiederum die *Anfälligkeit für Infektionskrankheiten* und auch die *Entstehungswahrscheinlichkeit von Krankheiten wie Krebs oder Herzinfarkt* erhöht. Anhaltender Stress, der die Bewältigungskapazitäten einer Person überfordert und nicht durch Erholungsphasen unterbrochen wird, kann also zu einer ernsthaften Gefahr für die Gesundheit werden.

Reisen kann im Rahmen des Umwelt Stress Ansatzes zum einen als eine *Möglichkeit der Erholung von Stress* interpretiert werden. Der Aufenthalt in einer ruhigen Umgebung, vielleicht in der Natur, kann genutzt werden um psychische und physische Folgeeffekt einer längeren Stressbelastung zu vermeiden, bzw. wieder auszugleichen. Diese Idee steckte auch ursprünglich hinter der Einführung des ge-

setzlich geregelten Anspruchs auf Erholungsurlaub.
Reisen kann darüber hinaus aber auch eine Möglichkeit darstellen, sich wohldosiert Stressoren auszusetzen um *Bewältigungsstrategien aufzubauen* und *neue Fähigkeiten zu entwickeln*. Gelingt dies, so können positive Effekte für die Bewältigung weiterer Stresssituationen im Leben die Folge sein.

Ökologische Psychologie

Als letztes soll ein Ansatz vorgestellt werden, der sich von den bisher beschriebenen Modellen stark unterscheidet und der eine andere Perspektive auf die Mensch Umwelt Beziehung ermöglicht: die *ökologische Psychologie* von Barker (1968; 1979; 1987; 1990). Während sich die bisher vorgestellten Ansätze vorwiegend mit den *Effekten der Umwelt auf den Menschen* auseinandergesetzt haben, wird die Mensch-Umwelt-Beziehung in der ökologischen Psychologie als eine Beziehung des *wechselseitigen* Austauschs verstanden.

Im Zentrum der Aufmerksamkeit steht bei Barker der Einfluss sogenannter *Behavior-settings* auf das Verhalten von Menschen im allgemeinen. Solches Verhalten nennt er außerindividuelle Verhaltensmuster. Das Behavior-setting wird dabei als *Einheit von physischer Umwelt und in ihr stattfindendem Verhalten* betrachtet. Im Lauf der Zeit verändert sich das Behavior-setting. Behavior-settings sind an kulturelle Gewohnheiten gebunden. So wird z.B. in der Kirche ein Gottesdienst abgehalten und im Klassenzimmer findet Unterricht statt.

Durch die *Analyse der Zusammensetzung von Behavior-settings* und durch ihren Gesamtumfang versuchte *Barker* die *Lebensqualität* verschiedener Gemeinden festzustellen. Darüber hinaus stellte sich der Ansatz als nützlich für die Bewertung der gestalteten Umwelt heraus, wenn es z.B. darum geht festzustellen, ob ein öffentliches Gebäude so genutzt wird wie es vom Architekten beabsichtigt war.

Bezogen auf Reisen und Tourismus könnte mit Hilfe dieses Ansatzes untersucht werden, welche Verhaltens- und vor allem Erlebensmöglichkeiten ein bestimmter Urlaubsort bietet. Eine Analyse vorhandener Behavior-settings könnte Aufschluss über die Qualität eines Urlaubsortes geben. Darüber hinaus könnten bestehende touristische Angebote (z.B. ein Erlebnisbad) bewertet werden, in dem eine Analyse des in ihnen stattfindenden Verhaltens gemacht wird und anschließend überprüft wird, ob Anzahl und Verhalten der Besucher mit der Idee und dem Ziel des Angebots übereinstimmen.

Zusammenfassung: Veränderung der Mensch-Umwelt-Beziehung beim Reisen (Eklektisches Modell)

Auf der Grundlage der vorangegangenen Überlegungen haben Bell et al. (1996) ein eklektisches Modell entwickelt, das versucht, die verschiedenen Theorieansätze zu integrieren. Dieses soll hier dargestellt werden *(Abb.3.1.2)*. Abschließend soll nochmals kurz zusammengefasst werden, was die daraus resultierenden Überlegung für die Veränderung der Mensch-Umwelt-Beziehung beim Reisen bedeuten.

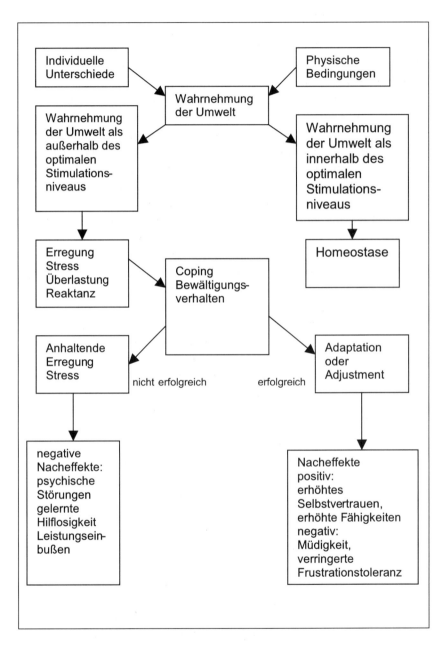

Abb. 3.1.2: Eklektisches Modell zur Mensch-Umwelt-Beziehung (nach Bell et al. 1996)

Was sagt dieses Modell über das Reisen aus?
Die Wahrnehmung der Reiseumwelt hängt von verschiedenen Einflussfaktoren ab. Dazu gehören individuelle Unterschiede (vgl. z.B. Oknophilie und Philobatismus, Kap. 3.6.2; „Sensation Seeking", Zuckerman 1979), Merkmale der Situation (z.b. Stimmung), soziale Bedingungen (z.b. Alleinsein versus in einer Gruppe sein) und kulturelle Bedingungen (Regeln, Normen, Gewohnheiten). Darüber hinaus wird sie durch objektive physische Bedingungen (Landschaft, Architektur u.a.) geprägt. Auf der Grundlage dieser Bedingungen wird die Umwelt entweder als innerhalb des gewünschten Stimulationsniveaus oder als außerhalb des gewünschten Stimulationsniveaus eingeschätzt. Im ersten Fall ist ein Gleichgewichtszustand, der zu Wohlbefinden führt, erreicht. Dies trifft vermutlich bei den Wohnwagenurlaubern zu, die in hohem Maße auf ihre Reiseumwelt Einfluss nehmen und diese auf ihre psychischen Bedürfnisse abstimmen. Wenn die Umwelt hingegen als außerhalb des optimalen Stimulationsniveaus eingeschätzt wird, kommt es zu Erregung; eventuell auch zu Stress, Überlastung oder Reaktanz. Dies tritt voraussichtlich gerade bei solchen Reiseformen ein, die in eine fremde Umgebung führen und die dadurch ein hohes Maß an Anpassungsleistungen erfordern. Es resultiert Bewältigungsverhalten (Coping) mit dem Ziel, die Erregung wieder auf ein gewünschtes Niveau ein zu pendeln. Gelingt dies, wird entweder die Umwelt den eigenen Bedürfnissen entsprechend verändert oder, und das ist vermutlich bei der Reiseform der *Traveller* von großer Bedeutung, es kommt zu einer Veränderung der Persönlichkeitsstruktur. Resultieren können höheres Selbstvertrauen, höhere Selbstwirksamkeitserwartungen sowie die Entwicklung neuer Fähigkeiten und Fertigkeiten. Infolge der Anstrengung kann es damit einher gehend aber auch zu Müdigkeit und einer verringerten Frustrationstoleranz kommen.
Problematisch wird es dann, wenn das Bewältigungsverhalten nicht erfolgreich ist. Es kommt zu anhaltender Erregung und zu gesteigertem Stress aufgrund gescheiterter Bewältigungsversuche. Auf der Reise ist der Vorteil, dass man dann in der Regel die Unternehmung abbrechen, sich z.B. in ein Hotel zurückziehen oder nach Hause fahren kann. Im schlimmsten Fall kann es trotzdem zu negativen Folgeeffekten wie *psychischen Problemen*, *Hilflosigkeitsgefühlen* oder *stressbedingten Leistungseinbußen* kommen.

3.2 Zur Beziehung zwischen Mensch und Natur

Für viele Großstadtbewohner, und deren Anteil an der Gesamtbevölkerung nimmt stetig zu, bedeutet Reisen die Stadt zu verlassen und eine natürlichere Umgebung aufzusuchen. Seit Beginn der Neuzeit wurden der Natur heilsame Kräfte für die Verbesserung von Gesundheit und Wohlbefinden zugeschrieben. Im Gegensatz dazu, wurde das Leben in der Stadt häufig als belastend und ungesund betrachtet. Mitscherlich (1965) stellte in den 60er Jahren fest, dass das Leben in den „unwirtlichen Städten" eine Entfremdung von der Natur mit sich bringe, was wiederum zu psychosozialen Defiziten führen könne.

Wieviel „Natur" der Mensch wirklich zum gesunden Leben braucht, ist jedoch eine ungelöste Frage. Die empirischen Ergebnisse hierzu sind zum Teil widersprüchlich.

Einige Untersuchungen beschäftigten sich mit der Rolle von Naturerfahrungen in der Kindheit und ihrer Bedeutung für die kindliche Entwicklung. So wurde z.b. festgestellt, dass Kinder zum Spielen natürliche Umwelten gegenüber nicht natürlichen Umwelten vorziehen (vgl. Otterstädt 1962). Hart (1979, 1982) vertritt die These, dass es gerade bei Kindern eine besonders innige Beziehung zur Natur gebe. Dies führte er auf die bei Kindern anzutreffende „open-mindedness" zurück, die durch eine besondere Sensibilität und Kreativität gekennzeichnet sei, welche bei Erwachsenen nur noch bei Künstlern zu finden sei. Tuan (1978) konnte in einer kulturvergleichenden Studie zeigen, dass Kinder aller Kulturen in der vorpubertären Zeit ein besonders emotionales Verhältnis zur Umwelt, in der sie leben, entwickeln. Daraus entstehe später das Heimatgefühl.

Moore & Young (1978) fanden heraus, dass Naturelemente in Kinderzeichnungen eine besonders wichtige Bedeutung haben. Gebhardt (1991) betont, dass kindliche Naturerfahrungen eine wichtige Voraussetzung dafür sind, dass Menschen sich später für den Umwelt- und Naturschutz engagieren.

Es gibt jedoch auch andere Beobachtungen. So stellte Holkomb (1977) fest, dass die Lieblingsplätze der Kinder meistens von Menschen geschaffene Orte sind. Kinder scheinen solche Orte zu bevorzugen, an denen sie sich *frei bewegen* können, egal ob diese naturbelassen sind oder nicht. Auch eine Studie von Johannsmeier (1985) zeigt, dass Kinder beim Spielen nicht unbedingt die Natur bevorzugen. Wichtig sei vielmehr die Bewegungsfreiheit und die Möglichkeit *unkontrolliert* spielen zu können. Besonders bevorzugt werden offensichtlich solche Orte, die von Planern vergessen worden sind (Hart 1982).

Auch Hard (1975) bekundet Zweifel daran, dass die Natur für sich allein, gegenüber den durch Menschen gestalteten Umwelten, bevorzugt würde. Was die Natur besonders attraktiv mache sei vielmehr die Tatsache, dass man dort in der Regel von den *Rollen und Normen des Arbeitslebens frei* sei.

Schon Hellpach (1935) ging davon aus, dass die natürliche Landschaft zu Erholungseffekten beitragen könne. Von ihr ginge eine „beruhigende Lust" aus (vgl. Hellbrück et al. 1999).

Ulrich stellte ausgedehnte Untersuchungen zu den Erholungseffekten von Naturwahrnehmung an. So legte er z.B. erwachsenen Patienten unterschiedliche Bilder vor: zum einen Stadtszenen und zum anderen Naturszenen (1982). Er stellte fest, dass die Betrachter beim Anschauen von Naturszenen wesentlich langsamer ermüdeten und sich entspannter fühlten als beim Anschauen von Stadtszenen. Darüber hinaus berichtete Ulrich, dass bei vergleichbaren Patientengruppen jene schneller gesundeten, deren Ausblick vom Krankenhauszimmer aus in die Natur ging (1984). Diejenigen, die nur auf eine Backsteinwand blickten, gesundeten langsamer, beanspruchten das Pflegepersonal stärker und verlangten stärker nach Schmerzmitteln. Offenbar genügt also die Wahrnehmung von Natur, um Heilungsprozesse zu begünstigen.

In einer weiteren Untersuchung stellten Ulrich et al. fest (1991), dass Videos, die Natur- und Landschaftsszenen zeigten, zu einer physiologisch nachweisbaren Stressreduktion führten. Ulrich stellt drei Reaktionsmöglichkeiten auf eine natürliche Umgebung fest: Aufmerksamkeit, Annäherung und Mögen, physische und psychologische Erholung sowie intellektuelle Leistungsverbesserung.

Als Erklärung dafür, dass Naturerfahrungen sich günstig auf Gesundheit und Wohlbefinden auswirken, wurden *evolutionsbiologische* Argumente herangezogen (vgl. Ulrich 1993; Wilson 1984). Die Entwicklungsgeschichte des Menschen habe sich überwiegend in einer natürlichen Umwelt vollzogen und nicht in einer vom Menschen gestalteten Umgebung (die Geschichte der Zivilisation beträgt nur ca. 1% der Menschheitsgeschichte insgesamt). Darum bevorzuge er nicht nur allgemein natürliche Landschaften, sondern besonders jene, die früher für sein Überleben günstig waren (z.B. steppenartige Landstriche). Wilson (1984) hat dieses Gefühl, sich zu bestimmten Landschaften hingezogen zu fühlen, als *Biophilie* bezeichnet.

Trotz einiger uneindeutiger Forschungsergebnisse gibt es also zahlreiche empirische Hinweise dafür, dass sich Naturwahrnehmung und Naturerfahrungen tatsächlich, sowohl förderlich für die kindliche Entwicklung als auch positiv auf Gesundheit und Wohlbefinden auswirken können.

Solche gesundheitsförderlichen Einflüsse können sich im Rahmen von Reisen in die Natur entfalten und dürften gerade für das Freizeitverhalten von Stadtbewohnern eine große Bedeutung haben.

3.3 Landschaftsästhetik

Natürliche Umwelten werden in der Regel als schöner und angenehmer eingeschätzt als gebaute Umwelten (s.o.). Es stellt sich die Frage, welche spezifischen Merkmale der natürlichen Umgebung es sind, die als schön wahrgenommen werden und die dadurch einen positiven Einfluss auf das Wohlbefinden haben.

Ich möchte an dieser Stelle kurz auf einige psychologische Überlegungen zur Landschaftsästhetik eingehen; künstlerische und kulturelle Gesichtspunkte sowie Betrachtungsweisen der professionellen Landschaftsarchitektur werden nicht dargestellt.

Eine erste psychologische Theorie der Ästhetik wurde von Berlyne (1960, 1974) vorgeschlagen (vgl. Kap. 3.1). Im Rahmen seiner theoretischen Überlegungen sind zwei Konzepte von zentraler Bedeutung: Die *kollativen Reizeigenschaften,* sowie die *spezifische* und die *diversive Exploration.* Kollative Reizeigenschaften sind solche Merkmale der Umwelt, die vergleichende oder untersuchende Reaktionen beim Beobachter hervorrufen. Dies sind nach Berlyne *Komplexität, Neuheit, Inkongruenz* und *Überraschungsgehalt.* Unter diversiver Exploration versteht er Erkundungsverhalten, das sich dann zeigt, wenn ein Individuum unterstimuliert ist und nach Abwechslung sucht. Spezifische Exploration hingegen tritt dann ein, wenn bereits Erregung vorhanden ist und ein Individuum einen Gegenstand exploriert, um sein Erregungsniveau zu senken oder um seine Neugier zu befriedigen. Berlyne ging davon aus, dass ästhetische Urteile über zwei Dimensionen mit kollativen Reizeigenschaften und Exploration verbunden sind: Die Dimensionen *Unsicherheitserregung* und

"*Hedonic tone*" (Gefallen). Die Beziehung zwischen diesen beiden sah er als kurvilinear an (höchstes Gefallen bei mittlerem Unsicherheitsarousal). Die schönsten Umwelten sollten demnach jene sein, deren kollative Reizeigenschaften mittelstark ausgeprägt sind und die dadurch ein mittleres Erregungsniveau erzeugen.

Kaplan (1975) und Kaplan & Kaplan (1987) entwickelten ein sog. *Umweltpräferenzmodell*. Sie stellten zunächst fest, dass wichtige Dimensionen, anhand derer Umwelten unterschieden werden, der *Inhalt* und die *räumliche Konfiguration* sind. Einer der wichtigsten Aspekte für die Unterscheidung des Inhalts ist das Vorhandensein bzw. das Nichtvorhandensein von Natur. Die räumliche Konfiguration ist durch bipolare Qualitäten mit den Polen Offenheit versus Geschlossenheit und definierter versus undefinierter Raum gekennzeichnet. Menschen bevorzugen, nach Meinung der Kaplans, solche Umweltausschnitte, die weder zu offen und zu undefiniert sind, noch zu geschlossen und zu definiert; solche Umwelten schränken die Sicht nicht ein und sind verstehbar. Die Kaplans gehen davon aus, dass Menschen solche Umwelten mögen, die mit den besonderen Fähigkeiten unserer Spezies am besten korrespondieren und die so im Verlauf unserer Stammesgeschichte die Überlebenschancen erhöhten. Die spezifischen Fähigkeiten des Menschen sind vor allem seine *kognitiven Fertigkeiten*. Folglich sollten Menschen jene Umgebungen besonders mögen, die für sie am besten *verstehbar* sind, die sie mit Hilfe ihrer Fähigkeit zur Informationsverarbeitung am besten erfassen können. Zugleich braucht der Mensch jedoch auch *Schutz*, da er weder sehr stark noch besonders schnell ist. Er sollte also solche Umwelten schätzen, die einerseits verstehbar sind, die andererseits aber auch Schutz bieten: Landschaften, die herausfordern aber nicht überfordern.

Dies korrespondiert mit der sog. *Prospect-Refuge-Hypothese* (Appleton 1975, 1996). Hier wird davon ausgegangen, dass Menschen in der Landschaft zwei Bedürfnisse befriedigen wollen: Einerseits wollen sie einen guten *Ausblick* haben (= Prospect, um ihre Neugier zu befriedigen), andererseits wollen sie aber auch geschützt sein (= Refuge). Aus solchen Überlegungen haben die Kaplans eine *Landschaftspräferenzmatrix* mit den folgenden vier Hauptkomponenten formuliert.

1. *Kohärenz:* Der Organisationsgrad eines Umweltausschnitts. Je

kohärenter die Szene, desto mehr gefällt die Landschaft.
2. *Lesbarkeit*: Die Verstehbarkeit einer Szene. Je größer die Lesbarkeit, desto größer die Vorliebe für die Landschaft.
3. *Komplexität*: Die Anzahl und Variation verschiedener Elemente. Je größer sie ist (zumindest bei natürlichen Szenen), desto mehr gefällt die Umwelt.
4. *Rätselhaftigkeit*: Die verborgenen Informationen, die eine Szene enthält. Je geheimnisvoller eine Szene ist, desto besser gefällt sie.

Während die Merkmale *Kohärenz* und *Komplexität* direkt wahrgenommen werden könnten, müssten die Merkmale *Lesbarkeit* und *Rätselhaftigkeit* über Informationsverarbeitungsprozesse erschlossen werden (vgl. auch Hellbrück et al. 1999, S. 258). Einige empirische Ergebnisse weisen darauf hin, dass tatsächlich jene Landschaften, die diese Merkmale aufweisen besser gefallen als andere. Gerade auf der Grundlage dieser stark biologisch geprägten Argumentation bleibt anzumerken, dass die Vorlieben für bestimmte Landschaften, in Abhängigkeit von Alter, kulturellem Hintergrund und persönlicher Erfahrung sehr unterschiedlich sind. Gerade die kulturellen Determinanten der Umweltpräferenz würden eine intensivere wissenschaftliche Betrachtung verdienen, sind aber leider noch wenig erforscht. Auch die Frage nach unterschiedlichen ästhetischen Präferenzen verschiedener gesellschaftlicher Gruppen verspricht interessante Perspektiven für Forschung und Anwendung. Darüber hinaus ist der persönliche Erfahrungshintergrund bedeutsam. So stellten z.B. Kaplan & Kaplan fest, dass Menschen dazu neigen, vertraute Landschaften als schöner einzuschätzen als unvertraute Umgebungen.

Für Reisen und Tourismus sind solche Landschaften von besonderer Bedeutung, die als besonders schön eingeschätzt werden und die von Menschen bevorzugt werden.

3.4 Dialektischer Transaktionalismus

Nichts ist drinnen, nichts ist draußen,
Denn was innen ist, ist außen.

Goethe

Der Begriff *Transaktionalismus* ist in den letzten Jahren in Mode gekommen. Die verschiedensten Ideen und Theorieansätze versammeln sich hier, deren Gemeinsamkeit häufig nur darin besteht, dass sie sich in irgendeiner Weise mit der *Wechselwirkung zwischen Mensch und Umwelt* beschäftigen (vgl. Harloff 1998, S. 251). Im Rahmen dieses Beitrags soll auf den *dialektischen Transaktionalismus* nach Werner & Altman (1998) Bezug genommen werden. Dieser neuere Ansatz bietet u.a. interessante Perspektiven zur Betrachtung von Reisen und Tourismus. Es sollen zunächst die zentralen Kennzeichen der transaktionalen Perspektive und daran anschließend die Schlüsselmerkmale eines dialektischen Ansatzes skizziert werden. Ich möchte auch darauf eingehen, was dieser Ansatz für die Gestaltung physischer Umwelten aussagen kann. Im darauffolgenden Kapitel wird eine Verbindung zur *Architektur- und Wohnpsychologie* hergestellt und abschließend eine Interpretation des Reisens als dialektischer Gegenpol zum Wohnen versucht.

Werner und Altman rücken in ihrer *transaktionalen* Perspektive, die sie als *wissenschaftliche Weltsicht* beschreiben, drei Aspekte in den Vordergrund. Zum einen betonen sie die *Ganzheitlichkeit* aller Phänomene. Jedes Geschehnis setze sich aus einer Vielzahl verschiedener Aspekte zusammen. Diese Aspekte definieren sich gegenseitig, sind auf vielfältigste Weise miteinander verflochten. Erst aus ihrem *Zusammenwirken* entsteht ein *sinnvoll interpretierbares Ganzes*. Daraus leitet sich die Forderung ab, Phänomene auch möglichst *als Ganzes* zu untersuchen und nicht einzelne Aspekte aus ihrem Zusammenhang zu lösen, um sie dann isoliert voneinander zu betrachten. Idealerweise würde man Mensch-Umwelt-Einheiten in ihrer Gesamtheit untersuchen, denn zu jedem Ereignis gehört sowohl das Individuum als auch die physische und soziale Umwelt, die es umgibt. Ein zweites zentrales Merkmal des Transaktionalismus nach Werner & Altman ist die Betonung *zeitlicher Qualitäten*, die ebenso Bestandteil eines jeden Phänomens sind. Transaktionale Forschung beschäftige sich mit "the natural ebbing and flowing of events" (Werner & Altman 1998, S. 125). Sowohl Mensch als auch Umwelt wandeln sich im Verlauf der Zeit. *Stabilität und Veränderung* sind dabei gleichermaßen von Bedeutung, und der Prozess von Kontinuität und Wechsel sollte bei der Beobachtung bestimmter Phänomene berücksichtigt werden. Zeitliche Qualitäten tragen zur Bedeutung bestimmter Geschehnisse bei und gewinnen umgekehrt erst durch diese Geschehnisse Gestalt. So finden z.B. bestimmte Feste an besonderen Tagen statt, sie haben einen definierten Anfang und ein festgelegtes Ende; sie haben einen mehr oder weniger festgelegten Verlauf. Ein drittes wichtiges Merkmal ist die spezielle *wissenschaftstheoretische Position*, der sich der Transaktionalismus zuordnet. Wesentlich ist hier weniger die Untersuchung einzelner, isolierter Ursache-Wirkungs-Zusammenhänge, was speziell in der Psychologie lange Zeit im Vordergrund stand, sondern mehr die Beschreibung von *Muster und Form* eines bestimmten Geschehens. In der transaktionalen Weltsicht von Werner & Altman werden einzelne Aspekte nicht als sich gegenseitig auslösend oder verursachend betrachtet, sondern als zusammenarbeitend und im Rahmen von Einheiten zueinander passend.

3.4.1 Die Dialektik von Autonomie und Geborgenheit

Im Rahmen des *dialektischen Ansatzes* gibt es einige Schlüsselmerkmale, auf die ich hier näher eingehen will. Erstes Schlüsselmerkmal ist die Annahme, dass *Gegensätze fundamental* sind; die Autoren nennen sie *dialektische Polaritäten*. Diese Polaritäten bedingen sich gegenseitig, sind wechselseitig voneinander abhängig und ergänzen sich komplementär. Dabei sind immer beide Pole einer solchen Dialektik präsent, und wenn einer der Pole fehlt, ist die gesamte Dialektik zerstört. Eine zentrale psychologische Bedeutung kommt dabei der Dialektik zwischen der Autonomie als einem Pol und der Verbundenheit als Gegenpol zu. Um diese beiden Pole lassen sich verschiedene andere Bedeutungen gruppieren. Zur Autonomie gehört auch der Individualismus, der Wettbewerb, das Private. Zum gegenüberliegenden Pol dagegen gehört die Gemeinschaft, die Kooperation oder die Öffentlichkeit. Die Autoren betonen, dass lebendige Systeme sich dadurch auszeichnen, dass sie sowohl individuelle als auch kollektive Qualitäten besitzen, dass also beide Pole der Dialektik zum Zug kommen können. Ein weiterer zentraler Punkt dieses Ansatzes beschäftigt sich mit der *Wechselwirkung zwischen Veränderung und Kontinuität*. Wie schon gesagt, ist beides notwendig dafür, dass ein System lebendig bleibt. Ein entscheidender neuer Gedanke ist hierbei, dass sich Systeme *nicht* auf ein ideales Gleichgewicht einpendeln. Vielmehr findet ein *kontinuierliches Auf- und Abebben* zwischen den Polen statt. Der dritte wesentliche Punkt beschäftigt sich mit der *Größe der Einheiten*, in welchen solche dialektischen Prozesse zu finden sind. Die Autoren sind der Meinung, dass dialektische Prozesse *innerhalb eines Individuums* wirksam sind (vgl. Kapitel 3.6.1; Zur Bedeutung der Grundkonflikte) aber auch in einer Zweierbeziehung, in einer Familie oder zwischen der Familie und anderen Kollektiven, wie z.b. der Nachbarschaft oder dem Freundeskreis.

Ich möchte nun versuchen das Reisephänomen aus dieser Perspektive zu betrachten. Eine kleine Abbildung soll den Gedankengang verdeutlichen. Das Reisen erscheint in dieser Abbildung als ein Ritual, während dessen Verlauf ein freies Pendeln auf dem "Spannungs-Ruhe-Kontinuum" möglich wird. Werner und Altman sehen es als eine entscheidende psychologische Bedeutung von *Ritualen* an, dass während ihres Verlaufs dialektische Spannungen austariert werden können.

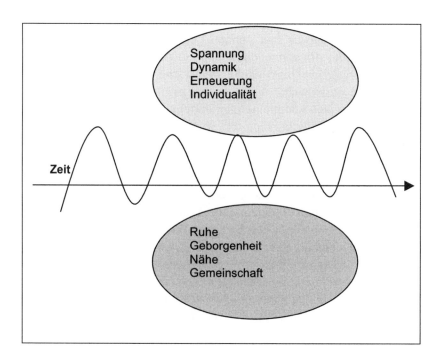

Abb. 3.4.1.1: Reisen als Ritual mit Austarieren auf dem Spannungs-Ruhe-Kontinuum (nach Werner & Altman 1998)

Rituale können nach Meinung der Autoren zum einen dem Bedürfnis nach Individuation entgegenkommen, zum anderen aber auch dem Bedürfnis nach kollektiver Erfahrung. Wenn man Reisen, wie einige Anthropologen und Tourismuswissenschaftler das getan haben, als eine moderne Form des Rituals betrachtet, ergeben sich neue Interpretationsperspektiven. Es wird angenommen, dass in dem Maße, in dem traditionelle Formen von Ritualen, wie etwa Familienfeste, religiöse Feste und Zusammenkünfte an Bedeutung verloren hätten, die touristische Reise die Ventilfunktion solcher Feste übernommen habe. Mit der "Entritualisierung" unseres Alltagslebens bleibe das Bedürfnis nach "Auszeiten", nach Höhepunkten im Leben, nach ganz besonderen Tagen und besonderen Ereignissen unbefriedigt. Der moderne Mensch integriere die Festtage nicht mehr in sein Alltagsleben. Vielmehr sei der Alltag in den Möglichkeiten, die er für das individuelle Erleben bietet, eher homogen und einheitlich, wobei das ganz "Besondere" als Gegensatz zum "Normalen" fehle. Dies führe auf Dauer jedoch zu Unzufriedenheit und dialektischen Spannungen, die nach Auflösung drängen (hier ist die Nähe zum tiefenpsychologischen Konfliktmodell zu erkennen). Diese Spannungen entfessele nun ein gelungener Urlaub. Die Funktion früherer Festtage und Auszeiten, so die These, übernimmt beim Menschen der modernen Industrienation der Urlaub, die Reise. Hier kann das erlebt werden, was im Alltag nicht integriert werden kann und für viele auch nicht mehr erlebbar ist.

Der Alltag des Menschen westlicher Gesellschaften ist häufig dadurch gekennzeichnet, dass er der strengen Kontrolle eines in weiten Teilen rational bestimmten Arbeitslebens unterworfen ist, in dem sinnliches Erleben ebensowenig Platz findet wie emotionale Erfahrung. Im Urlaub können diese sonst benachteiligten Bereiche neu belebt werden. Dies ist jedoch nur eines von vielen möglichen dialektischen Paaren, die im Urlaub austariert werden können. Eine zentrale Stellung nehmen dabei jedoch, die oben erwähnte Spannungs - Ruhe - Dialektik und andere inhaltlich verwandte dialektische Paare ein (vgl. auch Harloff & Hinding 1993).

3.4.2 Dialektische Prozesse und physische Umwelt

Der Ansatz von Werner & Altman kann nicht nur zur Beschreibung touristischen Erlebens genutzt werden. Man kann darüber hinaus Anregungen ableiten, wie touristische Räume (physikalisch und sozial) gestaltet werden müssen, um das beschriebene Austarieren dialektischer Spannungen zu ermöglichen.

Dabei ist eine *Vielfalt von Abstufungsmöglichkeiten* zwischen anregenden Räumen einerseits und entspannenden, Ruhe bietenden Räumen andererseits, anzustreben. Werner & Altman beschreiben dieses Konzept sehr anschaulich für die Gestaltung von wohnungsnahen Freiräumen, die bei entsprechender Nutzung zu sogenannten *sekundären Territorien* werden können. Viele Ideen können aber auch für die Gestaltung touristischer Räume interessante Anregungen geben.

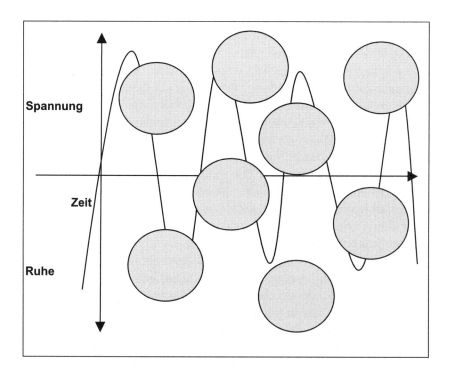

Abb.3.4.2.1: Anordnung von „Erfahrungsräumen" auf dem Spannungs-Ruhe-Kontinuum

Die Abbildung verdeutlicht, wie die Umwelt gestaltet sein sollte, um

ein möglichst freies Pendeln zwischen den Polen zu ermöglichen und damit den psychologischen Bedürfnissen der Nutzer entgegen zu kommen. Jede Blase stellt einen „Erfahrungsraum" dar, der ein bestimmtes Spannungsniveau ermöglicht. Viele Erfahrungsräume in feiner Abstufung ermöglichen am besten, dass zwischen Spannung und Ruhe gependelt werden kann.
Harloff et al. (1998) haben auf der Grundlage solcher Überlegungen Lebenswelten von Kindern als Netzwerke von Settings, die sich gegenseitig als Kompensationsraum dienen können, dargestellt. Die „Lebenswelt", als die Summe aller relevanten Orte, einschließlich des zugehörigen Erlebens und Verhaltens kann wie folgt dargestellt werden:

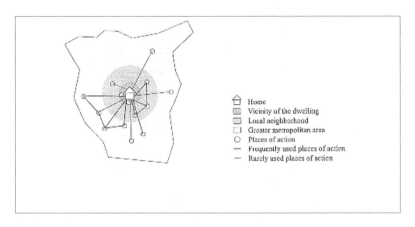

Abb.: 3.4.2.2: Lebenswelt als Netzwerk von Mensch-Umwelt-Einheiten (Harloff et al. 1998b, S. 75)

Es ergeben sich Netzwerke von Mensch-Umwelt-Einheiten, die sich wechselseitig beeinflussen, die sich im Verlauf der Zeit kontinuierlich verändern und in und durch deren Veränderung die menschliche Entwicklung stattfindet (vgl. Harloff et al. 1998 b).

3.5 Architektur- und Wohnpsychologie

Die Wohnpsychologie ist ein Teilbereich der Architekturpsychologie. Sie beschäftigt sich mit dem „wohnenden" Menschen. Was aber ist Wohnen eigentlich? Saegert (1987) beschreibt es so:

„Dwelling is the most intimate of the relationships with the environment."

Das Konzept „Wohnen" beschreibt demnach also eine *Beziehung zwischen Mensch und Umwelt.* Der wohnende Mensch geht mit der Umwelt eine intensive Beziehung ein. Nach Harloff und Hinding (1993) kann Wohnen über drei zentrale Merkmale definiert werden: Wohnen ist mit *Tätigkeiten* (1) verbunden, die in der *Wohnung* und im *Wohnumfeld* stattfinden (2). Wesentlich dabei ist, dass der Umwelt eine Bedeutung verliehen wird, dass sie *personalisiert und angeeignet* wird (3). Dabei wird die Wohnung zu einem *primären Territorium* (Altman 1975; Altman & Chemers 1980). *Primäre Territorien* sind jene Räume, die über einen langen Zeitraum vom Individuum besetzt werden, die gut „markiert" sind, und die eine zentrale psychologische Bedeutung einnehmen. Sie werden mit persönlichen Dingen ausgestaltet und von ihrem Inhaber kontrolliert; er entscheidet, wer herein darf und wer draußen bleibt. Der Inhaber fühlt sich für *primäre Territorien* verantwortlich und identifiziert sich mit ihnen. Der wohnende Mensch ist also ein *aktiver* Partner, der handelnd mit seiner Umwelt in Kontakt tritt. Er richtet seine Wohnung mit ausgesuchten Möbeln ein, wählt bestimmte Farben für die Wände aus und gestaltet sie insgesamt nach seinem individuellen Geschmack. Umgekehrt wirkt die (Wohn)umwelt jedoch auch auf den Menschen zurück und beeinflusst unser Erleben und Verhalten. Die Einrichtung einer Wohnung kann zu verschiedenen Tätigkeiten „einladen". So kann uns z.B. eine bequeme Couch, vor der ein Fernseher steht, zum gemütlichen Fernsehen einladen, ein Schreibtisch mit Computer hingegen fordert uns zum Arbeiten auf. Die Größe unserer Wohnung und die Anzahl an Sitzgelegenheiten begrenzt die Zahl der Leute, die wir zum Essen oder zu einer Party einladen können. Diese Aspekte der Umwelt, die mit bestimmten Verhaltensweisen assoziiert sind, werden auch *Affordanzen* (Gibson 1966, 1979) genannt. Sie beeinflussen unser tatsächliches Verhalten sehr stark.
Darüber hinaus wird aber auch unsere *Stimmung* von der (Wohn)umwelt beeinflusst. Campbell (1979) konnte z.B. zeigen, dass wir uns in attraktiv gestalteten Räumen wohler fühlen als in nicht attraktiv gestalteten Räumen. In einer anderen Untersuchung

(Sherrod et al. 1977) konnte festgestellt werden, dass sogar unsere Bereitschaft anderen Menschen zu helfen in einer schönen Umgebung größer ist.

Wir entwickeln eine *emotionale Bindung* an unsere Wohnung und mehr noch, sie kann zu einem Teil von uns selbst werden. Es entsteht *Ortsbindung,* ein Haus oder eine Wohnung wird zu einem *Zuhause.* Die Entstehung von Ortsbindung wird durch verschiedene Faktoren beeinflusst. Zum einen ist das *physische Milieu* von Bedeutung, also z.B. die Wohnung mit ihren besonderen Merkmalen wie Größe, Grundriss, Komfort, Garten, Balkon. Darüber hinaus ist aber auch das *soziale Milieu* wichtig, also mit welchen Menschen ich zusammenlebe und wie wohl ich mich dabei fühle. Physisches und soziales Milieu formen zusammen das *Behavior-Setting.* Dieses besteht hier aus der Wohnung und aus dem sozialen Leben, das in ihr statt-findet.

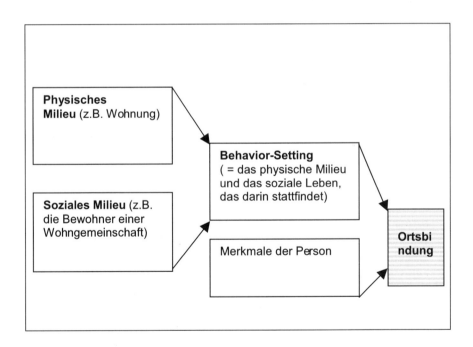

Abb. 3.5.1: Die Entstehung von Ortsbindung in Abhängigkeit von physischem und sozialem Milieu, *Behavior-Setting* und Merkmalen der Person (nach Bell et al. 1996, S. 58)

Auch bei der Entwicklung von Ortsbindung gibt es individuelle Unterschiede. Manche Menschen entwickeln eher eine Ortsbindung als andere.

Als die Hauptmerkmale des Zuhauses bezeichnet Harloff (1989) dessen *ordnungs- und identitätsstiftende Funktion*. Das Zuhause stiftet Ordnung in unserem Leben, indem es einen Rahmen für festgelegte Handlungsabläufe bietet, es stiftet darüber hinaus Identität, wenn wir uns mit unserer Wohnung und vielleicht sogar mit unserem Kiez identifizieren (vgl. auch Dovey 1985).

Wohnen beinhaltet detailliertes Wissen über einen Ort. Dies vermittelt in erster Linie ein Gefühl von *Sicherheit*. Balint (1994, 4. Aufl.) stellte fest, dass schon Kinder beim Spielen die Sicherheitszone stets als „Heim" oder „Haus" bezeichnen. Wenn ich weiß, wie ein Ort aussieht, wo ich etwas finden kann, welche Gegenstände es an einem Ort gibt und welche nicht, dann kann ich mich sicher und zielorientiert an diesem Ort bewegen.

Fuhrer und Kaiser (1993) beschreiben den Prozess der *Externalisierung psychischer Inhalte* durch das Wohnen. Mit der Ausgestaltung unserer Zimmer dokumentieren wir, „wer wir sind und wer wir waren" (Fuhrer & Kaiser 1993, zit. nach Flade 1993 b). Orte können zu *Repräsentanten psychischer Inhalte* werden, bis hin zu einem Spiegel bestimmter Aspekte der Persönlichkeit des Bewohners (Csikszentmyhalyi & Rochberg-Halton, zit. nach Fuhrer und Kaiser 1993). Wenn von der Wohnung als einem *Repräsentanten des Bewohners* gesprochen wird, sind damit jedoch nicht beabsichtigte Selbstdarstellungsversuche gemeint, sondern vielmehr *Spuren*, die durch das alltägliche Verhalten in der Wohnung hinterlassen werden. Die Wohnumwelt sagt also auch etwas über die Persönlichkeit und den emotionalen Zustand des in ihr wohnenden Menschen aus. Umgekehrt ist jedoch auch die Wahrnehmung der Umwelt stark durch Emotionen beeinflusst. Bin ich in schlechter Stimmung, wird auch meine Beurteilung der Umgebung negativer ausfallen. Ich werde die Einrichtung einer Wohnung vielleicht hässlich finden oder mich über die Unordnung ärgern. Die Umwelt wird zur Trägerin meiner Emotionen. Auf diesem Wege interpretieren psychische Prozesse die Umwelt und verleihen ihr Bedeutung, oft ohne dass wir diesen Prozess bewusst wahrnehmen (Fuhrer & Kaiser 1993, S. 64).

Darüber hinaus habe Wohnen eine emotional regulierende Funktion, indem es ermöglicht, die Privatheit (verstanden als Möglichkeit sich einerseits nach außen zu öffnen, sich aber andererseits auch zu verschließen; Altman 1975, s.u.) zu variieren.
Verschiedene Autoren sehen dabei die *Dimension Autonomie/Integration* als entscheidend an. Lang et al. (1987) sind der Meinung,

> „dass das Bauen und der Umgang mit dem Gebauten als eine Manifestation der psychischen und sozialen Organisation des Menschen begriffen werden muss. Das Gebaute und Gestaltete ist wie das Geschriebene ein kollektives oder soziales Zeichensystem oder ein Code" (Lang 1987, zit. nach Flade 1993 b, S. 50).

Beim Bauen ginge es immer um das Thema des *Einschließens* versus *Ausschließens* anderer und damit um das Thema *Kollektiv versus Autonomie*. Insofern spiegle die Art des Bauens immer auch wider, wie in der jeweiligen Gesellschaft mit der Polarität Autonomie und Verbundenheit umgegangen werde. Harloff (1989) schreibt dazu:

> „ ...das Zuhause bekommt die Eigenschaften des Innens gegenüber dem Draußen, der Überschaubarkeit gegenüber dem Chaos sowie der Ruhe und Geborgenheit gegenüber der Bewegung und dem Unterwegssein. Das Zuhause ist so betrachtet der Ort höchster Vertrautheit und damit jener, in dem man sich mit traumwandlerischer Sicherheit bewegt. Es ist der Ort, an dem die stündlichen, täglichen und längeren Unternehmungen ins Draußen hinein geplant werden. Es ist der Ort des Auszugs und der Wiederkehr" (Harloff 1989, S. 13).

Mit diesen Polaritäten beschäftigt sich auch das *Privatheitskonzept* von Altman (1975). Altman versteht unter Privatheit einen kontinuierlich ablaufenden *Grenzregulationsprozess* zwischen dem Ich und den Anderen. Es wird davon ausgegangen, dass Menschen einerseits das Bedürfnis haben, sich zu öffnen und mit anderen zu kommunizieren, andererseits aber auch bestimmte Dinge für sich behalten wollen oder allein sein möchten. Das Konzept beschreibt den kontinuierlichen Prozess des Austarierens zwischen diesen beiden Polen. Es gibt verschiedene Strategien im Raumverhalten, um die erwünschte Privatheit zu erreichen; z.B. die Besetzung von *Territorien* (s.o.) oder die Veränderung des *Personal Space*. Der *Personal Space* kann verstanden werden als eine unsichtbare Blase um uns herum, die reguliert, wie persönlich und nah wir mit anderen Menschen kommunizieren. Wenn die gewünschte Privatheit nicht hergestellt werden kann, kann es entweder zu *Crowding* oder zum Gefühl von *Isolation* kommen. Unter Crowding wird das subjektive Empfinden von zu hoher Dichte verstanden. Dies kann entweder dadurch zustande kommen, dass zu wenig Raum verfügbar ist oder dadurch, dass zu viele Menschen anwesend sind.

Zusammenfassend möchte ich nochmals festhalten, dass die Architektur- und speziell die Wohnpsychologie eng mit einer transaktionalen Weltsicht verbunden sind, in der Mensch und Umwelt sich wechselseitig beeinflussen, wobei sich beide im Lauf der Zeit verändern. Diese Perspektive fordert für die Forschung eine *Betrachtung von Mensch-Umwelt-Einheiten*, denn Wohnen beschreibt ja *die Beziehung zwischen dem Menschen und seiner Umwelt* (s.o.).

Der reisende Mensch, so könnte man gegenüberstellen, geht mit seiner Umwelt in der Regel keine lange und enge Beziehung ein. Er bewegt sich von Ort zu Ort, die Mensch-Umwelt-Begegnungen sind vielleicht intensiv, aber nicht auf Dauer angelegt. Während der wohnende Mensch an eine bestimmte Umwelt emotional gebunden ist, vielleicht sogar mit ihr verschmilzt, stellt sich der reisende Mensch immer wieder auf neue Umwelten ein. Somit entfällt auch die Unterstützungsfunktion der vertrauten Umwelt. Reisen kann als Antagonist zum Wohnen betrachtet werden. Ist die Beziehung zur Umwelt beim Wohnen eng und von Dauer, so ist sie beim Reisen kurzlebig und wechselhaft. Ist dort Sicherheit und Geborgenheit, so gibt es hier Unsicherheit und Abenteuer. Wird dort Ordnung und Identität gestiftet, so herrschen hier Chaos und Identitätsdiffusion. Wo dort Stabilität und Kontinuität im Vordergrund stehen, sind es hier Wechsel und Veränderung. Beide Pole der Dialektik bedingen und definieren sich wechselseitig.

Im Kontext einer solchen Definition kann das, was Wohnwagenurlauber tun, eher als „wohnen" denn als „reisen" verstanden werden.

3.6 Psychoanalytische Denkansätze

Unter dem Begriff *Psychoanalyse* werden zwei Bereiche verstanden. Zum einen geht es dabei um ein sehr ausgefeiltes theoretisches Gebäude, das sich mit dem psychischen Funktionieren des Menschen allgemein, einschließlich der Entstehung von Störungen befasst. Zum anderen bezeichnet Psychoanalyse die spezielle Form von Therapie, die auf der Grundlage dieser Überlegungen entwickelt worden ist.

Im Rahmen der psychoanalytischen Theoriebildung ist darüber hinaus zu den verschiedensten Themen Stellung genommen worden, die über den oben genannten Kernbereich weit hinaus reichen. Dabei möchte ich besonders die Beschäftigung mit der Rolle der *Gesellschaft* für die psychische Entwicklung, der Bedeutung der *Religion* sowie die Beschäftigung mit der *Kunst* als spezieller Form menschlichen Ausdrucks hervorheben.

Im Rahmen dieses Beitrags möchte ich einige psychoanalytische Denkansätze aufgreifen, die ich als besonders fruchtbar für die Annäherung an mögliche psychische Funktionen und therapeutische Effekte von Reisen einschätze. Beginnen möchte ich mit einer kurzen Darstellung intrapsychischer Grundkonflikte, die im Rahmen der psychoanalytischen Theoriebildung formuliert worden sind. Diese Grundkonflikte sind Grundlage der psychischen Entwicklung und Dynamik jedes Menschen; es gibt jedoch sehr verschiedene Möglichkeiten, mit ihnen umzugehen. Dabei möchte ich vertieft auf den *Autonomie – Geborgenheitskonflikt* eingehen, den ich im Zusammenhang mit Reisen als wesentlich einschätze. An diesen menschlichen Grundkonflikt lehnen sich aber auch einige der oben ausgeführten Überlegungen zum dialektischen Transaktionalismus, zur Wohnpsychologie und zur Gestaltung der physischen Umwelt durch den Menschen an.

Bestimmte Grundkonflikte sind für das Leben jedes Menschen bedeutsam. Die Individualität des Erwachsenen wird nicht durch das Vorhandensein oder Nichtvorhandensein dieser Konflikte bestimmt, sondern dadurch, wie im Verlauf der Entwicklung mit diesen Konflikten umgegangen worden ist. Dieser individuelle Umgang trägt wesentlich zur Entwicklung der Persönlichkeit als Erwachsener bei. Am Anfang dieser Konfliktdynamik steht die Erfahrung des Kindes, dass es ein von der sozialen und physischen Umwelt getrenntes

Wesen ist. Aufgabe der Entwicklung ist es dann, befriedigende Beziehungen zu dieser Umwelt aufzubauen und zu erhalten. Balint (1967) geht davon aus, dass das Kind auf die Erfahrung des Getrenntseins mit zwei Verhaltensextremen, die die Pole eines Kontinuums einschließen, reagieren kann. Beide Extreme sind für den Aufbau befriedigender Umweltbeziehungen hinderlich. Im einen Fall reagiert das Kind mit verstärktem anklammernden Verhalten, zunächst an die betreuende Person. Im anderen Extrem reagiert es mit massiven Autonomiebestrebungen, die zum Ziel haben, die eigene Abhängigkeit zu verleugnen. Die Tendenz, in die eine oder andere Richtung zu reagieren, ist auch beim Erwachsenen vorhanden; sie prägt das Verhalten in sozialen Beziehungen und hat vielleicht auch Einfluss auf das Reiseverhalten (Reisen als spezielle Form der Beziehung zur Umwelt).

Im daran anschließenden Kapitel soll überlegt werden, inwieweit man Parallelen zwischen dem Reisen und der Erfahrungswelt des Künstlers finden kann. Damit möchte ich mich besonders an einige neuere Ideen, die im Rahmen der Tourismustheorie populär geworden sind, anlehnen. Diese Denkansätze heben die Bedeutung des „Imaginären" im touristischen Erleben hervor (z.B. Hennig 1997). Künstler und Reisender werden gleichermaßen zum Erschaffer ihrer eigenen Welt, der „imaginären" Welt, die in vielen Merkmalen der bedürfnisgerechten Spielwelt eines Kindes gleicht. Es soll gefragt werden, inwieweit auch für den Erwachsenen die Möglichkeit, in solche „Gegenwelten" auszuweichen, ein psychologisches Regulativ darstellen kann.

Im letzten Kapitel soll gefragt werden, ob und wie modernes Reisen psychische Funktionen übernehmen kann, die früher Feste und Rituale inne hatten. Weder religiöse noch familiäre Feste und Rituale haben in postindustriellen Gesellschaften den Stellenwert, den sie einst hatten. Früher war der Alltag der Menschen durch eine Vielzahl von Feier- und Festtagen unterbrochen, die einen Gegenpol zum Alltag darstellen konnten. Beides hat heute eine weiter abnehmende Bedeutung. Es soll danach gefragt werden, inwiefern die touristische Reise das hierdurch entstandene psychologische Vakuum ausfüllen kann. Mit diesen Gedanken zum Reisen als Fest oder Ritual sollen die Ideen, die sich an die Psychoanalyse im engeren Sinne anlehnen, abgeschlossen werden.

Im daran anschließenden Kapitel möchte ich einen Blick auf das Reisen aus Perspektive der Gestalttherapie werfen. Die Gestalttherapie ist in Theorie und Praxis sehr stark durch die Psychoanalyse geprägt. Sie wird häufig als eine „erlebnisintensivierende" Therapieform bezeichnet. *Erlebnis* und *Event* sind auch unter Touristikern gängige Modeworte; man wünscht sich, das der Kunde einprägsame Erlebnisse hat, die häufig durch die gezielte Organisation von Events vermittelt werden sollen. Aber was ist eigentlich ein Erlebnis oder ein Event? Wie ist das damit verbundene psychologische Erleben, um das es letztlich geht, zu beschreiben? Ich denke, theoretische Überlegungen aus der Gestalttherapie können hier Aufschluss geben.

3.6.1 Zur Bedeutung der Grundkonflikte

Zwei Seelen wohnen, ach! In meiner Brust,
Die eine will sich von der anderen trennen;
Die eine hält, in derber Liebeslust,
Sich an die Welt mit klammernden Organen;
Die andere hebt gewaltsam sich vom Durst
Zu den Gefilden hoher Ahnen.

Goethe, Faust, 1. Teil

Im Rahmen dieses Kapitels soll auf die sog. *primären Konflikte* nach Mentzos (1993) eingegangen werden. Dabei möchte ich zunächst aus entwicklungspsychologischer Sicht die Entstehung und Lösung der zentralen Entwicklungsaufgaben, aus denen Konflikte entstehen können, beschreiben. Daran anschließend werde ich kurz zur Entstehung des Grundkonfliktes Stellung nehmen und dann versuchen, die dargestellten Gedanken auf das Reisen zu übertragen.
Ziel der psychischen Entwicklung des Menschen ist die Differenzierung zwischen Ich und Welt und daran anschließend der Aufbau zufriedenstellender Wechselbeziehungen zur sozialen und physischen Umwelt.

> „Ursprünglich enthält das Ich alles, später scheidet es eine Außenwelt von sich ab. Unser heutiges Ichgefühl ist also nur ein eingeschrumpfter Rest eines weitumfassenderen, ja – eines allumfassenden Gefühls, welches einer innigen Verbundenheit des Ichs mit der Umwelt entsprach." (Freud, 1930, S.425)

Anschließend sollen wiederum in enger Anlehnung an Mentzos die *Gemeinsamkeiten dieser Grundkonflikte* erarbeitet werden. Am Ende wird überlegt, was das Reisen für die Dynamik der Grundkonflikte bedeuten kann.

Primäre Konflikte

(1) Symbiotische Verschmelzung versus Subjekt-Objektdifferenzierung

Hierbei handelt es sich um die erste zentrale Entwicklungsaufgabe des Kindes. In der zweiten Hälfte des ersten Lebensjahres beginnt das Kind zu begreifen, dass das Selbst und die Pflegeperson (meistens noch immer die Mutter, darum werde ich Im Folgenden von Mutter sprechen; Objekt = die Bezugsperson im psychoanalytischen Sprachgebrauch) nicht eins sind. Am Ende dieser Entwicklungsaufgabe steht das *Begreifen des Getrenntseins* von der Mutter. Gelingt es nicht, diesen ersten Konflikt angemessen zu bewältigen und dabei ein Urvertrauen (vgl. Erikson) beizubehalten, kann eine Disposition für die Entstehung von Psychosen entstehen. Die gelungene Bewältigung dieser ersten Entwicklungskrise geht also mit *einer Subjekt (Kind) - Objekt (Mutter) -differenzierung* einher, welche die vorangehende *symbiotische Verschmelzung* ablöst.

(2) Abhängigkeit versus Autonomie

Hierbei handelt es sich um die zentrale Entwicklungsaufgabe des zweiten und dritten Lebensjahres. Es geht darum, trotz Aufrechterhaltung der überlebenswichtigen Beziehung zur Mutter, die *Verselbständigung* voranzutreiben. Im Spannungsfeld steht hier die bipolare Beziehung *Bindung* versus *Freiheit*. Wenn diese Aufgabe gelingt, ist diese wichtige Phase der *Separation-Individuation* (vgl. Mahler et al. 1993) abgeschlossen. „Das `Entweder-Oder` löst sich zugunsten eines `Sowohl-als-Auch` auf" (Mentzos 1993, S. 124).

> „Das Mißlingen der adäquaten Lösung dieser zentralen Aufgabe bedeutet eine – normalerweise unnötige – rigide Polarisierung zwischen objektbezogenen und narzißtischen (Selbst)Bedürfnissen." Mentzos 1993, S. 125)

Wird die Autonomie zugunsten der Abhängigkeit zu stark zurückgedrängt, oder umgekehrt, kann eine Prädisposition zu verschiedenen psychischen Störungen entstehen (Depression, narzißtische Störungen, psychosomatische Erkrankungen). Darüber hinaus kann die Reifung der Objektkonstanz beeinträchtigt werden, was wiederum die Entstehung von Angstneurosen begünstigt.

(3) Dyadische versus triadische Beziehung

Dies ist die dritte zentrale Entwicklungsaufgabe, die im vierten und fünften Lebensjahr bewältigt werden muss. Hierbei geht es darum, die *primäre Zweierbeziehung* zur Mutter *durch die Dreierbeziehung, Vater-Mutter-Kind,* zu ersetzen.

„Das Kind soll also den Konflikt, die Rivalität, die Spannung, die Aggression und die sonstigen unvermeidbaren Konsequenzen der Dreierbeziehung bis zu einem gewissen Grade ertragen können." (Mentzos 1993, S.126)

Es geht also darum, die relative *Sicherheit* der Zweierbeziehung zu *verlassen* und sich auf die *Chance* aber auch die *Risiken* einer Dreierbeziehung einzulassen. Im Falle einer nicht gelungenen Bewältigung kann eine Disposition zur späteren Entwicklung einer (reiferen) Psychoneurose entstehen.

(4) Sicherheit der Primärgruppe versus Risiken (und Chancen) der Sekundärgruppen

Im Zeitraum zwischen dem sechsten und zehnten Lebensjahr besteht die wesentliche Entwicklungsaufgabe darin, die ausschließliche *Beziehung zur primären Bezugsgruppe (in der Regel die Familie) aufzugeben* und sich *in andere Gruppen zu integrieren.* Bei der Integration in neue Gruppen, vorwiegend Gruppen von Gleichaltrigen, geht es wiederum darum, einerseits die *Autonomie* zu erhalten und andererseits *konstruktive Beziehungen* zu anderen aufzunehmen. Dabei steht das Erlernen von Fertigkeiten, die Auseinandersetzung mit der Welt, das Meistern neuer und ungewohnter Situationen im Vordergrund.

> „Der Konflikt besteht hier zwischen der Tendenz, ausschließlich in die Sicherheit der Primärgruppe zu flüchten (und sich dadurch Minderwertigkeitsgefühle einzuhandeln) oder aber das praktische und soziale Handeln innerhalb der sekundären Gruppen zu wagen und die damit verbundenen Risiken in Kauf zu nehmen." (Mentzos 1993, S. 127)

Das Scheitern kann zu verschiedenen (reiferen) Neurosen führen.

(5) Genitalität und Identität versus infantile Bindungen und Identitätsdiffusion

Die Hauptaufgaben in der Pubertät sind

> „die Regulation und Integration der stürmisch sich steigernden Triebimpulse, die Identitätsfindung, das Aufgeben der infantilen Bindungen und schließlich die Ablösung von der Familie. Die Konflikte der vorangegangenen Phasen wiederholen sich in einer neuen Auflage" (Mentzos 1993, S. 129).

Als notwendig für die Bewältigung dieser Phase sieht Mentzos „einen kräftigen Schuß konstruktiver Aggression" an, wozu das Sich-Auflehnen und Revoltieren gegen Eltern und Gesellschaft gehört. Ein Scheitern an den Entwicklungsaufgaben der Pubertät kann zur Identitätsdiffusion und sogar zum Ausbruch psychotischer Symptome führen.

Bei dieser kurzen Beschreibung der menschlichen Entwicklung anhand der altersspezifischen zentralen Entwicklungsaufgaben fällt auf, dass alle Entwicklungsaufgaben eine Gemeinsamkeit haben: *Immer geht es um die Lösung des Individuums aus einer sicheren und bekannten Beziehung und das anschließende sich Zuwenden zu etwas Neuem und Unbekannten. Die Bedingung dafür, sich auf das Neue einzulassen, ist immer eine vorausgehende Trennung.*

Man kann sich natürlich die Frage stellen, wie es dazu gekommen ist, dass die beiden Pole Abhängigkeit und Autonomie eine so große

Bedeutung für die Entwicklung des Menschen haben, so dass der gelungene oder mißlungene Umgang mit ihnen offensichtlich wesentlichen Einfluss auf unser späteres Leben und auf unsere Beziehungen hat.

Eine biologische Erklärung über die Entstehung des Grundkonfliktes stellt Lincke (1971) dar; er spricht auch vom *psychobiologischen Grundkonflikt*. Dieses „menschliche Drama" sei vor allem darin begründet, dass das Kind seinen Drang nach Unabhängigkeit zu einer Zeit entwickelt, in der es de facto noch völlig von der Pflegeperson abhängig ist. Das Unabhängigkeitsstreben sei sehr stark an die Entwicklung der motorischen Fertigkeiten und einen daraus resultierenden Bewegungsdrang gebunden.

Genau dieser Impuls führt bei Tieren dazu, dass sie sich aus dem Bund der „Familie" lösen, um die biologisch wichtige Inzestschranke zu sichern. Beim Menschen hingegen findet sich zum einen eine *Retardation* (spätes Körperwachstum und späte Geschlechtsreife) zum anderen eine *Disharmonie* des Entwicklungsplans (einige Funktionen reifen früher, andere später). Bestimmte Bereiche entwickeln sich ebenso schnell wie bei anderen Primaten. Die Folge dieser zwei verschiedenen Reifungspläne sei der Ambivalenzkonflikt. Lincke beschreibt die sich daraus ergebende Problematik so:

> „Das Kind wird somit von einem impulsiven Drang überfallen, sich von der Mutter loszureißen, während es faktisch ohne sie noch verloren ist. Es kommt zu dem für diese Entwicklungsphase typischen `Ambivalenzkonflikt`, dem Hin- und Hergerissenwerden zwischen Zu- und Abneigung, Liebe und Hass, Auflehnung und Unterwerfung mit allen daraus folgenden, oft tragischen Konsequenzen." (Lincke 1971, S. 811)

Daraus entstehe der Grundkonflikt mit allen Chancen und Schwierigkeiten, die er dem Menschen im Verlauf seiner späteren Entwicklung beschert:

> „Wie soll nun aber ein Organismus mit zwei so voneinander abweichenden Reifungsplänen ... lebensfähig sein? Wie überbrückt es die Gegensätze und Spannungen, die sich aus dieser Konfliktsituation ergeben? Tatsächlich scheitern viele Menschen an den ihnen durch diesen biologischen Grundkonflikt bescher-

ten psychischen Belastungen. In der Eigentümlichkeit unserer 'zweizeitigen' Entwicklung ... erblickte Freud schon die wesentliche Bedingung der Neurosen." (Lincke 1971, S. 805)

Wie schon erwähnt, zeichnet sich jede neue Entwicklungsaufgabe dadurch aus, dass eine schwierige *Trennung* vollzogen werden muss. Zunächst muss sich das kleine Kind aus der absoluten Symbiose mit der Mutter lösen. Es muss sich allmählich aus der emotionalen Abhängigkeit lösen und eine eigenständige Entwicklung beginnen. Daran anschließend muss es die Zweierbeziehung zugunsten einer Dreierbeziehung aufgeben. Schließlich muss es sich aus der ausschließlichen Beziehung zur Familie lösen und Beziehungen zu Gleichaltrigen aufnehmen. In der Pubertät soll es sich dann umfassend aus der infantilen Beziehung zur eigenen Familie lösen. Bei allen Entwicklungskrisen geht es also zunächst um eine Trennung. Dies setzt sich auch im Erwachsenenalter fort bis hin zum Tod als letzte und schwierigste Form des Abschiednehmens.

„In allen Entwicklungsphasen stellt die zu leistende Trennung den erforderlichen Preis für einen Neubeginn dar: für Verselbstständigung, Autonomie, Freiheit und die Möglichkeit, Neues zu entdecken und zu erobern, sich anzueignen und zu genießen." (Mentzos 1993, S. 129)

Mit allen beschriebenen Auflösungen von Bindungen wird Raum geschaffen, neue Beziehungen einzugehen. Distanzierung und Lösung aus alten Verbindungen werden so zur Grundvoraussetzung dafür, dass neue Bindungen eingegangen werden können.

„Der Konflikt wiederholt sich auf einer jeweils höheren Ebene. Seine konstruktive Lösung ermöglicht eine höhere Differenzierung und Integration." (Mentzos 1993, S. 131)

Mentzos schätzt es als besonders vielversprechend ein, den *Abhängigkeits-Autonomiekonflikt als zentralen Motor der menschlichen Entwicklung und Sozialisation* zu begreifen. Diese spezielle Polarität verberge sich letztlich hinter allen zentralen Entwicklungsaufgaben. Die Konflikte aller Entwicklungsstufen ließen sich schließlich als Variationen des Grundkonfliktes zwischen „libidinösen Kontaktbedürfnissen einerseits und narzißtischen Verselbstständigungstendenzen andererseits" begreifen. Auch im Rahmen der Phänomenologie menschlicher Beziehungen käme der Polarität zwischen Symbiose und Separation eine zentrale Bedeutung zu (vgl. auch Jaeggi 1999). Dies scheint in gewisser Weise auch für die Beziehung des Menschen zur physischen Umwelt zu gelten und seinen Ausdruck in der Architektur zu finden (vgl. Kap. 3.5). Eine solche Gegenüberstellung bedeutet jedoch nicht, dass das Bedürfnis nach Liebe und Geborgenheit einerseits und das Bedürfnis nach Selbstentfaltung andererseits, im unüberwindbaren Gegensatz zueinander stehen müssen. Man kann sie vielmehr als Polaritäten begreifen, die sich wechselseitig definieren und gegenseitig bedingen. Der erste Pol: ich möchte geliebt werden, und der zweite Pol: ich möchte unabhängig sein. Diese beiden Bedürfnisse schließen sich prinzipiell nicht aus; sie stellen keinen unüberwindbaren Gegensatz dar. Es könne vielmehr die Einstellung entwickelt werden: „ich werde gemocht und geliebt, wobei man mein Sosein, meine Eigenart akzeptiert" (Mentzos 1993, S. 135). Nur in bestimmten krisenhaften Entwicklungsphasen würden sich solche permanenten Gegensätze als Konflikte oder gar pathologische Konflikte darstellen, oder aber bei Menschen, die aufgrund ungünstiger Erfahrung in der Kindheit die oben genannten Einstellungen nicht entwickeln konnten. Gemocht und akzeptiert werden wird in solchen Fällen als unvereinbar mit Selbstsein erlebt. Mentzos folgert, dass, wenn man alle Grundkonflikte als Variationen zwischen dem Gegensatz Abhängigkeit - Autonomie begreift, dieser Themenkomplex in den Vordergrund rücken müsse (und nicht der ödipale Konflikt wie bei Freud).

Sekundäre Konflikte

Sekundäre Konflikte entstehen aus Spannungen, die aus dem Grundkonflikt hervorgehen können. Dabei geht Mentzos davon aus, dass die Neurotisierung eines Konfliktes aus einer regelmäßigen Bevorzugung des einen oder anderen Pols hervorgeht.

„Abhängigkeitswünsche werden z.B. zurückgestellt, dagegen wird das, was als ihr Gegensatz empfunden wird, nämlich das Autonomiebedürfnis, in fast übertriebener Weise kultiviert. Oder umgekehrt: Die Autonomiebestrebungen werden unterdrückt und dafür die Abhängigkeitswünsche in infantiler Weise intensiviert. In beiden Fällen folgt also ein Rückzug in eine rigide, einseitige Position, die eigentlich nur eine notdürftig elementare Anpassung auf Kosten einer freien und flexiblen Entwicklung ermöglicht. Man könnte die Neurotisierung mit einem Verlust der Flexibilität beschreiben und sie bildhaft mit einer spastischen Lähmung vergleichen, bei der die normal vorhandene optimale Flexibilität (garantiert durch die Bipolarität der Agonisten und Antagonisten) zugunsten einer starren Position verlorengeht." (Mentzos 1993, S. 136)

Mentzos spricht auch von einer *psychischen Versteifung*, die mit Einschränkungen für die Bedürfnisbefriedigung und für die Selbstentfaltung einer ginge. Aus dieser Versteifung in die eine oder andere Richtung entstünde immer *Frustration,* da die entgegengesetzte Strebung unterdrückt würde. Daraus könne schließlich Aggression entstehen. Wenn diese Aggression wiederum verdrängt würde, käme es zum sekundären Konflikt.

Wie bereits erwähnt kann das Gelingen oder Nichtgelingen der Entwicklung aus der Perspektive der Grundkonflikte erklärt werden. So stellten z.B. Mahler et al. (1975) eine falsche Balance zwischen Nähe und Distanz ins Zentrum kindlicher Fehlentwicklung (vgl. auch Jaeggi 1995). Es sei wichtig, dass die Pflegeperson die Sehnsucht nach Geborgenheit des Kindes ebenso akzeptierend begleitet wie seine Versuche die Welt zu explorieren. Ziel ist dabei das Erreichen der *Objektkonstanz*. Gemeint ist die Vorstellung davon, dass der andere, auch wenn er nicht anwesend ist, in der eigenen Vorstellung präsent bleiben kann und damit innere Sicherheit gibt.

„Weder das übertriebene Suchen nach Nähe noch der drängende Kampf nach Freiheit soll diese feste und doch nicht klammernde Beziehung zum anderen hindern." (Jaeggi 1995, S. 136)

Als eine besonders sensible Phase gilt bei Mahler die Zeit zwischen anderthalb und zweieinhalb Jahren, in der das Kind aufgrund seiner zunehmenden motorischen Fähigkeiten verstärkt nach draußen strebe. Gerade bei seinem Freiheitsverlangen brauche das Kind die Sicherheit, sich ungestraft entfernen zu dürfen und jederzeit wieder liebevoll aufgenommen zu werden (*Wiederannäherungskrise*).

Bedeutung des Reisens für die Dynamik der Grundkonflikte

Fassen wir diese Ausführungen zusammen, so wird immer wieder betont, dass ein flexibles Schwingen zwischen dem Bedürfnis nach Nähe einerseits und dem Wunsch nach Freiheit und Exploration der Welt andererseits für eine gelungene Entwicklung kennzeichnend ist. Daraus entsteht die Möglichkeit, später feste Beziehungen einzugehen und trotzdem die eigene Individualität in Auseinandersetzung mit der physischen und sozialen Umwelt zu bewahren und zu entfalten. Was passiert nun mit der Polarität zwischen Nähe und Distanz beim Reisen?

Meine These ist, dass das beschriebene Wechselspiel beim Reisen verschoben oder gar „aufgerüttelt" werden kann. Dabei kann im Urlaub die Dynamik in die eine oder andere Richtung verschoben werden. Beim Reisen im eigentlichen Sinn, d.h. gesteigerter Mobilität in einer fremden Umwelt, rückt der Pol der Autonomie in den Vordergrund. Ich verlasse als Reisender meine vertraute Umwelt und mein soziales Milieu für eine gewisse Zeit, um mich einer neuen Umwelt auszusetzen, vielleicht neue Menschen zu treffen. Auf der Grundlage dieser Veränderung kann ich neue Erfahrungen machen mit mir, mit der Welt, mit anderen. Dies kann eine heilsame Erfahrung sein, weil ich mich aus einer erstarrten Dynamik im Alltag lösen kann. Vielleicht war mein Alltag auch durch ein Zuviel an Nähe gekennzeichnet, das ich als einengend und für meine Entwicklung hinderlich erlebt habe. Die Dynamik wird neu belebt, ich kann mich auf einem neuen Niveau einpendeln und das dann nach Hause mitnehmen. Soweit zu einer positiven Interpretation der Reiseerfahrung. Umgekehrt kann man sich aber auch fragen, ob nicht bei Menschen, die immer wieder die Ferne und Freiheit auf Reisen suchen ein unbewältigter Nähe-Distanz-Konflikt im Hintergrund steht. Die Reise könnte dann als ein Versuch interpretiert werden, die Autonomie wieder zu finden, was im Alltag mit seinen festen Beziehungen und seiner konstanten Umgebung nicht gelingt.

Bei nochmaliger genauer Betrachtung dessen, was die Menschen im Urlaub machen, kann man sich ebensogut vorstellen, dass die Nähe-Distanz-Dynamik in Richtung der Geborgenheit verschoben wird. Zum Beispiel der Urlaub im Wohnwagen: der Mensch ist eingebunden in eine konstante Ersatzumwelt, meist auch in eine feste soziale

Gruppe. Oder der Aufenthalt in einem Ferienclub. Auch bei solchen Formen des Urlaubs kommt es zu einer Veränderung auf dem Erfahrungskontinuum zwischen Nähe und Distanz, Geborgenheit und Autonomie, allerdings mehr in die Richtung von Nähe und Geborgenheit. Vielleicht vermisse ich im Alltag den Halt durch andere unterstützende Menschen und finde genau das in der Gruppe der Touristen in der Gegenwelt des Urlaubs. Auch hier kann eine erstarrte Dynamik aufgerüttelt werden. Die im Alltag empfundene Isolation kann aufgehoben werden. Auch hier ist die Möglichkeit einer heilsamen Erfahrung gegeben. Ich kann die Erfahrung der Akzeptanz durch andere Menschen machen und tragende Beziehungen genießen.

Dies kann vor allem dann entlastend sein, wenn ich mich im Alltag ausgeschlossen und isoliert fühle.

Bei den Dauercampern z.B. finden sich viele Menschen, die gesellschaftlich in einer marginalisierten Stellung leben, wie Langzeitarbeitslose, Arbeitsunfähige oder Frührentner. Vielleicht ermöglicht die Akzeptanz, die in der alternativen Gruppe erfahren wird, auch im Alltag wieder vertrauensvoller auf andere Menschen zuzugehen. Auch hier kann man sich einen positiven Transfer in den Alltag vorstellen. Umgekehrt könnte aber auch hier überlegt werden, ob nicht eine gestörte Autonomieentwicklung im Hintergrund steht, wenn z.B. ein ständiges Ausweichen in die Gegenwelt des Campingplatzes die Auseinandersetzung mit dem Alltag ersetzt. Auch hier könnte man sich überlegen, ob diese Form des Urlaubmachens nicht als ein Versuch interpretiert werden kann, Geborgenheit und Nähe zu finden, die im Alltag nicht erlebt werden können oder die zugunsten der Autonomie zu stark im Hintergrund stehen. Die Chancen für positive psychische Effekte liegen in beiden Fällen sicher darin, dass eine neue Erfahrung gemacht wird, vielleicht sogar eine „korrektive emotionale Erfahrung" die zu einer Flexibilisierung und „Entkrampfung" einer zu starren Nähe-Distanz-Dynamik führt. Man könnte das Reisen in diesem Sinne auch als eine therapeutische Regression beschreiben, bei der bestimmte Konflikte wiederbelebt werden können. Erst durch diese Regression werden neue Objektbeziehungen möglich. Es ist die Vorbedingung dafür, dass zu starre Verhaltensschemata aufgegeben werden können.

„Erst dann kann er ´neu beginnen`, d.h. neue Weisen der Objektbeziehung entwickeln, durch die er die aufgegebenen ersetzen kann. Diese neuen Verhaltensweisen werden weniger defensiv sein als die früheren, daher flexibler, und werden ihm mehr Möglichkeiten eröffnen, sich spannungs- und reibungsloser an die Wirklichkeit anzupassen als bisher." (Balint 1967, S. 721)

Hennig (1997) hat im Kontext des Reisens auch von „primitiveren" Beziehungsformen gesprochen, die zu beobachten sind. Balint hält es für einen wesentlichen Wirkmoment der therapeutischen Regression, solche primitiveren Beziehungen herzustellen und beizubehalten, bis Möglichkeiten zu neuen Objektbeziehungen entdeckt werden können und damit experimentiert werden kann. Wesentlich ist jedoch, wie bei allen therapeutischen Erfahrungen, dass ein Transfer in den Alltag gelingt, der es ermöglicht, die Alltagsgestaltung besser zu bewältigen.

So ergibt sich aus einer solchen Perspektive für das Reisen, ähnlich wie für die Kunst (vgl. Kap. 3.4.3) sowohl die Möglichkeit zu Flucht und Vermeidung als auch die Chance zur Heilung.

3.6.2   Philobatismus und Oknophilie

Im Folgenden soll es darum gehen, wie sich im Umgang mit dem oben beschriebenen Grundkonflikt verschiedene Persönlichkeitstypen herausbilden können. Balint hat dabei die Begriffe *Oknophilie* (= *„sich anklammern", „zurückschrecken", „zögern", „sich scheuen"*) und *Philobatismus (wie „Akrobat" = „der in die Höhe Springende")* für zwei einander gegenüberstehende Reaktionsweisen geprägt. Beide beschreiben zwei entgegengesetzte Umgangsweisen mit sich und der sozialen und physischen Umwelt. Balint beschreibt den oknophilen und den philobatischen Menschen so:

> „Das vorwiegend oknophil erlebende Individuum fühlt sich nur in engster Nähe zu Objekten sicher, und die zeitlichen und örtlichen Abstände zwischen den Objekten werden als furchtbar und gefährlich erlebt. Diese Erscheinungen waren schon ziemlich lange bekannt und sind in letzter Zeit unter dem Einfluss der Ethologie als `Anlehnungsverhalten` bezeichnet worden. Im Gegensatz dazu erlebt der vorwiegend philobatisch eingestellte

Mensch die Objekte als unzuverlässig und riskant, neigt dazu, ohne Objekte auskommen zu wollen, sucht ‚freundliche Weiten' auf, welche die verräterischen Objekte in Raum und Zeit von ihm getrennt halten." (Balint 1967, S. 720)

Beide Typen stellen Reaktionen auf den Grundkonflikt dar, es handelt sich jedoch um zwei Extreme, welche ein zufriedenes „in der Welt sein" sowie die Entwicklung befriedigender Beziehungen im Erwachsenenleben in die eine oder andere Richtung behindern können.
Balint beschreibt es als die Aufgabe des Therapeuten, mit dem Patienten zwischen diesen beiden Welten hin und her zu pendeln, um eine Flexibilisierung der Reaktionsmuster zu erreichen. Bittner (1971) beschreibt, dass es zu diesen Extremreaktionen nur dann käme, wenn ein frühkindliches Trauma des „Verlassenwerdens" zu einer ungünstigen Entwicklung der Autonomie – Geborgenheitsdialektik führen würde. Weder der Oknophile noch der Philobat hätten dann später ein „ganz richtiges" Weltbild.
Im Folgenden soll detaillierter in die Gedankenwelt Balints eingestiegen werden. Beginnen möchte ich mit einem wichtigen Grundbegriff in Balints Argumentation, die Idee von der *primären Liebe.*

„Primäre Liebe ist eine Beziehung, in der nur der eine Partner Forderungen und Ansprüche stellen kann; der oder die anderen, nämlich die gesamte Welt, dürfen keine eigenen Interessen, Wünsche oder Ansprüche geltend machen. Vollständige Harmonie herrscht und muss herrschen." (Balint 1994, S. 19)

Dies entspricht dem Erleben des Säuglings, bevor er beginnt, wahrzunehmen, dass er nicht mit Mutter und Welt verschmolzen ist. Die Umgebung muss hier mit den Wünschen und Bedürfnissen in völligem Einklang stehen.
In der fortschreitenden Entwicklung geht es nun darum, sich von dieser Idee allmählich zu verabschieden und anzuerkennen, dass andere Menschen eigene Wünsche und Ideen haben, und dass die Umwelt Anforderungen an uns heranträgt, die mit unseren Bedürfnissen nicht in Einklang stehen. Im Verlauf der Entwicklung wird immer wieder erneut gefordert aus der „Sicherheitszone" (zunächst bei der Mutter; später in der Zweierbeziehung, in der Familie und Zu Hause)

herauszutreten und mit der Umwelt als Gegenüber in Kontakt zu treten. Ziel ist dabei schließlich, auf einer höheren Ebene, wieder Sicherheit zu erlangen. Dieses Heraustreten aus der Sicherheitszone ist mit *Thrills*, Spannungsreizen verbunden. Manche Erwachsenen fühlen sich offensichtlich nur in möglichst vollständiger Sicherheit wohl, andere wiederum fühlen sich dann wohl, wenn sie diese Sicherheit aufgeben können und *Thrills* erleben. Das erste trifft für den oknophilen Reaktionstyp zu, letzteres für den Philobaten. Der Philobat ist ein Mensch, der sich in erster Linie auf sich selbst verlässt und der wenig Unterstützung von anderen entgegennimmt. Die Spannung (*Thrill*) ist dabei umso größer,

„je weiter wir uns von der Sicherheit zu entfernen getrauen, sei es räumlich, sei es durch Geschwindigkeit, oder indem man sich exponiert; mit anderen Worten, je besser wir uns und anderen unsere Unabhängigkeit beweisen können. Ein weiterer wichtiger Faktor ist die Dauer des unabhängigen Zustands, die Länge der Zeit, die wir in ihm auszuharren vermögen. Das erklärt, warum es für manche heute so reizvoll sein kann, die Ozeane in kleinen Booten, in Ein-Mann-Kanus oder auf Flößen, wie die berühmten Kon-Tiki-Expedition, zu überqueren, oder stundenlang, selbst über einen Tag lang in einem Segelflugzeug in der Luft zu bleiben" (Balint 1994, S. 25).

Für den vorwiegend oknophil reagierenden Menschen wäre so etwas schrecklich. Für ihn muss möglichst immer ein *Objekt* (= Bezugsperson im psychoanalytischen Sprachgebrauch) vorhanden sein, an das er sich „anklammern" kann. Die Welt des Oknophilen besteht aus Objekten, zwischen ihnen befinden sich angstauslösende Leerräume. Dabei versucht der Oknophile von einem Objekt zum anderen zu leben und die dazwischenliegenden Leerräume so kurz wie möglich zu halten. Müssen die Objekte verlassen werden, entsteht Furcht, die erst dann besänftigt wird, wenn das Objekt wieder anwesend ist. Die Beziehungen des Oknophilen zeigen dabei die Züge der unreifen primären Liebe. Das Verlangen nach den Objekten ist absolut, d. h. wenn das Bedürfnis nach einem gewünschten Objekt auftaucht, hat dieses zur Stelle zu sein. Auf die Bedürfnisse des Objektes wird dabei keine Rücksicht genommen, sie existieren im Bewusstsein des oknophil reagierenden Menschen nicht.
Wichtigstes Kennzeichen des oknophilen Anklammerungsverhaltens

ist, dass es „immer und unvermeidlich zur Enttäuschung führt", da das Objekt, so liebevoll es auch sein mag, immer sein eigenes Leben führt und zumindest zeitweise einen getrennten Weg gehen muss. Daraus folgt, dass der Oknophile ständig in der Gefahr lebt, von seinem Objekt „fallengelassen" zu werden, was in der Regel dann auch eintritt. Das eigentliche Ziel, nämlich das Gefühl, von den Objekten „gehalten" zu sein, wird so nicht erreicht.

„Nach Sicherheit verlangen und noch mehr, Kraft anwenden zu müssen, um unser Objekt dazu zu bewegen, uns Sicherheit zu gewähren, d.h. uns anzuklammern, ist immer erniedrigend und an sich schon nur ein trauriger Ersatz. Diese Art von Beziehung muss unausweichlich zu Ambivalenz führen." (Balint 1994, S. 29)

Die Welt des Philobaten stellt sich umgekehrt dar. Angst entsteht bei ihm erst dann, wenn Objekte auftauchen, mit denen er sich auseinandersetzen muss. Die philobatische Welt besteht aus *freundlichen Weiten*, die mehr oder weniger dicht mit unzuverlässigen Objekten besetzt sind. In diesen freundlichen Weiten fühlt der Philobat sich wohl, Objekte vermeidet er, da er befürchtet, dass diese ihn enttäuschen oder sich als tückisch herausstellen würden.

„Die oknophile Welt baut sich aus physischer Nähe und Berührung auf, die philobatische Welt aus sicherer Distanz und Fernsicht." (Balint 1994, S. 30)

Der Oknophile hat das Gefühl in Sicherheit zu sein, solange ein Objekt in der Nähe ist. Dieses Objekt würde ihn dann gegenüber der leeren, gefährlichen und unvertrauten Welt beschützen. Der Philobat hingegen meint, dass er kein Objekt braucht, um mit der Welt umzugehen. Die Welt nimmt er als freundlich und ihm wohl gesonnen wahr, die Gefahr hingegen lauert bei den unzuverlässigen Objekten. Im Fall von Angst oder Bedrohung reagieren die beiden Typen ganz unterschiedlich: Der Oknophile versucht so nah wie möglich an sein Objekt heranzukommen, sich anzulehnen oder sich gar an den Körper des Objektes zu pressen. Ganz anders der Philobat: Er hält sich von den Objekten, die falsche Sicherheit bieten, fern und sieht der Gefahr eigenständig und aus eigener Kraft ins Auge. Der Oknophile geht davon aus, dass er die Gunst seines Objektes gewinnen könne, das ihn dann beschützt; der Philobat hingegen geht davon aus, dass er die ganze Welt für sich gewinnen könne. Um diesen Wunsch zu erfüllen, arbeitet er ehrgeizig an der Entwicklung von Fähigkeiten und Fertigkeiten, die ihm versichern, dass er in der Lage ist, das Leben mehr oder weniger alleine zu meistern. Dabei scheint der Philobat häufig unangemessen optimistisch zu sein: er nimmt an, dass die Welt ihm im allgemeinen wohl gesonnen ist, und dass seine Fähigkeiten ausreichen werden, um mit ihr klarzukommen.

Auch im Bereich des Denkens unterscheiden sich die beiden Typen stark. Der Oknophile denkt eher schwerfällig, er haftet an Gedanken, stagniert, bleibt im Denken hängen, und es fällt ihm schwer, alte Gewohnheiten, Ideen, Gedanken fallenzulassen. Er kommt schlecht damit zurecht, wenn er die „Fühlung" mit ihm vertrauten Ideen oder Gedanken verliert. Neue Ideen, aber auch neue Erfahrungen oder ungewohnte physische Situationen verwirren ihn, und er versucht, so schnell wie möglich wieder zum Alten und Vertrauten zurückzukehren. Ohne die Sicherheit der vertrauten physischen, sozialen und auch gedanklichen Welt würde sein Leben im Chaos versinken. Er braucht es, *in ständiger Fühlung* mit seinen Objekten, Ideen und Gewohnheiten zu bleiben. Im Gegensatz dazu, neigt der Philobat zur Ideenflucht, er springt von einem Gedanken zum nächsten und ist Einzelgänger. Er ist anscheinend unabhängig, voller Selbstvertrauen und sich selbst genug. Er ist der Meinung, äußere und innere Objekte, aber auch Ideen und Gedanken beliebig jederzeit austauschen zu können, ganz wie es ihm gefällt.

„Diese Menschen scheinen vor allem darauf bedacht zu sein, das Sicherheitsgefühl in der harmonischen Vermischung mit ihren freundlichen Weiten aufrechtzuerhalten, auch noch nach dem Auftauchen von Objekten in ihrer Welt." (Balint 1994, S. 35)

Balint warnt nun aber davor, den Oknophilen als den vorwiegend *Liebenden* und den Philobaten als den vorwiegend *Hassenden* zu verstehen, vielmehr lieben und hassen beide auf ihre Weise. In der Regel sind die Gefühle gegenüber den Objekten bei diesen beiden Extremformen sehr ambivalent. Auch weist Balint darauf hin, dass beide Typen keine echten Gegensätze darstellen, sie sind nur entge-

gengesetzte Reaktionweisen, die jedoch aus derselben Wurzel entstammen.
Auf die Erscheinung von Liebe und Hass soll nun näher eingegangen werden. Beim Oknophilen mildert die Anwesenheit, die physische Nähe des Objektes seine Angst; er fühlt sich besser, wenn das schützende Objekt in der Nähe ist. Daraus folgt jedoch nicht unbedingt, dass er das Objekt auch liebt. Oft ist sogar das Gegenteil der Fall, und es kommt zum folgenden Prozess: der Oknophile verachtet sich selbst um seiner Schwachheit willen, verschiebt seine Verachtung auf das Objekt und beginnt es wegen seiner eigenen Abhängigkeit von ihm zu hassen. Häufig kommt es sogar dazu, dass das Objekt aufgegeben wird, um die eigene Selbstachtung wiederherzustellen. Umgekehrt kann man auch nicht sagen, dass der Philobat den Objekten generell lieblos, hassend oder zumindest gleichgültig gegenübersteht. Es gibt durchaus Menschen, die er liebt, auch wenn diese nicht anwesend sein müssen. Der Philobat trägt gerne sog. „oknophile Gegenstände" mit sich herum. Dies können z.B. Dinge sein, die eine *symbolische Vertretungen von Menschen* darstellen, die ihm, obwohl nicht anwesend, durchaus lieb und teuer sind. Darüber hinaus haben die Objekte aber auch auf den Philobaten eine enorme Anziehungskraft; er hat jedoch zuviel Angst, sich dem auszuliefern. Die Beziehungen beider Typen sind ambivalent, wobei Liebe und Hass, Vertrauen und Misstrauen gleichermaßen eine Rolle spielen.
Bezüglich der Umweltwahrnehmung und Realitätsprüfung kann man sehen, dass es bei beiden Typen spezifische Verzerrungen gibt. Ursache dafür ist, dass jeder Mensch bis zu einem gewissen Grad, die äußere und die innere Welt miteinander vermischt. In der Regel gehen wir jedoch davon aus, dass unsere inneren Reaktionen auf die Welt ein realistisches Abbild dessen sind, was draußen passiert. Wie sehen nun diese typischen Verzerrungen aus? Zunächst zum Philobaten: Im „Haus", also in der Sicherheitszone, bedarf es für den Philobaten keiner Realitätsprüfung und die Aufmerksamkeit kann nach innen gerichtet werden. Häufig sind Philobaten aber auf der ständigen Suche nach Thrills auch *überexpansiv*. Wenn der Philobat die erregenden Reize in seinen freundlichen Weiten genießt, ist seine Prüfung der äußeren Welt sehr genau. Dann ist die Aufmerksamkeit ganz nach außen gerichtet. Der Philobat versucht, äußere Gefahren zu überwinden und dadurch unschädlich zu machen. Man

könnte auch überlegen, inwieweit durch ein solches Verhalten das Durchbrechen von Depressionen verhindert wird, denn häufig konnte beobachtet werden, dass sich die Stimmung von Depressiven gerade in gefährlichen oder extrem fordernden und anstrengenden Situationen aufheitert. Auf der Suche nach „Thrill" nimmt der Philobat aber auch unnötige Gefahr auf sich. Häufig verleugnet er die Bedrohlichkeit bestimmter Situationen sogar ganz, was dann zu wirklich riskantem Verhalten führen kann. Sein Vertrauen in die Welt und sein Optimismus stehen oft auf keiner realistischen Grundlage. Für den Oknophilen hingegen sind die Zwischenräume zwischen den Objekten Angst auslösend, Schutz bieten für ihn die Objekte, und so fühlt er sich wohl, wenn ein Objekt in der Nähe ist. Aber welche Sicherheit bieten diese Objekte wirklich? Balint stellt in diesem Zusammenhang fest, „es ist sicherer, Schwimmen zu lernen als sich an einen Strohhalm zu klammern". Der Verlust des physischen Kontaktes zum Objekt ist für den Oknophilen schmerzhaft und erschreckend. Warum aber klammert er sich so verzweifelt an die Objekte? Weil er deren Verlust stets befürchtet, was dann auch häufig passiert.

Zusammenfassend kann gesagt werden, dass sowohl das blinde Vertrauen darin, die Welt allein zu bewältigen als auch das Gefühl, sich nur bei den Objekten in absoluter Sicherheit zu fühlen, Verzerrungen der Wirklichkeit darstellen, die so nicht zutreffen. Ich möchte nun zur Bedeutung der Regression kommen.

> „Aus dem Studium der Regression in der psychoanalytischen Situation ergibt sich, dass wir alle die Phantasievorstellung einer urtümlichen Harmonie in uns tragen, auf die wir eigentlich einen Anspruch hätten, die aber entweder durch unsere eigene Schuld, oder durch Machenschaften der anderen oder durch grausames Geschick zerstört wurde. Es ist unmöglich eine angemessene Beschreibung dieses Zustandes zu erhalten, abgesehen von dem einen Merkmal, dass in ihm alle unsere Wünsche automatisch in Erfüllung gehen werden; wir werden nichts entbehren." (Balint 1994, S. 54)

Dies ist das, was Balint als die *primäre Liebe* bezeichnet hat. Sie setzt die Erfahrung einer äußeren Welt voraus, geht aber davon aus, dass der Mensch in harmonischer Verschränkung mit seiner Umwelt lebt. Ein Beispiel dafür ist die Beziehung des Menschen zu der ihn umgebenden Luft. Der Mensch bedient sich der Luft beim Atmen und wird von ihr versorgt, ohne dass die Luft umgekehrt einen Anspruch an den Menschen stellt. Die Welt der primären Liebe wird dadurch zerstört, dass wir feststellen, dass die Objekte unabhängig sind, dass deren Wünsche häufig nicht mit unseren übereinstimmen; sie leisten Widerstand oder sind sogar aggressiv gegen uns. Als Reaktion auf diese schmerzliche Entdeckung entstehen Philobatismus und Oknophilie als Extreme eines Kontinuums. Beim Philobaten kommt es nun zu einem Prozess, den Balint *Progression um der Regression willen* nennt. Die Entwicklung von immer größeren Fertigkeiten und Geschicklichkeiten führt dazu, dass er irgendwann auch in der wirklichen Welt die Illusion, dass alles harmonisch und eins sei, in gewissem Umfang aufrechterhalten kann. Die Existenz unabhängig voneinander existierender Objekte und deren Getrenntheit, sowie die Getrenntheit von Mensch und Umwelt werden ausgeblendet.

Der Oknophile hingegen regrediert durch magisches Denken, er erträumt sich die Harmonie und erlebt sie in seiner Phantasie. Er versucht, die Welt zu bewältigen, indem er innige Objektbeziehungen entwickelt und aufrechterhält, sich anklammert und phantasiert, dass das Objekt und er selbst nicht getrennt wären. Dem Philobaten gelingt es, die zerstörte Harmonie in gewissem Umfang wiederherzustellen. Der Preis dafür ist aber, dass das ursprüngliche Trauma immer wieder wiederholt werden muss. Der Philobat muss die Sicherheitszone immer wieder verlassen und sich Risiken aussetzen, welche die ursprüngliche Gefahr wiederherstellen. Dies geschieht, um die Illusion der „freundlichen Weiten" wieder zu wecken und die erregende Spannung wieder zu erleben.

In ihren sozialen Beziehungen sind beide Typen, wie schon erwähnt, sehr ambivalent. Während sich der Oknophile argwöhnisch, kritisch und mißtrauisch verhält, benimmt sich der Philobat häufig herablassend und überlegen. Beide laufen die Gefahr, ihre Liebesobjekte durch das gleiche Verhalten von sich weg zu treiben, durch welches sie sie einst gewonnen haben: der Oknophile durch zuviel Anklammerung und Abhängigkeit, der Philobat durch zuviel überlegene Geschicklichkeit (vgl. Balint 1994, S. 74).

3.6.3 Der Reisende als Künstler

Im Folgenden soll an Gedanken des Sozialwissenschaftlers Hennig

(1997) angeknüpft werden. Er konnte sehr überzeugend darstellen, dass beim Reisen die Wahrnehmung der Umwelt sehr stark durch Wunschvorstellung und Projektion überformt ist. Dem Urlauber käme es nicht darauf an, die Umwelt so wahrzunehmen wie sie sei; vielmehr wolle er die eigenen *Wünsche und Sehnsüchte in die Umgebung hinein projizieren*. Je mehr dies gelänge, als desto schöner und belohnender würde ein Urlaub erlebt. Ein Zitat von Hennig verdeutlicht die Idee:

> "Die touristische Wahrnehmung liefert kein realistisches Bild der besuchten Gebiete. Sie konstruiert eigene Erfahrungsräume, die wesentlich durch Phantasie und Projektion geformt werden. ... Schon immer ging es nur begrenzt um die Erkenntnis der Fremde. Vielmehr suchen Touristen die sinnliche Erfahrung imaginärer Welten, die Realität der Fiktion." (Hennig 1997, S. 54)

Bei diesem Prozess verfahre der Tourist ähnlich wie ein Künstler: er entleihe sich Elemente aus der Wirklichkeit, setze diese aber neu zusammen und konstruiere so eine neue und fiktive Welt. Diese veränderte, „verklärte" Wahrnehmung des Touristen wurde schon vor langer Zeit festgestellt. Der Blick „durch die rosarote Brille" wurde zumeist als ein Mangel dargestellt, der den Touristen als einen egozentrischen und realitätsfernen Konsumenten der Reiseumwelt erscheinen ließ.
Hennig geht jedoch davon aus, dass sich hinter dieser veränderten, hoch selektiven und verzerrten Wahrnehmung des Touristen kein Defizit abzeichne, sondern im Gegenteil, dass darin "tief verwurzelte kollektive Bedürfnisse und Phantasien" zum Ausdruck kämen, die ernst genommen werden sollten. Der touristische Blick sei schon immer ein unrealistischer gewesen, der sich nicht zufällig in enger Verbindung mit literarischen und anderen ästhetischen Formen entwickelt habe (Hennig 1997, S. 57). Er sei vergleichbar mit der Umweltrezeption des Künstlers. Während der Kunst jedoch das Recht auf Imagination und Veränderung der Wirklichkeit eingeräumt würde, werde die Imagination des Touristen geringgeschätzt und ihm als mangelhaftes Interesse am Reiseland vorgeworfen. Dabei sei es jedoch wichtig, gerade die Bedeutung imaginärer Erfahrung für den Menschen anzuerkennen, insbesondere in einem gesellschaftlichen

Umfeld, das für die meisten wenig Raum für derartiges Erleben bietet. Reisen ermögliche eine solche imaginäre Erfahrung für jeden, wenn auch nur für einen begrenzten Zeitraum. Ähnlich wie ein Künstler, aber auch vergleichbar mit einem spielenden Kind, konstruiert der Tourist seine eigene Welt, wobei "außen" und "innen" stärker verschwimmen als sonst, und die Umwelt stark an die innere Wunschwelt angenähert werden kann.

Damit rückt das Reisen jedoch auch in die Nähe einer neurotischen Entwicklung in der Vorstellung Freuds, der meinte, dass diese die Tendenz verfolge, „ ... sich aus einer unbefriedigenden Realität in eine lustvolle Phantasiewelt zu flüchten" (Freud 1912/1913, zit. nach Adler-Vonessen 1971).

Die psychologischen Potentiale der Imagination spielen in vielen psychotherapeutischen Verfahren eine wichtige Rolle, aber besonders in den Vordergrund gerückt wurden sie im Rahmen der katatym-imaginativen Psychotherapie.

„Im Verlauf einer Imagination entwickeln wir ein inneres Bild von etwas, das noch nicht präsent und auch noch nicht real ist. Die bildhafte Vorstellung ist ein zentrales Element des kreativen Prozesses, des inneren Neuentwurfs mit dem Ziel der Wandlung und möglicherweise auch der Veränderung." (Wilke 1997)

Ich möchte nun diese Gedanken noch weiter vertiefen und einige Ideen aufgreifen, die im Rahmen psychoanalytischer Theoriebildung entstanden sind. Dabei beziehe ich mich einerseits auf die psychologische Bedeutung des künstlerischen Schaffens und andererseits auf die psychischen Funktionen des kindlichen Spiels. Einleitend dazu ein Zitat von Freud:

"Die Kunst bringt auf einem eigentümlichen Weg eine Versöhnung der beiden Prinzipien [Lustprinzip und Realitätsprinzip] zustande." (Freud 1911, zit. nach Ellenberger 1973)

Freud beschäftigte sich mit dem Schicksal der menschlichen Existenz vom Säugling bis zum alten Menschen. Die Kindheit jedoch sah er als besonders wichtig und prägend für die Entstehung der späteren Persönlichkeit an. Er ging davon aus, dass der Säugling zunächst voll und ganz nach dem *Lustprinzip* leben würde, dieses würde jedoch im Verlauf der Entwicklung zunehmend vom *Realitätsprinzip* abgelöst, welches dann im Erwachsenenleben die eindeutige Vorherrschaft übernehme. Für den Säugling und für das kleine Kind steht das eigene „Innenleben" mit seinen Wünschen und Bedürfnissen im Vordergrund, wobei die Umwelt vornehmlich dazu da ist, diese Bedürfnisse zu befriedigen. Je älter ein Kind wird, um so mehr wird das Lustprinzip durch das Realitätsprinzip abgelöst. Nicht mehr das eigene Innenleben steht im Vordergrund, sondern es geht zunehmend darum, mit den Anforderungen der Außenwelt zurecht zu kommen. Das Zentrum der Aufmerksamkeit verschiebt sich von Innen nach Außen. Im Erwachsenenleben hat das Realitätsprinzip gegenüber dem Lustprinzip eindeutige Vorherrschaft. Das kindliche Spiel und die damit verbundene Phantasie wurden als eine psychologisch wichtige `Schonung` begriffen, die den schmerzlichen Übergang vom Lustprinzip zum Realitätsprinzip erleichtern sollte. Die Phantasie, die in der Kindheit eine ganz herausragende Bedeutung hat, tritt im Erwachsenenleben immer mehr in den Hintergrund. Dies wird durch gesellschaftliche Anforderungen erzwungen, die vom älteren Kind und vor allem vom Erwachsenen ein realitätsangepasstes Verhalten erwarten. Bei den meisten Menschen bleibt jedoch ein großer Teil der Phantasie erhalten. Er zeigt sich aber nicht mehr nach außen erkennbar im Spiel, sondern kehrt sich nach innen und lebt in Form von Tagträumen und Luftschlössern weiter, oder zeigt sich im Traum. Beim Lustprinzip ist die Beziehung des Menschen zur Umwelt also durch die Vorherrschafft des "Innen" gekennzeichnet, beim Realitätsprinzip hingegen steht das "Außen" im Vordergrund. Wo hier die eigenen Wünsche und Phantasien handlungsleitend sind, sind es dort die Anforderungen, welche die Umwelt an uns stellt. Freud ging davon aus, dass der Künstler im Gegensatz zu anderen Erwachsenen die Möglichkeit habe, das Lustprinzip im Rahmen seines künstlerischen Schaffens beizubehalten. Er könne selbst nach dem Lustprinzip leben, gieße dieses aber in eine gesellschaftlich legitimierte Form indem er Kunstwerke schaffe, die ihrerseits das Lustprinzip anderer Menschen befriedigen. Er hat durch die Kunst die Möglichkeit sich in eine regressive Welt zu begeben, das heißt in eine Welt, die durch das Erleben früherer Entwicklungsperioden gekennzeichnet ist. Diese Welt zeichnet sich auch durch die große Nähe zu Primärvorgängen aus, woraus der Künstler Symbole für seine Kunst schöpfen kann (vgl. auch Jaeggi

1989). Der Primärvorgang beschreibt die Denkweise des sehr jungen Kindes. Er ist durch eine Verdichtung und Verschiebung der Denkinhalte, durch Unabhängigkeit von der Zeit und durch den Fortfall von Logik gekennzeichnet. Der Sekundärvorgang löst in der menschlichen Entwicklung den Primärvorgang ab, er ist gekennzeichnet durch seinen Zeit- und Realitätsbezug und seinen mehr oder weniger syntaktischen und logischen Aufbau. Ähnlich wie das Lustprinzip hinter dem Realitätsprinzip weiterbesteht, existiert beim Erwachsenen weiterhin der Primärvorgang hinter dem Sekundärvorgang. Der Primärvorgang kann jedoch durch Regression auch beim Erwachsenen wieder in der Vordergrund treten, z.B. im Traum oder bei bestimmten Krankheiten. Die steuernde Funktion des Primärvorgangs ist das Lustprinzip, beim Sekundärvorgang hingegen tritt das Realitätsprinzip an dessen Stelle (vgl. Hoffmann & Hochapfel 1991, S. 18).
Zurück zum Künstler: Der Künstler hat also die Möglichkeit der unbefriedigenden wirklichen Welt zu entfliehen und sich in seine Phantasiewelt zu begeben. Die Phantasie spielt bei der Schaffung von Kunst eine wichtige Rolle. Weil die Phantasie in der Kindheit so stark im Vordergrund steht, suchte Freud die Ursprünge des künstlerischen Schaffens im kindlichen Spiel.

"Jedes spielende Kind benimmt sich wie ein Dichter, indem es sich eine eigene Welt erschafft oder, richtiger gesagt, die Dinge seiner Welt in eine neue, ihm gefällige Ordnung versetzt ... Der Gegensatz zum Spiel ist nicht Ernst sondern - Wirklichkeit." (Freud 1908).

Dem Erwachsenen sei nun das Spielen nicht mehr erlaubt; heimlich phantasiere er jedoch weiter. Triebkräfte der Phantasien sind unbefriedigte Wünsche, wobei jede Phantasie einer Wunscherfüllung, einer Korrektur der unbefriedigenden Wirklichkeit gleichkommt. Wenn die Phantasien beim Erwachsenen jedoch so stark würden, dass sie die Wirklichkeit immer stärker überlagern, dann ist das nach Freud eine günstige Bedingung für die Entstehung psychischer Krankheiten.
Freud stellte nun den Versuch an, den Tagträumer mit dem Dichter gleichzusetzen. Er stellte fest, dass sich in der Literatur (vor allem in *der* Literatur, die von einem breiteren Publikum gelesen würde) re-

gelmäßig jene Elemente wiederfinden würden, die auch die Inhalte der Phantasien darstellen würden: Es gäbe immer einen Helden, mit dem der Leser sich identifizieren könne. Dies korrespondiere mit narzisstischen Bedürfnissen, die das eine große Thema der Phantasien darstellen. Der Phantasierende erhöhe sich durch die Vorstellung vom Vollbringen großer Taten hierdurch selbst. Darüber hinaus gebe es in populären Romanen meist eine Liebesgeschichte, welche der Leser miterleben könne. Dies korrespondiere mit erotischen Phantasien, die den zweiten wichtigen Bereich darstellen. Die Produktion, aber auch das Lesen von Dichtung kann, wie der Tagtraum, zum Ersatz des kindlichen Spiels werden. Der Dichter lockert dadurch, dass er sich in die fiktive Welt begibt, eigene innerpsychische Spannungen, aber er vermag auch die seiner Leserschaft zu lockern, in dem er ihr, durch die Möglichkeit der Identifikation mit dem Protagonisten des Werkes, eine Art "Vorlust" verschafft. Der Leser kann die Liebesabenteuer und Heldentaten der Hauptfigur in der eigenen Vorstellung miterleben.

Es ist zu überlegen, ob ähnliche Prozesse auch beim Reisen eine Rolle spielen könnten. Der wesentliche Unterschied und der große Vorteil gegenüber dem Kunstgenuss ist aber der, dass der Reisende selbst leiblich und sinnlich zum Protagonisten der Geschichte werden kann. Er selbst wird für eine Zeit zum „Helden" und kann sich in dieser Rolle vernachlässigte Wünsche erfüllen.

Die bisher ausgeführten Ideen fügen sich in das Konzept der *Sublimierungstheorie der Kunst*. Diese Theorie geht davon aus, dass beim Künstler das Kunstwerk zur Trägerin unbewusster Wünsche und Strebungen wird. Bei der Reiseerfahrung wird die Reiseumgebung zur Trägerin dieser Wünsche und Phantasien, sie wird zur Kulisse, vor der die individuelle Geschichte inszeniert werden kann. So kann also eine Verbindung vom Traum zum Tagtraum, vom Tagtraum zum Spiel, vom Spiel zum Phantasieren und vom Phantasieren zum künstlerischen Produkt und schließlich zur Reiseerfahrung hergestellt werden (vgl. Haesler 1994).

Eine weitere psychoanalytische Theorie zur Kunst ist die *Depressionstheorie* der künstlerischen Kreativität. Diese Auffassung geht davon aus, dass sich künstlerische Kreativität als eine Möglichkeit der Bewältigung von Verlusten und schmerzlichen Trennungserfahrungen begreifen lässt. Die künstlerische Aktivität erscheint hiernach als der Versuch, „eine innere Auseinandersetzung, um Trennung,

Verschiedenheit und Verlust zu binden" (vgl. Segal 1986, zit. nach Haesler 1994).
Der britische Kunsthistoriker Stokes (1961) hat diese Position weiter ausgearbeitet. Kunst sei danach ein Versuch, die „verlorene Welt" des Kindes wiederherzustellen. Stokes geht davon aus, dass der Künstler (wie auch der Depressive) sich verloren fühlt in einer Welt, die im Verlauf seiner Entwicklung durch die eigene destruktive Kraft zerstört worden ist (vgl. auch Melanie Klein 1957; 1997). Die Kunst sei dabei als ein Versuch zu verstehen, diese verlorene Welt wieder herzustellen. Es ist zu überlegen, ob nicht auch diese Theorie Interessantes zum Verständnis des Reisens beitragen kann, da die Trennung vom vertrauten Umfeld im Zentrum des Reisephänomens steht. Reisen könnte hiernach z.B. als ein Versuch begriffen werden frühere, nicht bewältigte Trennungssituationen in der ein oder anderen Weise zu reinszenieren oder aber auch eine frühere und „bessere" Welt (vgl. Opaschowski 1991) wiederzufinden.
Eine weitere Überlegung schließt sich an die Analysen von Künstlern durch die Psychoanalytikerin Greenacre (1957; 1958) an. Sie beschreibt, dass künstlerisch begabte Personen sich vor allem dadurch von anderen unterscheiden, dass sie schon von früh an eine sehr viel größere Reaktionsbereitschaft gegenüber sinnlichen Reizen hätten. Diese verstärkte Reaktionsbereitschaft gegenüber sinnlichen Reizen ist aber genauso ein zentrales Merkmal der Reiseerfahrung (siehe auch Ergebnisteil dieses Beitrags). Reisende berichten fast immer, und je fremder die Reiseumwelt ist umso mehr, dass ihre sinnliche Wahrnehmung und Erlebnisfähigkeit (visuell, olfaktorisch, auditiv) verfeinert und intensiviert würde. Man könnte sich also überlegen, inwieweit auch über diese Sensibilisierung der Wahrnehmung eine Nähe zum künstlerischen Erleben hergestellt wird. Greenacre stellt auch eine Beziehung zwischen künstlerischem Schaffen und Wirklichkeitsflucht her. Der Künstler, der die rauhe Wirklichkeit nicht länger ertragen könne, flüchte sich in „die süße Welt der Musen", schaffe sich quasi eine Ersatzwelt für die Wirklichkeit.
Auch eine solcher Fluchtgedanke ist im Kontext der Tourismus- und Reiseforschung schon immer diskutiert worden und hat nach wie vor Bedeutung. Die sogenannte *Fluchthypothese* hat im Rahmen der Tourismusforschung eine lange Tradition. Hier wird davon ausgegangen, dass der Tourismus eine Ersatzwelt für die unerträgliche

Wirklichkeit darstellen würde. So hat beispielsweise der amerikanische Forscher Crompton (1979) im Rahmen einer Untersuchung zur Reisemotivation die *Flucht aus einer als irdisch und banal wahrgenommenen Umgebung* als ein zentrales Reisemotiv heraus gearbeitet. Weite Verbreitung fand auch der Gedanke, das Reisen als eine kollektive Fluchtbewegung aus einer unmenschlichen Gesellschaft zu interpretieren (vgl. Krippendorf 1984).

3.6.4 Reisen als Fest oder Ritual

In der Tourismusforschung der jüngeren Vergangenheit wurde von verschiedenen Autoren versucht, Parallelen zwischen modernem Reisen einerseits und volkstümlichen Festen sowie religiösen Ritualen andererseits herzustellen (vgl. Hennig 1997). Zur psychologischen Bedeutung von Festen stellte schon Freud das Folgende fest:

„Bei allen Verzichten und Einschränkungen, die dem Ich auferlegt werden, ist der periodische Durchbruch der Verbote die Regel, wie ja die Institution der Feste zeigt, die ursprünglich nichts anderes sind als vom Gesetz gebotene Exzesse und die dieser Befreiung auch ihren heiteren Charakter verdanken." (Freud 1921)

Festen kommt also aus dieser Sicht die Funktion eines psychologischen Regulativs zu. Vor der Industrialisierung war in agrarischen Gesellschaften bis zur Hälfte des Jahres für Festtage vorgesehen (vgl. Opaschowski 1994, S. 25). Ähnliches kann auch heute noch in vorindustriellen Gesellschaften anderer Kulturen beobachtet werden. Nach der Meinung einiger Tourismustheoretiker hat in modernen Gesellschaften die touristische Reise die Funktion von Festen weitgehend übernommen. In dem Maße, in dem die Bedeutung traditioneller Feste, (in unserem Kulturkreis z.B. die des Karnevals) verloren gegangen wäre, hätte die touristische Reise deren Funktionen übernommen. So ließe sich auch das Verhalten vieler Touristen, die im Urlaub „endlich mal die Sau raus lassen wollen", erklären. In den Worten der Psychoanalyse könnte man sagen: Im Fest wird rituell gegen das kollektive Über-Ich verstoßen: Es zählt nicht mehr der Geist sondern der Körper, nicht die Identität sondern die Identitätsdiffusion, nicht die Ordnung sondern das Chaos (vgl. Haubl 1995). Feste werden um ihres kathartischen Effektes willen gefeiert, der letztlich jedoch dazu dient, den gesellschaftlichen Status quo zu erhalten. Dies hätten die Machthabenden zu allen Zeiten gewusst und entsprechend für die eigenen Interessen eingesetzt. Im Fest werde dem herrschenden Realitätsprinzip das beherrschte Lustprinzip entgegengesetzt. Paradiessehnsüchte werden durch die Schaffung von Bedingungen, die an schlaraffenlandähnliche Zustände erinnern, befriedigt. Interessant ist in diesem Zusammenhang auch ein Blick in die Sprachgeschichte des Begriffs „Schlaraffenland".

„Schlaraffenland ist, von der Wortbildung her, das Land der Schlaraffen. Zugrunde liegt ein mittelhochdeutsches Verbum sluren, sluderen, dessen Verwandte sich im mundartlichem Schludern, schluderig erhalten haben. Aus der Verbindung von Slur mit dem Namen des komisch verachteten Tieres [Affen] entstand gegen Ende des Mittelalters, sluraffe, sluderaffe, daraus Schlauraff, in der Bedeutung `Faulenzer, Nichtstuer, üppig lebender Müßiggänger`."(Richter 1984, zit. nach Haubl 1995)

Exzessive Feste, wie sie gerade im „dunklen Mittelalter" wohl sehr häufig gefeiert worden sind, zeichneten sich dadurch aus, dass im Überfluss gegessen und getrunken wurde und dass den Emotionen ungehemmter Lauf gelassen wurde. Darüber hinaus ging man verschwenderisch mit knappen Ressourcen wie Gesundheit, Zeit und Geld um, erlaubte sich, Rollen beliebig zu wechseln und das alles, ohne unangenehme Handlungskonsequenzen befürchten zu müssen. Das Feiern von Festen stellt eine symbolische Aufhebung des gesellschaftlichen Status quo dar. „Verbote, die Ideale schützen, werden gelockert und die Ideale selbst erniedrigt." (Haubl 1995, S. 127)
Manches dieser Merkmale kann auch beim Touristen beobachtet werden: er gönnt sich gutes Essen, er trinkt auch mal zuviel, beginnt vielleicht eine Urlaubsaffaire, gibt all sein Geld aus oder spielt, ganz nach Lust und Laune, den Bauern oder den Filmregisseur. Auch hier sind keine unangenehmen Konsequenzen zu befürchten (abgesehen vom leeren Bankkonto), denn die Menschen, die er im Urlaub getroffen hat, wird er zu Hause, wenn er es nicht will, nicht wiedersehen.
Festlichkeiten nahmen in agrarischen Gesellschaften einen größeren Raum im Leben der Menschen ein und waren stärker ins Alltagsle-

ben integriert. Als Ursache dafür, dass sie bei uns immer mehr an Bedeutung verloren haben, wurden vor allem zwei Ursachen diskutiert.
Zum einen ging mit der *Industrialisierung* ein enormer Bedarf an Arbeitsleistung einher. Die Arbeitszeiten der Arbeiter früher Fabriken waren lang, die Arbeitsbedingungen extrem schlecht, die Wohnsituation miserabel. Zum anderen wurde der Triumph der *Aufklärung* und der damit verbundene Siegeszug der Rationalität für diese Entwicklung verantwortlich gemacht. Damit ging eine Bevorzugung des Intellektes und eine zunehmende Verbannung emotionaler und spiritueller Elemente aus dem Alltagsleben der Menschen einher.
Aber auch die Religion, und mit ihr die religiösen Rituale verloren immer mehr an Bedeutung. Hennig (1997) verglich die modernen Kunst- und Bildungsreisen mit den rituellen Pilgerreisen des Mittelalters. Damals wie heute schien es darum zu gehen nach etwas „Höherem" zu suchen, wobei sich das, was als „höher" angesehen wird im Lauf der Epochen verändert hat. Ähnlich, wie damals der Pilger auf die Wirkung eines Wunders am heiligen Ort hoffte, laufe dem Kulturreisenden heute beim Anblick eines großartigen Kunstwerkes ein „wohliger Schauer über den Rücken", womit ein Gefühl von Erhabenheit und übermenschlicher Kraft verbunden sei. Damals sei man zu heiligen Orten gepilgert, hätte sich Reliquien angeschaut. Heute reist man in die Orte, in denen anerkannte Kunstwerke der Architektur oder Malerei zu sehen sind oder besichtige die Städte und Häuser, in denen einst berühmte Literaten oder Maler lebten.
Eine interessante Parallele lässt sich auch zwischen bestimmten Reiseformen und sogenannten Übergangsritualen, die verschiedene Lebensabschnitte voneinander abgrenzen, formulieren. Hier wie dort geht es um Abschied, Transformation und Wiederkehr oder „Trennung, Übergang und Verbindung" (Crapanzano 1995, S. 102). Zweck eines solchen Rituals ist es, von einer klar festgelegten Position in der Gesellschaft in eine andere, klar festgelegte Position in der Gesellschaft zu wechseln. Besonders die Erlebnisreisen junger Menschen könnten als ein Initiationsritual auf dem Weg zum Erwachsensein interpretiert werden. Der junge Mensch verlässt die vertraute und behütete Umgebung der Heimat und kehrt, nachdem er vieles erlebt hat und sich mit vielen ungewöhnlichen Situationen auseinandersetzen musste, als ein erwachsener Mensch zurück.
Eine weitere Parallele zum Reisen ist, dass es sich sowohl beim

Fest oder Ritual als auch beim Urlaub um jene Zeit handelt, die das „Besondere" im Vergleich zum „Normalen" darstellt. Hier wie dort wird der Alltag unterbrochen um sich mit etwas Besonderem zu beschäftigen. Dadurch wird ein Kontrast zum Alltag hergestellt. In beiden Fällen handelt es sich auch um eine Art "Auszeit" in der man von den Verpflichtungen des Alltags vorübergehend befreit ist. Wo der Alltag das Normale und das Gewohnte ist, stellen Fest, Ritual oder Urlaub das Andere und das Besondere dar. Sie sind mit einer psychologischen Distanz vom Alltag und mit veränderten sozialen Beziehungen verbunden. Auch das Zeiterleben ist hier wie dort verändert. Der Alltag ist stark durch Taktgeber von außen bestimmt, während man bei Festen oder im Urlaub, ganz nach Wunsch, die Zeit fließen lässt. Sowohl Fest und Ritual, als auch der Urlaub können mit regressivem Erleben und Verhalten zusammenfallen. Es zeigt sich also, dass es in der Tat viele Ähnlichkeiten gibt und dass die beschriebenen Thesen durchaus fruchtbar sein können.

3.7 Gestalttherapeutischer Ansatz: Der Mensch Umwelt Kontaktprozess oder was ist ein Erlebnis?

„Reisen ist das Herauswachsen aus der Unterstützung durch die Umwelt hin zur Selbständigkeit und Selbsterhaltung"

F. S. Perls

Begriffe, die zur Zeit im Zusammenhang mit Tourismus und vor allem im Rahmen des Tourismusmarketings sehr häufig gebraucht werden, sind zum einen das *Erlebnis* und zum anderen der *Event*. Ein Event ist die Verbindung von Ort, Zeit und den Erlebnissen, die dort stattfinden sollen.
Während am Anfang des Massentourismus' vor allem von *Erholung* im Sinne von *Regeneration*, mit einer eher passiven Konnotation die Rede war, werden heute Spannung, Aufregung und Abenteuer betont; besondere Erlebnisse und Events, sollen das Außergewöhnliche und Besondere des Urlaubs unterstreichen. Dieser Trend ist natürlich nicht unabhängig von gesellschaftlichen und globalen Entwicklungen allgemein zu betrachten (vgl. Kap. 2.2).
Es scheint jedoch wenig Klarheit darüber zu bestehen, was ein sol-

ches Erlebnis überhaupt ausmacht. Es hat in irgendeiner Form mit Lust und Vergnügen zu tun und klingt nach Aktivität. Rieder et al. (1998) sprechen im Zusammenhang von *Erlebniswelten*, worunter sie künstliche Ferienanlagen wie Centerparks verstehen, von einer „Kommerzialisierung der Emotionen in touristischen Räumen und Landschaften".

Ich möchte an dieser Stelle einige Gedanken zum Konzept des Erlebnisses formulieren. Grundlage dafür sind theoretische Überlegungen aus der Gestalttherapie, die auch als eine „erlebnisgenerierende" Therapieform bezeichnet wird.

Meine Überlegungen resultieren auch aus der persönlichen Erfahrung, dass Gestalttherapie ähnliche Formen des Erlebens wie das Reisen hervorrufen kann.

Die zentrale Fragestellung soll sein, ob und wie therapeutische Erfahrungen, wie sie in der Gestalttherapie gemacht werden, auch auf Reisen/im Urlaub gemacht werden können. Kann es zu einer vergleichbaren Veränderung der Beziehung zwischen Mensch und soziophysischer Umwelt kommen? Gibt es Parallelen zwischen der therapeutischen Erfahrung einer erlebnisgenerierenden Therapiemethode und der Befriedigung touristischer Bedürfnisse im Urlaub, in dem z.T. durch künstlich geschaffene Umwelten Einfluss auf unsere Emotionen genommen werden soll?

Einschränkend ist zu sagen, dass man an dieser Stelle sehr viel tiefer gehen könnte, als es im Rahmen dieses Beitrags möglich ist. Darum folgen hier nur erste Denkanstöße.

Der Kontaktprozess in der Mensch-Umwelt-Interaktion: Theorie der Gestalttherapie

Die zentrale Aufgabe der Gestalttherapie ist die Wiederbelebung der Sinne (vgl. Dreitzel 1998). Dreitzel bezieht sich dabei auf die Beschreibung des Zivilisationsprozesses nach Elias (1939), dem zufolge dieser durch „die allmähliche Verinnerlichung zunehmender äußerer Kontrollen über jeden Ausdruck körperlicher und emotionaler Bedürfnisse, die Entwicklung einer ʼSelbstzwangsapperaturʼ, die es ermöglicht, an die Stelle spontaner Verhaltensweisen strategisch geplante zu setzen", gekennzeichnet ist (vgl. Dreitzel 1998, S. 19). *Affektive Neutralität* sei dabei zum Maßstab vernünftigen Handelns geworden.

Im Rahmen der Gestalttherapie soll nun der entgegengesetzte Prozess in Gang gesetzt werden: Emotionen und Sinnlichkeit rücken wieder ins Zentrum des Erlebens. Ein zentrales Element im gestalttherapeutischen Denken ist, dass es dem Menschen möglich sein muss, eine sog. *sättigende Erfahrung* zu machen. Diese sättigende Erfahrung resultiert aus einer gelungenen Interaktion des Menschen mit seiner Umwelt. Der sog. *Kontaktprozess* beschreibt das Austauschverhältnis des Menschen mit der ihn umgebenden Umwelt. Dabei ist hervorzuheben, dass kein Organismus autark ist, vielmehr benötigt er die Welt zur Befriedigung seiner Bedürfnisse. Es besteht immer eine Interdependenz zwischen dem Organismus und seiner Umgebung (Perls 1991, S. 41). Der Mensch lebt eingebettet in die Umwelt, mit der er ständig Energien und Informationen austauscht. Das Kräftefeld Mensch/Umwelt befindet sich dabei nie im völligen Gleichgewicht, es entstehen immer wieder Mangelzustände, die durch die Aufnahme von Neuem aus der Umwelt ausgeglichen werden müssen. Zwischen Mensch und Umwelt findet also ein kontinuierlicher Austauschprozess statt.

„Nur durch die Aufnahme von Neuem kann ein Organismus wachsen; Wachstum aber ist die Definition von Leben. Den Vorgang, durch den der Organismus Neues aus der Umwelt in sich aufnimmt, nennen wir hier den Kontaktprozess." (Dreitzel 1998, S.41)

Für den Menschen ist spezifisch, dass er seine Umwelt grundlegend verändern kann und in vielen Fällen auch muss, um sein Überleben zu sichern. Der Mensch greift viel stärker und folgenreicher in die Umwelt ein als jedes andere Lebewesen. Zu welchen Verbesserungen der Lebensbedingungen einerseits, aber auch zu welchen ökologischen Problemen andererseits diese menschliche Fähigkeit geführt hat, ist bekannt. Der Mensch erlebt sich im Umgang mit der Welt an der sog. *Kontaktgrenze*. Dabei ist die Definition des Organismus in der Gestalttherapie die eines *Organismus/Umwelt-Feldes* (vgl. auch Lewin 1943, 1946, 1963; zit. nach Heckhausen 1989), das durch die gesamte Situation, wie sie für eine Person existiert, gekennzeichnet ist. Es wird also keine strikte Trennung zwischen „innen" und „außen" gemacht. Dabei ist zu bedenken, dass das menschliche Organismus/Umwelt-Feld nicht nur ein physikalisches, sondern immer auch ein soziales ist. Es handelt sich immer um ein Feld, in dem physische, soziokulturelle und sinnliche Fakten interagieren (vgl. Perls, Hefferline, Goodman 1992). Die Kontaktgrenze zwischen „innen" und „außen" ist immer dort, wohin die Aufmerksamkeit der Person sich gerade richtet. Kontakt ist mit Erregung verbunden, die ihrerseits die Energie bereitstellt, das Neue wahrzunehmen, zu orten und schließlich in sich aufzunehmen.

„Im Kontaktprozess erleben und erfahren wir unsere Welt. Gewinn ist Wachstum und Reife, eine Erneuerung des Lebens und ein mehr an Kompetenz." (Dreitzel 1998, S. 47)

Angst wurde häufig als ein dem entgegengesetzter Motivationsfaktor beschrieben, der vor allem darauf ausgerichtet sei, das Alte zu bewahren und Neues zu vermeiden (vgl. Adler-Vonessen 1971).
Es sollen nun zunächst die verschiedenen Stadien des Kontaktprozesses dargestellt werden. Anschließend versuche ich eine Übertragung auf touristisches Erleben. Während des gesamten Kontaktprozesses bilden sich immer wieder Figuren vor dem Hintergrund. Das heißt, bestimmte Aspekte der Umwelt treten hervor und nehmen unsere Aufmerksamkeit gefangen. Der Rest der Umwelt bleibt im Hintergrund. Was aus der Vielfalt aller Reize zur Figur wird, hängt von unseren jeweiligen Bedürfnissen ab. Bin ich z.B. hungrig, ist meine Wahrnehmung darauf gerichtet, wo ich etwas zu essen finden kann.
Die Stadien des Mensch-Umwelt-Kontaktprozesses können folgendermaßen skizziert werden:

1. *Der Vorkontakt*: Ein Bedürfnis wird von der Umwelt ausgelöst oder regt sich im Organismus.
2. *Die Orientierung und Umgestaltung*: Das Bedürfnis selbst tritt in den Hintergrund und die möglichen Objekte der Bedürfnisbefriedigung werden zur Gestalt. An das Interessante nähern wir uns an, das Uninteressante, Unattraktive wird abgeworfen.
3. *Die Integration/Vollkontakt*: Organismus und Objekt seines Bedürfnisses werden eins. Es kommt zu einem Zustand von Konfluenz zwischen Organismus und Umwelt.

„Das Du meines Gegenübers erfüllt mein ganzes Erleben, oder

ich gehe in der Aufgabe meines Engagements ganz und gar auf, oder ich bin im ästhetischen Erleben, wie wir sagen, `ganz Auge` oder `ganz Ohr`" (Dreitzel 1998, S. 50).

Es kommt zu einer Integration von Bedürfnis und Objekt. Planvolles Handeln wird dabei zurück gelassen, ich gehe ganz auf in dem, was ich tue, das Zeiterleben verliert sich, die Grenzen zwischen Ich und Welt heben sich auf. Dies kann man auch mit solchen Phänomenen vergleichen, die *Czikszentmihalyi* (z.B. 1975; 1998) als *Flow* bezeichnet hat.

4. *Der Nachkontakt:* Im Nachkontakt lösen sich Ich und Umwelt wieder voneinander. Im Nachklingen des Erlebten und Erfahrenen beginnt die Aufnahme des Neuen, wird das, was erlebt wurde zu einer sättigenden Erfahrung. Erst hier findet das eigentliche Lernen oder Wachsen statt. Wichtig ist, dass diese Kontaktzyklen immer wieder neu durchlaufen werden können und immer wieder *volle Erfahrungen* gemacht werden können (vgl. auch Jaeggi 1995).

Verschiedene Kontaktzyklen sind zeitlich ineinander verschachtelt. Es gibt kürzere und längere Rhythmen, die sich gegenseitig überlagern. Abgebrochene Kontaktzyklen blockieren die Entwicklung. Es sollte ein möglichst intensiver Austauschprozess mit der Umwelt stattfinden, feste Angewohnheiten und Verhaltensmuster des Menschen sind dabei eher hinderlich, sie stehen dem Ausprobieren neuer Alternativen im Weg. Wichtig ist, dass es immer wieder zur *Assimilation des Neuen* kommen kann. Das Alte „nährt nicht" und kann somit die Entwicklung, welche in jedem Lebensabschnitt ein wesentliches Merkmal für Gesundheit ist, nicht voranbringen[3].

„Kontakt ist primär die Wahrnehmung des assimilierbaren Neuen und Bewegung zu ihm hin sowie die Abwehr des unassimilierbaren Neuen. Das Allgegenwärtige, stets Wiederkehrende oder Indifferente wird nicht Kontaktgegenstand." (Perls, Goodman, Hefferline 1992, S. 12)

---

[3] Wenn Perls, Goodman und Hefferline (1992) die Psychologie als die Wissenschaft von der schöpferischen Anpassung definieren, sagt dies bereits viel über das Menschenbild der Autoren und das damit verbundene Gesundheitskonzept aus.

Die Bedeutung des „Neuen", das in der Umwelt zu finden ist, und welches unser Wachstum fördert, nimmt eine zentrale Stellung ein. Die Orientierung, Zuwendung und schließlich die Aufnahme und Assimilierung des Neuen erfolgt während des Kontaktprozesses. Während des gesamten Prozesses kommt es zu einem Anstieg von Erregung, die im Vollkontakt ihren Höhepunkt findet.
Der Kontaktprozess kann an verschiedenen Stellen unterbrochen werden. Dies verhindert, dass es zu vollen Kontaktzyklen kommen kann. Dadurch wird jedoch der lebendige Austausch mit der Umwelt verhindert, es kann kein Wachstum mehr stattfinden. Da Gesundheit aber im gestalttherapeutischen Menschenbild in erster Linie mit Austausch im Mensch/Umwelt-Feld und Wachstum assoziiert ist, ist dies der Gesundheit hinderlich[4]. Ziel einer Therapie wäre es dann, bewusst zu machen, wann und wie der Kontakt unterbrochen wird. Dies kann im gestalttherapeutischen Experiment geschehen.
Was passiert mit dem Mensch-Umwelt-Kontaktprozess beim Reisen? Gibt es viel Neues zu erleben, so kann der Organismus dies in sich aufnehmen und sich nähren. Eine unvertraute Umwelt kann somit über den Kontaktprozess Entwicklungs- und Wachstumsimpulse auslösen. Hier setzt auch das Zitat von Perls, „Reisen ist das Herauswachsen aus der Unterstützung durch die Umwelt hin zur Selbständigkeit und Selbsterhaltung" an. Je fremder die Umwelt, desto höher die Erregung und desto intensiver auch die Kontakterlebnisse. Gerade durch eine unvertraute Umwelt entsteht quasi die Notwendigkeit zum Experiment, was einen schöpferischen Umgang mit der Umwelt notwendig macht. Diese Erfahrung im Umgang mit der Umwelt führt zum Wachstum, was wieder zu einer zunehmenden Unabhängigkeit von der Unterstützung durch die Umwelt führt. Ähnlich wie im therapeutischen Prozess kann auf der Reise mit neuen Verhaltensweisen experimentiert werden. Durch den so intensivierten Austauschprozess zwischen Mensch und Umwelt kommt es zu einer sensibilisierten Wahrnehmung und damit zum *Erlebnis*, als

---

[4] Krisch (1992) beschreibt Krankheit aus gestalttherapeutischer Sicht als eine Störung des Wachstums bzw. der Entwicklung. Sie entsteht als Folge dauerhafter Störung der organismischen Selbstregulation, die für ein gesundes Funktionieren des Organismus Voraussetzung ist. Beispiele von Störungen wären das Leugnen von Bedürfnissen, Einengung von Erlebens und Verhaltensmöglichkeiten, Vermeidung von Kontakt zu sich und/oder zur Umwelt (S. 64).

intensivem Höhepunkt des Kontaktes (Vollkontakt) mit der Umwelt. Bedingung dafür ist, dass der Kontaktprozess nicht unterbrochen wird. Diese Beschreibung trifft jedoch nur auf solche Reiseformen zu, die mit der Bewegung in einer fremden Umgebung verbunden sind, also vielleicht der „eigentlichen Reise". Andere Formen, Urlaub zu machen, sind jedoch nicht durch eine fremde Umgebung gekennzeichnet, wie z.b. der Wohnwagentourismus in Deutschland. Wo ist hier das Neue, welches das im gestalttherapeutischen Menschenbild so wesentliche Wachstum anstoßen könnte und somit zu Gesundheit und Wohlbefinden beitragen könnte? Oder leben diese Menschen weniger gesund? Eine Überlegung ist anzunehmen, dass solche Formen des Urlaubmachens vor allem durch *Nachkontakt* gekennzeichnet sind. Es ginge dann darum das, was im Alltag erlebt wurde, zu verarbeiten und wieder zur Ruhe zu kommen. Funktion des Urlaubs wäre dann die Integration dessen, was im Alltag erfahren wurde; erst im Nachkontakt kommt es zum Persönlichkeitswachstum. Darüber hinaus könnte man aber auch annehmen, dass auch der Wohnwagenurlauber volle Kontaktzyklen durchlebt, dass jedoch sein gewünschtes Erregungsniveau im Vollkontakt niedriger ist als das, welches andere Reisende bevorzugen (vgl. Kap. 3.1, „Adaptationsebenenansatz"). Eine weitere Überlegung ist, die einseitige Hervorhebung von Dynamik und Veränderung, gegenüber Stabilität und Kontinuität, im gestalttherapeutischen Gesundheitskonzept kritisch zu hinterfragen.

3.8 Macht Reisen gesund? Überlegungen aus der Gesundheitspsychologie

Die Gesundheitspsychologie beschäftigt sich mit der Entstehung und Förderung von Gesundheit im Lebensumfeld des Menschen. Sie grenzt sich vor allem dadurch von der Klinischen Psychologie ab, dass sie ihren Schwerpunkt nicht bei der Auseinandersetzung mit der Genese und Heilung von Störungen und Krankheiten sieht. Die Gesundheitspsychologie fragt weniger danach was krank macht, sondern danach, wie Gesundheit entsteht und wie sie gefördert werden kann. Welche Lebensbedingungen tragen zur Entstehung von Gesundheit bei?

Weitere wichtige Eigenschaften der Gesundheitspsychologie sind ihre interdisziplinäre Orientierung und die ganzheitliche Betrachtung von Gesundheit, d.h. nicht die isolierte Betrachtung von entweder psychischer oder körperlicher Gesundheit. Die zuletzt genannten Eigenschaften teilt sie mit verschiedenen neuen interdisziplinär orientierten Gebieten aus der Medizin. Auch diese (die Verhaltensmedizin, die Sozial- und Umweltmedizin, die holistische Medizin, die systemisch-psychosomatische Medizin) beziehen ökologische, soziale, verhaltensbezogene und psychische Faktoren in ihre Gesundheitskonzepte mit ein. Ebenso wenden sie sich von einem binären Krankheits-Gesundheits-Begriff (wie im biomedizinischen Denkmodell üblich; s. u.) zugunsten differenzierterer Konzepte ab.
So schreibt z.B. die holistische Medizin dem Individuum als biopsychosozial kohärentem und integriertem Wesen die Fähigkeit zur Herstellung innerer Balance und Kontrolle zu und somit das Potential zur Erhaltung und Wiederherstellung eines ganzheitlich verstandenen gesundheitlichen Wohlbefindens (Wellness). Schwenkmetzger und Schmidt (1994, S.1) sprechen in diesem Zusammenhang von einem Paradigmenwechsel, und zwar insofern, als das biomedizinische Erkenntnismodell heute (wieder) zunehmend durch ein biopsychosoziales Modell ergänzt werde (es deutet sich jedoch bereits wieder der umgekehrte Trend an. Anm. d. Verf.). Darüber hinaus haben Gesundheitsutopien wie die der *Charta von Ottawa* (WHO 1989) zu einem erweiterten Bewusstsein für gesundheitsrelevante Bereiche innerhalb und außerhalb des Individuums beigetragen und die Bedeutung der subjektiven Seite von Gesundheit, des subjektiven Wohlbefindens, betont.
Durch die massiven Kürzungen im Gesundheits- und Sozialsystem in Deutschland ist eine so weitreichende Versorgung wie in den vergangenen Jahren schon heute nicht mehr gewährleistet. Dies wird weder durch soziale Netze noch durch größere Eigenverantwortung ersetzbar sein (vgl. auch Keupp 1985); dennoch wächst dadurch auch die Notwendigkeit präventiver Maßnahmen auf individueller und auf gesellschaftlicher Ebene.
Gesundheit enthält eine objektive und eine subjektive Komponente. Dass objektiv feststellbare Gesundheit nicht zwangsläufig mit hohem subjektiven Wohlbefinden einher geht, haben viele Studien gezeigt. Die traditionelle Schulmedizin wendet sich den objektiv, d.h. physiologisch messbaren Funktionsstörungen zu und behandelt diese zum

Teil sehr erfolgreich. Wenn es um die subjektive Komponente von Gesundheit, nämlich um Wohlbefinden und Lebensqualität geht, kann der Mensch die Unterstützung eines psychologischen Experten in Anspruch nehmen. Ob er dies tut oder nicht, in jedem Fall ist hier die eigene Initiative und das eigene aktive Bemühen Voraussetzung für eine positive Veränderung. Hier liegen auch die besonderen Möglichkeiten der Freizeit. Diesem Teilbereich des Lebens kommt eine immer wichtigere Rolle zu, gerade als Quelle von Lebensqualität und Gesundheit.

Zur Entstehung der Gesundheitspsychologie haben zwei wichtige Impulse beigetragen: Zum einen wurden in der schon erwähnten *Charta von Ottawa* (WHO, 1889) neue subjektivistische und ganzheitliche Maßstäbe für die Definition von Gesundheit gesetzt. Daneben ist einer der wichtigsten theoretischen Impulse der von Antonovsky geforderte, oben bereits angedeutete Paradigmenwechsel (Antonovsky z.B. 1987).

Während bisher das Paradigma der Pathogenese die Forschung und Praxis im Gesundheitsbereich dominiert hat, fordert Antonovsky ein "salutogenetisches" Modell, welches sich in mehreren Bereichen vom pathogenetischen Modell unterscheidet. Zunächst wird gefordert, nicht mehr in einer Dichotomie gesund versus krank zu denken, sondern ein Kontinuum zwischen Gesundheit und Krankheit anzunehmen, auf dem sich der einzelne kontinuierlich in die eine oder andere Richtung bewegt. Darüber hinaus soll nicht mehr nur eine spezifische Krankheit Gegenstand von Untersuchung und Behandlung sein, sondern die Bestimmung des allgemeinen Gesundheits- oder Krankheitsstatus` einer Person zu einem bestimmten Zeitpunkt (vgl. Kap. 3.7). Als ätiologische Faktoren sind nicht mehr nur Risikofaktoren für eine bestimmte Krankheit relevant, sondern die ganzheitliche Lebensgeschichte einer Person unter Berücksichtigung der gesundheitsförderlichen Ressourcen, die ihr zur Verfügung stehen. Stressoren aus der Umwelt werden nicht mehr per se als ungewöhnlich und krankmachend konzeptualisiert, sondern als alltägliche Begleiterscheinungen des Lebens, ohne voraus bestimmbare Konsequenzen.

Der wichtigste Ansatzpunkt zur Behandlung von Leiden liegt schließlich in der Stärkung der Bewältigungsressourcen, nicht in der Bekämpfung von Krankheiten. Unter Berücksichtigung solcher Gedanken wurden in der Gesundheitspsychologie ganzheitliche Modelle

entwickelt, die auch die Bedeutung der sozialen und der physikalischen Umwelt für die Entstehung von Gesundheit mit einbeziehen (vgl. Kap. 3.9).
Wo ist die Verbindung zwischen Gesundheit und Reisen zu sehen? Meine Grundannahme ist, dass Reisen die Gesundheit positiv beeinflussen kann. Diese Annahme ist nicht neu oder ungewöhnlich. So stellt z.b. Krippendorf (1984, S.59) fest:

„Unverändertes Hauptmotiv des Reisens ist seit Jahren die *psychische Hygiene*, die Erholung in einer Welt, die als Gegenalltag empfunden wird."

Reisen sei Erholung und Regeneration, Kompensation und gesellschaftliche Integration. Darüber hinaus geht Krippendorf davon aus, dass heute die Hälfte aller Erkrankungen nicht mehr primär organischen Ursprungs seien, sondern Folge „nervöser" Belastungen, die es früher nicht in diesem Ausmaß gegeben habe. Freizeit und Ferien, um Gesundheit zu tanken, wären nötiger denn je. Kagelmann (1993) stellt jedoch zutreffend fest, dass erstaunlicherweise Erholungswert und psychotherapeutischer Nutzen von Reisen noch nicht eingehender untersucht worden sind. Die einzige Ausnahme war lange Zeit eine Fragebogenuntersuchung (Gebauer 1981), in deren Rahmen versucht wurde positive Gesundheitseffekte von Kreuzfahrten aufzuzeigen. In letzter Zeit wenden sich jedoch einige Beiträge dem Thema erneut zu (vgl. z.B. Kagelmann 1997).
Die Annahme, dass sich Reisen und Tourismus positiv auf die Gesundheit auswirken können, schließt jedoch nicht aus, dass auch ein gegenteiliger Effekt eintreten kann. Daran könnte man z.B. denken, wenn die Reise gegen den eigenen Willen angetreten wird (wie bei Flüchtlingen oder Migranten), oder, wenn die gewählte Reiseform den eigenen Bedürfnissen nicht entspricht. Man stelle sich z.B. einen passionierten Anhänger des Urlaubs in „Balkonien" beim Survivaltraining in Alaska vor. Er würde wahrscheinlich nicht erholt nach Hause kommen.
Auch wenn Urlaub und Reisen als Flucht vor unbewältigten Alltagsproblemen genutzt werden ist der Effekt voraussichtlich nur sehr kurzfristig.
Aber nun zur Frage: *Was ist eigentlich Gesundheit*? Von deren Beantwortung hängt schließlich auch ab, welche Bedeutung dem Rei-

sen in diesem Zusammenhang zukommen kann.
Mit Gesundheit kann einfach *Störungsfreiheit* gemeint sein. Gesund ist dann, wer nicht krank ist. Gesundheit als ein Freisein von Störungen ist das Modell der klassischen Schulmedizin. Probleme dieser Definition ergeben sich vor allem da, wo Krankheiten nicht bemerkt werden oder da, wo Störungen z.b. angeboren sind, wie bei behinderten Menschen (vgl. Franke 1993, S.20 ff).
Gesundheit kann aber auch im Sinne von *Leistungsfähigkeit* definiert werden. Gesundsein bedeutet dann, Anforderungen genügen zu können, in der Lage zu sein, seinen Alltag zu bewältigen und sein Leben im Griff zu haben, um im System zu funktionieren. Die soziale Dimension der Gesundheit wird betont: Gesundheit ist eine Aufgabe, die jeder einzelne für die Gesellschaft zu erbringen hat. Gesundheit wird zur politischen Angelegenheit. Die Soziologie spricht von *Rollenerfüllungsgesundheit;* unser Kranken- und Rentenversicherungssystem ist stark von diesem Gedanken geprägt. Aber auch in psychologischen Konzepten wird häufig die Leistungsfähigkeit betont. Häufig geht es hier z.b. um *Anpassungsfähigkeit, Widerstandsfähigkeit, Kommunikationsfähigkeit, Fähigkeit zur Bedürfnisbefriedigung* oder um *Bindungsfähigkeit* (vgl. Franke 1993, S. 23).
Ein anderer Ansatz definiert Gesundheit als *Gleichgewichtszustand* oder *Homöostase.* Die Vorstellung, Gesundheit als einen Zustand von Ausgeglichenheit und Ausgewogenheit zu betrachten ist sehr alt, jedoch gibt es immer wieder neue Versionen dieser Idee. Bereits im antiken Griechenland wurde die Vorstellung vom Mikrokosmos und vom Makrokosmos formuliert. Dabei ist der Mensch als Mikrokosmos zu verstehen, der sich durch ein umfassendes System von Beziehungen mit dem Makrokosmos, der Welt, verbindet. Die Annahme ist, dass Makro- und Mikrokosmos von ähnlichen Gesetzen der Harmonie und Ordnung beherrscht werden. Gesundheit ist Ausdruck dafür, dass sich das Individuum sowohl im Zustand innerer Harmonie, als auch im Gleichgewicht mit der äußeren Welt befindet (vgl. Franke 1993, S.25). Gleichgewichtstheorien betrachten also den gesunden Menschen als einen, der sich in einem ausgewogenen Zustand befindet, und der sich nach jedem Angriff auf das Gleichgewicht schnell wieder auf den erwünschten Zustand einpendeln kann. Gesundheit steht für Harmonie, Stabilität, Ordnung, Ausgeglichenheit, Ruhe. Veränderungen, sowohl der Person als auch der Umwelt, erscheinen im Rahmen dieses Modells zunächst als Gefahren für die

Gesundheit.
Dazu entgegengesetzt, aber dennoch eng verwandt, ist die Vorstellung von Gesundheit als *Flexibilität*. Im Verständnis eines *Flexibilitätsmodells* ist der gesunde Mensch ein solcher, der Störungen, mit denen er konfrontiert wird, aktiv begegnen und sie überwinden kann. Im Unterschied zum homöostatischen Modell, das die Fähigkeit sich immer wieder auf einen Ruhezustand einzupendeln hervorhebt, betont das Flexibilitätsmodell *den dynamischen Aspekt des Sich-weiter-entwic??kelns*. Dadurch ist Gesundheit nicht mehr ein Zustand der Abwesenheit von Krankheit, sondern ein solcher, in dem Krankheitsrisiken und -zustände dazugehören. Sie erscheinen sogar als notwendig, weil andernfalls ein Zustand der *Erstarrung und Stagnation* eintritt, der nicht gesund ist, weil er keine Veränderung und Entwicklung ermöglicht. In der Psychologie sind solche Modelle als *Selbstaktualisierungsmodelle* bekannt, die besonders in der humanistischen Richtung große Bedeutung haben. Sie betonen die dynamischen Aspekt des Lebens: *Offenheit, Spontaneität, Kreativität, Entwicklung* und *Unabhängigkeit* sind in der Vorstellung solcher Modelle Eigenschaften des gesunden Menschen.
Eine weitere Idee definiert Gesundheit als *Anpassung*. Gesundheit wird hier als die Fähigkeit verstanden, sich mit den Bedingungen der Umgebung angemessen auseinanderzusetzen. Die Idee stammt aus evolutionstheoretischen Überlegungen und wurde vor allem in der Biologie diskutiert. Die Kernaussage ist: Wenn der Mensch sich in seiner Umgebung so einrichten kann, dass er seine Ziele und Wünsche verwirklicht sieht, dann ist er gesund. Ein solcher Mensch ist dann auch relativ geschützt vor Krankheiten - selbst dann, wenn er von Krankheitserregern infiziert ist. Gesundheit und Krankheit sind das Ergebnis einer Wechselwirkung zwischen einem Erreger und der Reaktion des Organismus auf ihn; wer infiziert ist, braucht noch lange nicht krank zu werden. Gesundheit resultiert also nicht daraus, dass man sich vor Erregern schützt, sondern sie entsteht dann, wenn man sich mit den Erregern auseinandersetzt und Resistenzkräfte gegen sie entwickelt (Ähnlichkeit zum Flexibilitätsmodell).
Ein weiterer Gedanke beschreibt Gesundheit vor allem als *soziale Anpassung.*

"Gesundheit ist nicht nur ein medizinischer, sondern überwiegend ein gesellschaftlicher Begriff. Gesundheit wiederherstellen heißt in Wahrheit: Den Kranken zu jener Art von Gesundheit bringen, die in der jeweiligen Gesellschaft die jeweils anerkannte ist, ja in der Gesellschaft selbst erst gebildet wurde." (Bloch 1959)

Gesundheit wird hier als normativ und als abhängig von den jeweiligen gesellschaftlichen Vorstellungen konzeptionalisiert.
Zuletzt will ich auf die Vorstellung von Gesundheit als *Wohlbefinden* eingehen. Die Vorstellung von Gesundheit als Wohlbefinden hebt zum einen die subjektive Seite der Gesundheit hervor: ich bin dann gesund, wenn es mir gut geht, wenn ich mich wohl fühle. Dieses Konzept wurde auch von der WHO sehr stark propagiert, um mehr Verantwortung und Selbstbestimmung für die eigene Gesundheit zu vermitteln. Darüber hinaus kommt im Rahmen dieses Ansatzes aber auch der Umwelt eine wichtige Bedeutung zu:

„Gesundheit wird von Menschen in ihrer alltäglichen Umwelt geschaffen und gelebt. Dort, wo sie spielen, lernen, arbeiten und lieben. Gesundheit entsteht dadurch, dass man sich um sich selbst und um andere sorgt, dass man in der Lage ist, selber Entscheidungen zu treffen und Kontrolle über die eigenen Lebensumstände auszuüben" (Charta von Ottawa, WHO 1989).

Im Rahmen solcher Vorstellung können jedoch auch objektive Risiken, wie übermäßiges Essen und Trinken oder Rauchen, zu subjektiven Quellen von Wohlbefinden und damit von Gesundheit werden. Dies kann langfristig aber zu schwerwiegenden Problemen der objektiven und später auch der subjektiven Gesundheit führen (z.B. Süchte, Fettleibigkeit).
Darüber hinaus können objektive Risiken für die Umwelt zu subjektiven Quellen für individuelle Gesundheit werden, was jedoch langfristig negative Folgen für die Gesundheit aller nach sich ziehen kann (vgl. auch Hardin 1968, zit. nach Bell, 1996). Den Versuch einer Gegenüberstellung von Merkmalen und Kennzeichen „objektiver" und „subjektiver" Gesundheit enthält die folgende Tabelle.

Bereich	„objektive" Gesundheit	„subjektive" Gesundheit
Aufgabenfelder	Asklepios: Heilung, Befreiung von Krankheit und Gebrechen	Hygieia: Lebenskunst, vernünftige Lebensführung
Inhaltlicher Schwerpunkt	Lehre von der Krankheit	Lehre von der Gesundheit
Disziplinen	Handlungsbereich der klassischen Schulmedizin	Handlungsbereich von Psychologie, Sozialmedizin, holistische Medizin, Theologie
Was wird untersucht?	körperlicher Gesamtzustand Symptomatik	subjektives Wohlbefinden Lebensqualität
Wie untersuchbar?	medizinische Diagnostik	Befragung: Interviews, Erzählen, Fragebogen
Modelle	Descartes/ Maschinenmo-dell (17.Jhd.) biochemische Modelle	z.B. Hippokrates/ Gleichgewichtsmodelle • „biopsychosoziale Ganzheitsmodelle"
Beziehung Laie/Experte	Der Experte handelt, der Laie wird „behandelt" Laie ist abhängig vom Experten	Der Laie ist selbst Experte. Um Veränderung/ Verbesserung zu bewirken muss der Laie handeln. Professionelle Experten können ihn dabei unterstützen.

Tab. 3.8.1: Die „objektive" und die „subjektive" Seite der Gesundheit (vgl. van Spijk 1993)

Nun sollen die obengenannten Modellvorstellungen nacheinander nach ihrer Bedeutung für Gesundheitschancen und -risiken von Urlaub und Reisen befragt werden. Zunächst zum Modell der Gesundheit als Störungsfreiheit. Welche Rolle können hier Freizeit und Tourismus spielen? Urlaubsreisen können vor allem dann, wenn Entstehung und Aufrechterhaltung einer gesundheitlichen Störung mit ungünstigen Arbeits-, oder allgemeiner, Alltagsbedingungen verknüpft sind, zu einer Verbesserung führen (vgl. z.B. das *sick building syndrome*; Bell et al. 1996, S. 256). Dieser Effekt, ist auch bei Ärzten, die Patienten für Kuren vorschlagen, bekannt. Allein das Herausnehmen des Patienten aus einem belastungsreichen Alltag kann zu einem Verschwinden der Störung führen („aus dem Feld gehen", vgl. Lewin 1928). Dies ist gut nachvollziehbar. Wenn ein anstrengender Job, der mit vielen psychischen und sozialen Herausforderungen verbunden ist für eine Zeit mit dem Verwöhnt- und Umsorgtwerden im Luxushotel oder in der Kurklinik eingetauscht wird, kann das zur vorübergehenden Verbesserung von Störungen wie z.b. Ängsten, Essstörungen, Schlafstörungen oder auch bei psychosomatischen Symptomen führen. Am Alltagsleben ist dadurch allerdings noch nichts verändert und man kann sich vorstellen, dass die Probleme zu Hause schnell wieder auftauchen werden. Gesundheitliche Probleme, deren Entstehung wenig mit den Arbeits- oder Alltagsbedingungen zu tun hat und auch wenig mit unspezifischen Faktoren wie Stress, werden sich vermutlich auch auf der Reise nicht verbessern.

Betrachten wir nun das Konzept von Gesundheit als Leistungsfähigkeit. Hier findet sich eine enge Beziehung zum Thema Urlaub und Reisen. Hinter der Idee, einen gesetzlich geregelten Anspruch auf Erholungsurlaub einzuführen, stand von Beginn an die Absicht, dadurch die Leistungsfähigkeit und die Arbeitskraft der Menschen wieder herzustellen. Derselbe Gedanke steht auch hinter der Rehabilitation und der Kur. Im Urlaub soll der Mensch sich erholen und danach arbeitsfähig und mit frischer Kraft zurückkehren. Das Bild der „leeren Batterien", die im Urlaub wieder mit Energie aufgetankt werden sollen, illustriert die Idee. Der erholte Mensch soll dann wieder stark und fit genug sein, um den Anforderungen des Arbeitslebens gerecht zu werden und möglichst weniger häufig krank zu werden. Gerade aufgrund dieser systemstabilisierenden Funktion, wurde die Institution Urlaub von den Tourismuskritikern stark angegriffen (vgl. hierzu Enzensberger 1958 oder Krippendorf 1984). Dem Urlaub käme eine Ventilfunktion zu, die verhindere, dass sich in einer krankmachenden Gesellschaft etwas verändere, so lautete die Anklage. Der alljährliche Urlaub trage zur Anpassung des Menschen an unmenschliche Gesellschaftsbedingungen bei (vgl. Kap 2.4). Darum sei der Tourismus auch keine Lösung für Probleme, die eigentlich dort gelöst werden müssten, wo sie entstehen, nämlich in den modernen Industriegesellschaften selbst. Die Position, Reise und Urlaub als eine potentielle Quelle persönlicher Gesundheit zu interpretieren, wäre vermutlich als ein unangemessener Transfer gesellschaftlicher Probleme in den individuellen Bereich aufgefasst worden.

Ein weiterer Aspekt der Betrachtung von Urlaub aus der Leistungsperspektive ist der, dass man im Urlaub, in einer fremden Umgebung manches lernen kann, was zu Hause nur schwer möglich ist. Im Bereich des *sozialen Lernens* besteht die Möglichkeit, oder sogar die Notwendigkeit, in die verschiedensten Rollen zu schlüpfen und soziale Verhaltensweisen zu erproben, die zu Hause vielleicht nicht gewagt werden. So mag ein Reisender gezwungen sein, fremde Menschen anzusprechen um wichtige Informationen zu erhalten. Oder er lernt mit einem anderen Menschen zu kooperieren, weil beide aufeinander angewiesen sind. Aber der Urlaub bietet auch einen Freiraum, in dem Fähigkeiten entwickelt werden können, für die zu Hause keine Zeit bleibt. Man kann eine Sportart erlernen, wie Skifahren, Drachenfliegen, Segeln, Surfen oder anderes. Aber auch kreative Fähigkeiten, wie Malen, Töpfern u.ä. können verfeinert werden. Schließlich bieten Studienreisen die Möglichkeit sich auch intellektuell weiterzubilden. Reisende in fremden Kulturen berichten oft, dass sie von der fremden Kultur etwas lernen wollen. Auch die Reise selbst kann zur Leistung werden. „I *made* Europe in ten days", oder ähnliche Aussagen verdeutlichen dies. Man kann große Entfernungen in besonders kurzer Zeit überwinden; man kann ein ungewöhnliches Fortbewegungsmittel benutzen (z.B. Afrika mit dem Fahrrad durchqueren). Man kann besonders verlassene Gegenden aufsuchen, Berggipfel besteigen, sich allein in der Wildnis durchschlagen. Überall hier spielt der Leistungsaspekt eine Rolle.

Nun möchte ich zum Modell von Gesundheit als Gleichgewichtszustand oder Homöostase kommen. Ich möchte das vorhin gesagte kurz wiederholen: In reinen Gleichgewichtsmodellen wird Gesundheit als Harmonie, Stabilität, Ordnung, Ausgeglichenheit und Ruhe verstanden und jede Veränderung von Person oder Umwelt erscheinen zunächst als Gefahr für diesen Zustand. Geht man von einem solchen Modell aus, so wäre ein naheliegender Gedanke, Reisen als eine Gefahr für das innere und äußere Gleichgewicht und damit als eine Gefahr für die Gesundheit zu sehen. Reisen geht schließlich immer mit einer Veränderung der Umwelt einher. Eine Ergänzung der Gleichgewichtsmodelle besagt, dass der gesunde Mensch der ist, der sich nach jeder Veränderung schnell wieder auf den Ruhezustand einpendelt. Der gesunde Reisende wäre also der, der *trotz* der Reise gesund bleibt.

Das Bild ändert sich, wenn wir dynamische Elemente mit einbeziehen und damit zu Fließgleichgewichts- oder Flexibilitätsmodellen kommen. Der gesunde Mensch ist im Rahmen dieser Vorstellung der, dem es gelingt, Störungen aus der Umwelt aktiv zu begegnen und sie zu überwinden. Im Prozess der Bewältigung von Umweltanforderungen verändert sich der Mensch und entwickelt sich weiter. Umweltveränderungen und –risiken erscheinen hier in einem anderen Licht: Sie sind notwendig, weil sie die Entwicklung vorantreiben. Sie vermeiden, dass ein Zustand der Erstarrung und Stagnation eintritt. Ein solcher Zustand wäre nicht gesund, da er keine Veränderung und Entwicklung ermöglicht. Im Rahmen einer solchen Betrachtungsweise erscheinen Reisen und Tourismus als geradezu ideal für die Förderung der Gesundheit. Wo sonst kann man sich schließlich so umfassend, aber dennoch im geschützten Raum, neuen Umweltimpulsen aussetzen, als gerade beim Reisen? Die neue und sich verändernde Umwelt auf der Reise stellt quasi einen kontinuierlichen Entwicklungsanstoß dar. Durch die Auseinandersetzung mit der fremden Umwelt kann der Reisende „wachsen" (vgl. Kap. 3.7). Ein solches dynamische Gesundheitsmodell passt gut zu bestimmten Formen des Reisens: Erlebnisreisen, Abenteuerreisen, Trecking, Bildungsreisen oder auch Sportreisen. Zu anderen Formen des Reisens, oder vielleicht sollte man besser sagen des „Urlaubmachens" passt es jedoch nicht. Der Luxusurlauber im Hotel oder auch der Dauercamper; bei vielen Reisen scheint der Entwicklungsaspekt nicht im Vordergrund zu stehen. Im Gegenteil: im Urlaub möchte man sich entspannen, sucht Ruhe und Verlangsamung, keine Aufregung und Dynamik und lernen will man auch nichts. Für die Erklärung positiver Gesundheitseffekte eines solchen Urlaubs erscheint das homöostatische Modell angemessener: der Mensch, der im Alltag durch unterschiedliche Belastungen aus seinem inneren Gleichgewicht geraten ist, versucht im Urlaub Gleichgewicht und Ruhezustand wiederherzustellen.

Das Konzept von Gesundheit als Anpassung passt wiederum eher zum Flexibilitätsmodell. Gesundheit wird hier als die Fähigkeit verstanden, sich mit der Umgebung angemessen auseinanderzusetzen.

Gesundheit entsteht im Rahmen dieses Modells nicht dort, wo der Mensch sich vor Krankheitsrisiken schützt, sondern erst dort, wo er sich effektiv mit ihnen auseinandersetzt. Auch im Rahmen dieses Modells könnten Reisen, die mit hohen Umweltherausforderungen einher gehen, mit großen Möglichkeiten für die Gesundheit verbunden sein.

Nun komme ich zuletzt zur Konzeption von Gesundheit als Wohlbefinden. Im Rahmen dieser Modellvorstellung trägt all das zur Gesundheit bei, was das individuelle Wohlbefinden fördert. Die Definition ist *rein subjektiv*; alle denkbaren Verhaltens- und Erlebensweisen können hier zur Gesundheit beitragen. Aus dieser Perspektive kann jede Form der Freizeit- und Urlaubsgestaltung positiv für die Gesundheit sein, wenn sie zum individuellen Wohlbefinden beiträgt. Egal ob eine Person ihren Urlaub zu Hause verbringt, ob sie eine Weltreise macht oder ob sie durch Asien trampt, ob sie im Ferienclub Sport treibt und neue Leute kennenlernt oder im Luxushotel den Service und das Essensbuffet genießt, ob sie im Ashram in Indien meditiert ... all das kann die Gesundheit fördern, wenn es zum Wohlbefinden beiträgt. Eine Reise, die das Wohlbefinden fördert ist gesund, ein Urlaub der dies nicht tut ist nicht gesund. Darüber was zum Wohlbefinden beitragen kann und wie dies geschieht, sagt das Modell nichts aus. Prinzipiell ist alles denkbar, solange es der Person gut dabei geht. Selbst objektive Gefahren und Risiken sind gesund, wenn sie das Wohlbefinden steigern.

Betrachtet man die verschiedenen Perspektiven im Rückblick, so kann festgehalten werden, dass je nach theoretischem Hintergrund und dem dahinter stehenden Menschenbild, ganz unterschiedliche Aspekte des Reisens die Gesundheit fördern oder gefährden können. Das Erlebnis, die Spannung, die Bewältigung ungewöhnlicher Situationen, die außergewöhnliche Erfahrung, aber auch die Ruhe, die Entspannung, die erlebte Geborgenheit im Kreise von Freunden oder Familie; was als wie gesund eingeschätzt wird hängt nicht zuletzt vom Modell von Gesundheit ab, auf welches wir uns beziehen.

Im Rahmen dieses Beitrags soll kein bestimmtes Modell bevorzugt werden (Flexibilitäts- und Entwicklungsmodelle spiegeln jedoch am ehesten meine eigene Auffassung von Gesundheit wider). Im Rahmen der Interviews sollte jedoch zunächst versucht werden, das zu erarbeiten, was die befragten Reisenden selbst als wichtig für ihre Gesundheit betrachten.

3.9 Modelle der Gesundheitspsychologie

Neben umwelt-, sozial- und tiefenpsychologischen Überlegungen sind Gedanken aus der Gesundheitspsychologie (Kap. 3.8) in die anschließend dargestellte Untersuchung eingeflossen. Dies betrifft vor allem die Idee, neue, ganzheitliche Modelle von Gesundheit zu berücksichtigen und die Bedeutung von Tourismus und Reisen vor diesem Hintergrund zu betrachten. Wie bereits dargestellt (vgl. Kap. 3.8) hat sich die Vorstellung davon, was Gesundheit ist, in der letzten Zeit stark verändert und erweitert (vgl. Def. WHO, 1989, Kap. 3.8). So betont etwa die *WHO* (1989 a, 1989 b), dass als Voraussetzung für Gesundheit auch *angemessene Wohnbedingungen* und *Chancengleichheit bei Beruf und Bildung* anzustreben wären. Nur so könnten auf Dauer *gesundheitsförderliche Lebenswelten* entstehen. Für diese Erweiterung im Verständnis von Gesundheit sind nach *Schwenkmetzger* und *Schmidt* (1994) vor allem die folgenden Entwicklungen verantwortlich:

1. Die *Aktivitäten der WHO mit ihren Formulierungen von Gesundheitsutopien* haben zu einem umfassenden Verständnis von Gesundheit geführt. Dabei kam es zu einer Ablösung der Idee von Gesundheit als bloßer Abwesenheit von Krankheit zugunsten breiterer Konzepte.
2. Die *Krankheits- und Todesursachen haben sich verändert*. Während zu Beginn des 20. Jahrhunderts noch die Infektionskrankheiten eindeutig im Vordergrund standen, leiden heute die meisten Menschen an chronisch-degenerativen Erkrankungen. Diese Erkrankungen werden zum einen durch eine ungesunde Lebensführung gefördert, zum anderen durch Beeinträchtigungen des Immunsystems, die auch durch bestimmte externer Reize begünstigt werden.
3. Den *Paradigmenwechsel* (vgl. Kap 3.8) in den Gesundheitswissenschaften. Das biomedizinische Gesundheitsmodell wurde in den 80er und 90er Jahren des 20. Jahrhunderts zunehmend durch andere Aspekte ergänzt. Dazu gehören vor allem die Betrachtung des *sozialen* und *physischen Umfeldes* sowie Aspekte der *Lebensqualität* mit ihrer *subjektiven Komponente*.
4. Darüber hinaus haben die *anwachsenden Kosten im Gesundheitssystem* zu der Überlegung geführt, dass eine ausschließlich

kurative Medizin auf Dauer nicht finanzierbar ist. Durch eine stärkere präventive Gesundheitsförderung hingegen könnten langfristig Kosten eingespart werden.

Im Rahmen dieser Arbeit wurden vier Modellvorstellungen von Gesundheit berücksichtigt. Sie beschäftigen sich mit der Beschreibung, Analyse, Erklärung oder auch der Vorhersage des gesundheitlichen Befindens einer Person (vgl. Dlugosch 1994, S. 101). Sie sollen Im Folgenden kurz skizziert werden.

3.9.1 Das Modell der Salutogenese von Antonovsky

Antonovsky leistete Pionierarbeit auf seinem Gebiet. Er war der Ansicht, dass ebenso, wie versucht würde, die Entstehung von Krankheit zu erforschen, versucht werden müsse, die Entstehung und Aufrechterhaltung von Gesundheit zu untersuchen (vgl. Kap. 3.8). So müsse man sich etwa fragen, warum viele Menschen trotz widriger Umstände gesund bleiben. Antonovsky (1979) versuchte diese Frage in seinem *Salutogenesemodell* zu erklären (siehe Abb. 3.9.1). Gesundheit und Krankheit sind für Antonovsky keine von einander zu trennenden Zustände, sondern bilden die Pole einer Dimension. Auf einem solchen Gesundheits- Krankheitskontinuum bewegt sich jeder Mensch kontinuierlich in die eine oder andere Richtung. Kernstücke des Modells sind zum einen die *generalisierten Widerstandsquellen*, zum anderen der *Kohärenzsinn*. Die *generalisierten Widerstandsquellen* wirken sich fördernd auf den Umgang mit Belastungen aus und begünstigen die Entstehung des *Kohärenzsinns*. Der *Kohärenzsinn* besteht zum einen aus einem Vertrauen in die Verständlichkeit und Vorhersagbarkeit von Ereignissen (*comprehensability*) und in die eigenen Fähigkeiten die Anforderungen von Ereignissen zu bewältigen (*manageability*), zum anderen aus Freude am Leben und der emotionalen Bedeutung von Ereignissen (*meaningfulness*). Ein stark ausgeprägter *Kohärenzsinn* wirke sich positiv auf die Gesundheit eines Individuums aus.

3.9.2 Das interaktionistische Anforderungs-Ressourcen-Modell der Gesundheit (Becker 1992)

Dieses integrative Modell beschreibt Gesundheit als Resultierende aus den Wechselwirkungen zwischen Anforderungen und Ressourcen der Umwelt einerseits und der Person andererseits (siehe Abb. 3.9.2). Ein ähnliches Konzept liegt auch dem Belastungs-Bewältigungsansatz von Lazarus & Launier (1978, vgl. Kap. 3.1) zugrunde. Gesundheit entsteht danach dort, wo es dem Individuum gelingt den inneren und äußeren Anforderungen mit Hilfe der eigenen Ressourcen gerecht zu werden. Wo die Anforderungen zu hoch sind, bzw. die Ressourcen nicht ausreichend vorhanden, wird die Entstehung von Krankheit begünstigt. Anforderungen und Ressourcen gibt es sowohl in der Umwelt als auch in der eigenen Person. Ein Kernstück des Modells ist die *seelische Gesundheit*, die Becker (1982, 1985, 1992) als die Fähigkeit definiert, *interne und externe Anforderungen zu bewältigen*.

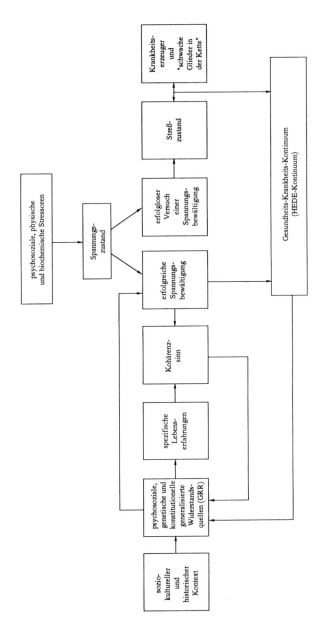

Abb.3.9.1.1: Die Gesundheitstheorie von Antonovsky (nach Dlugosch 1994)

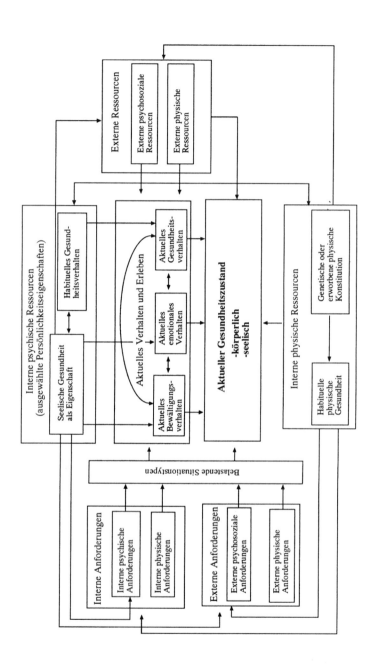

Abb. 3.9.2.1: Interaktionistisches Anforderungs-Ressourcen-Modell der Gesundheit (Becker 1992, S.69)

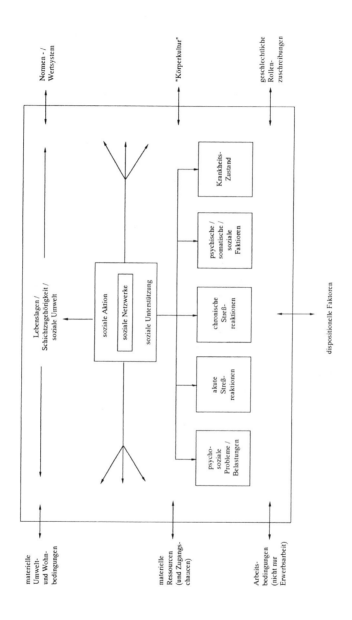

Abb. 3.9.3.1: Sozialepidemiologisch-ökologisches Modell gesundheitsbeeinflussender Faktoren (Trojan & Hildebrandt 1989, S. 100)

3.9.3 Das sozialepidemiologisch-ökologische Modell gesundheitsbeeinflussender Faktoren von Trojan und Hildebrandt (1989)

Im Rahmen dieses Modells wird Gesundheit vor allem auf *externe Faktoren* zurückgeführt (siehe Abb. 3.9.3). Im Vordergrund steht der Einfluss sozio-kultureller, ökologischer und ökonomischer Faktoren. Im Zentrum steht dabei das Unterstützungspotential *sozialer Netze*. Das soziale Umfeld spielt hier eine entscheidende Rolle für die Entstehung und Aufrechterhaltung von Gesundheit. Allerdings befasst sich das Modell nur mit der Entstehung negativer Aspekte, wie Stress, Problemen oder somatischen Beschwerden und nicht damit, wie Gesundheit, Wohlbefinden und Zufriedenheit etc. entstehen. Vorteil dieses Modells ist dass, im Gegensatz zu vielen anderen Konzepten, nicht ausschließlich das Individuum im Zentrum des Interesses steht, sondern gerade der Bedeutung der Umwelt für die Entstehung von Krankheit Rechnung getragen wird.

3.9.4. Merkmale von Gesundheit im Sinne einer biopsychosozialen Ganzheitsbetrachtung (Kunzendorff)

Kunzendorff betont die Notwendigkeit, die *psychosozialen Determinanten* von Lebensqualität und Gesundheit mit ein zu beziehen. Er erarbeitete verschiedene Merkmale und Dimensionen für eine *ganzheitliche Betrachtung der Gesundheit*. Diese Überlegungen sind in der folgenden Tabelle abgebildet. Sie sind maßgeblich in die Formulierung des Interviewleitfadens der Untersuchung eingeflossen.

Dimensionen:	Gesundheitsmerkmale:	
	psychische Gesundheit	somatische Gesundheit
I Grad der sozialen Integration und der sozialen Kompetenz	- Eingebundensein in soziale Gruppen und Netzwerke ("Beziehungsreichtum") - Erfüllen sozialer Normen und Rollen bei eigener Zielsetzung - Balance zwischen Umweltanforderungen und Handlungsmöglichkeiten (Umweltkontrolle)	- Leistungsfähigkeit in adäquater Relation zu beruflichen Anforderungen und Lebensereignissen - hohe Belastungstoleranz
	- *erfolgreiche Lebensbewältigung* -	
II positives versus (vs.) negatives Selbstkonzept	- Bejahung der eigenen Person ("Ich-Stärke") - Selbstaktualisierung - Vertrauen in die eigenen Fähigkeiten - subjektive Wirklichkeit als verstehbar und beeinflußbar auffassen	- Bejahung des eigenen Körpers - "Körperkultur" - angemessene Bewertung somatischer Veränderungen
	- *Selbstverwirklichung* -	
III positive versus negative Befindlichkeit	- psychisches Wohlbefinden - Dominanz positiver Emotionen - realistische Attribuierung von funktionellen Einschränkungen - Genußfähigkeit	- körperliches Wohlbefinden - Kompensation von Leistungseinbußen
	- *Zufriedenheit mit aktuellem Zustand* -	
IV Allgemeine Aktivierung und organismische Regulation	- selektive, bedürfnisorientierte soziale Aktivität - Stabilität und Flexibilität psychischer Prozesse und Funktionen - Lernfähigkeit, Kreativität - gesundes Sexualverhalten	- psycho-physische Aktivität (Vitalität) - Leistungsbereitschaft - regulative Adaptabilität (Stress-Bewältigung) - hohe Widerstandsfähigkeit (z.B. Immunkompetenz) - physisches Gesundheitspotential
	- *psycho-physische Adaptation* -	
V positives versus negatives Gesundheitsverhalten	- anforderungsgerechte Anwendung von Gesundheitsnormen - gesundheitsförderlicher selbstverantworteter Lebensstil - relative Kontrolle individueller Risiken - präventives Verhalten	- trainierte Körperfunktionen - Gesundheit als steigerbarer Prozeß - Leben mit somatisch eingeschränkter Gesundheit
	- *geringes Krankheitsrisiko* -	

Tab. 3.9.4.1: **Dimensionen und Merkmale der Gesundheit im Rahmen einer biopsychosozialen Ganzheitsbetrachtung (Kunzendorff 1993)**

4 Methoden

In den folgenden Kapiteln soll auf das methodische Vorgehen der Untersuchung eingegangen werden.

4.1 Einleitung: Qualitative Sozialforschung

Die qualitative Forschung beruft sich eigentlich auf eine lange Tradition; ihre Wurzeln lassen sich bis zu den Anfängen menschlichen Denkens zurück verfolgen (vgl. Kleining 1995, S. 29 f, Mayring 1990, S. 3 f). Dennoch kann man sagen, dass sie in den Sozialwissenschaften vor allem in den letzten Jahrzehnten eine positive Neubewertung, als Ergänzung zum dominierenden quantifizierenden Paradigma, erfahren hat. Es gibt viel Literatur zu den Möglichkeiten und Grenzen beider Forschungsparadigmen, worauf ich hier jedoch nicht eingehen kann (vgl. hierzu z.B. Flick et al. 1995; Flick 1996; Kleining 1995; Lamnek 1995 oder Mayring 1990). Anstatt dessen soll versucht werden, kurz die besonderen Kennzeichen qualitativer Forschung zu skizzieren.

Häufig wird behauptet, dass qualitative Methoden vorwiegend in der *explorativen* und kreativen Phase der Forschung zum Einsatz kommen könnten; quantitative Methoden hingegen wären vor allem in der *kritischen* (hypothesentestenden) Phase geeignet (vgl. z.B. Forgas 1995, S. 288). Andere Autoren sind hingegen der Meinung, dass beide Herangehensweisen sowohl in der explorativen als auch in der kritischen Phase im Forschungsprozess zum Einsatz kommen können (vgl. z.B. Kleining 1995; Strauss & Corbin 1996).

Ich möchte Im Folgenden, in Anlehnung an Mayring (1990), die Grundlagen und die „13 Säulen qualitativen Denkens" (Mayring 1990, S. 13 ff) darstellen. Diesen Forderungen an qualitative Forschung möchte ich mich im Rahmen dieser Arbeit verpflichten und an späterer Stelle aufzeigen (Kap. 5.1), wie ich versucht habe, diesen Grundanforderungen gerecht zu werden.

Mayring formuliert zunächst, basierend auf den Gemeinsamkeiten verschiedener qualitativer Ansätze, *fünf Grundsätze qualitativen Denkens*. Sie decken sich in vielem mit den Forderungen, die auch eine *transaktionale Perspektive* (z.B. Werner & Altman 1998, vgl.

Kap. 3.2) an die Forschung stellt. Diese fünf „Postulate" sollen nun kurz vorgestellt werden.

4.1.1 Die Subjektbezogenheit

„Gegenstand humanwissenschaftlicher Forschung sind immer Menschen, Subjekte. Die von der Forschungsfrage betroffenen Subjekte müssen Ausgangspunkt und Ziel der Untersuchung sein." (Mayring 1990, S. 9)

Häufig passiert es, dass sich die Forschung entweder durch extrem vorstrukturierte Erhebungsmethoden oder aber durch feste theoretische Vorannahmen, die zum Teil noch nicht einmal expliziert werden, von Anfang an weit vom Alltagsbewußtsein der Subjekte entfernt und schließlich Ergebnisse hervorbringt, die nichts mehr mit dem Verständnis der Menschen, um die es eigentlich geht, zu tun haben. Dem stellt sich die qualitative Forschung entgegen, indem sie immer am *konkreten Einzelfall* ansetzt und von diesem Ausgangspunkt an schrittweise nach Verallgemeinerung sucht. Wichtig ist dabei, allgemeine Aussagen immer wieder an Einzelfälle zurück zu binden, um zu gewährleisten, dass diese in der Verallgemeinerung, der Theorie, hinreichend repräsentiert sind.

4.1.2 Die Deskription

„Am Anfang jeder Analyse muss eine genaue und umfassende Beschreibung (Deskription) des Gegenstandsbereiches stehen." (Mayring 1990, S. 11)

Ausgangspunkt jeglicher Forschung muss die genaue *Beschreibung* des interessierenden Gegenstandsbereiches sein. „Zu den Sachen selbst" (Husserl 1859-1938) lautet die Forderung, die hinter dieser Überlegung steht. Dabei wird die umfassende Beschreibung eines Themenfeldes am besten durch die Einbeziehung von Daten aus verschiedenen Quellen ermöglicht (z.B. Interviews und Beobachtung etc.).

4.1.3 Die Interpretation

„Der Untersuchungsgegenstand der Humanwissenschaften liegt nie völlig offen, er muss immer auch durch Interpretation erschlossen werden." (Mayring 1990, S.11)

Hier kommt die *Hermeneutik* ins Spiel. Die Hermeneutik hat von Anfang an darauf hingewiesen, dass alles, was der Mensch hervorbringt, mit *subjektiven Bedeutungen* und Absichten behaftet ist. Diese Bedeutungen müssen durch Interpretation erschlossen werden. Gleiche Inhalte können für verschiedene Untersuchungsteilnehmer, für einen Untersuchungsteilnehmer und den Forscher, aber ebenso für verschiedene Forscher ganz Unterschiedliches bedeuten. Es geht dann darum, den *gemeinten Sinn der Äußerungen* einer Untersuchungsperson interpretativ zu erschließen.

4.1.4 Die alltägliche Umgebung

„Humanwissenschaftliche Gegenstände müssen immer möglichst in ihrem natürlichen, alltäglichen Umfeld untersucht werden." (Mayring 1990, S.11)

Hierbei geht es um die *Alltagsnähe* sozialwissenschaftlicher Forschung. Da humanwissenschaftliche Phänomene stark von der jeweiligen Umwelt und Situation abhängig sind, ist es in vielen Fällen schwierig, Ergebnisse, die z.B. im Labor erzielt wurden, auf das Alltagsleben der Menschen zu übertragen. Da Umwelt und Person bei vielen Phänomenen stark wechselseitig voneinander abhängig sind, bietet sich eine Forschungsstrategie an, die dort ansetzt, wo die interessierenden Phänomene stattfinden. Dies ist in der Regel das Lebensumfeld der Menschen, über die Erkenntnisse gewonnen werden sollen.

4.1.5 Der Verallgemeinerungsprozess

„Die Verallgemeinerbarkeit der Ergebnisse humanwissenschaftlicher Forschung stellt sich nicht automatisch über bestimmte Verfahren her; sie muss im Einzelfall schrittweise begründet werden." (Mayring 1990, S. 12)

Menschliches Handeln ist in hohem Maße *umweltabhängig*, d.h. an die soziale und physische Situation gebunden, in der es stattfindet. Darüber hinaus wird es durch individuelle Bedeutungen gesteuert. Darum sind sozialwissenschaftliche Ergebnisse auch nicht durch die Anwendung bestimmter Techniken, wie z.b. der Ziehung einer repräsentativen Stichprobe, automatisch verallgemeinerbar. Verallgemeinerbarkeit der Forschungsergebnisse muss im qualitativen Denken immer im spezifischen Fall begründet sein. Die Annahme, dass einmal erarbeitete Ergebnisse auch zu anderen Zeiten und an anderen Orten Gültigkeit haben, muss argumentativ begründet werden.
Mayring versucht nun in einem nächsten Schritt aus diesen fünf abstrakten Grundsätzen qualitativer Sozialforschung konkrete Handlungsanweisungen abzuleiten, die das qualitative wissenschaftliche Arbeiten lenken sollen. Diese Handlungsanweisungen nennt er die „13 Säulen qualitativen Denkens". Sie sollen Im Folgenden erläutert werden.

1. Die Einzelfallbezogenheit: Auch wenn wissenschaftliches Denken in der Regel das Ziel hat Aussagen zu machen, die über den Einzelfall hinaus gehen, ist es dennoch wichtig a) die Datenanalyse beim Einzelfall zu beginnen und b) die Ergebnisse immer wieder an Einzelfällen zu überprüfen, um zu gewährleisten, dass diese noch zutreffend durch das Gesamtergebnis repräsentiert werden. Die Ergebnisse können sich zum Zweck der Verallgemeinerung von den Einzelfällen weg bewegen; sie müssen aber anschließend wieder auf diese bezogen werden. Solche *Fallanalysen* können bei jeder Form von Forschung eine korrektive Funktion übernehmen.

2. Die Offenheit: Mit Offenheit ist gemeint, dass weder theoretische noch methodische Vorannahmen *den Blick für neue Entdeckungen versperren* dürfen. Es ist wichtig vor Beginn der Untersuchung Vorwissen oder auch *Vorannahmen*, Hypothesen, zu *explizieren*. Wenn sich jedoch im Untersuchungsverlauf neue wichtige Aspekte ergeben, oder wenn sich herausstellt, dass gewisse Vorannahmen unangemessen sind, muss dies unbedingt aufgenommen und im weiteren Forschungsprozess berücksichtigt werden. Geschieht dies nicht, so besteht die Gefahr, dass an den wichtigsten Aspekten eines Phänomens vorbei geforscht wird. Neben der Offenheit bzgl. theoretischer Annahmen, ist es ebenso wichtig, methodische Veränderungen vorzunehmen, wenn der Untersuchungsgegenstand dies erforderlich macht.

3. Die Methodenkontrolle: Die Methoden der Erkenntnisgewinnung sollten immer wieder kontrolliert werden. Es muss explizit gemacht werden, wie die Ergebnisse erzielt worden sind. Der Prozess des Erkenntnisgewinns muss transparent und nachvollziehbar sein. Für die Leser eines Forschungsberichtes muss nicht nur klar sein, was das Ergebnis ist, sondern auch, wie es zu diesem Ergebnis gekommen ist. Dafür muss der Forschungsprozess genau beschrieben werden, Zwischenergebnisse sollen dokumentiert werden, und Entscheidungen, z.B. die einer Richtungsänderung im Forschungsprozess, sollen begründet sein.

4 Das Vorverständnis: Der Forscher geht nie ohne jegliches Vorwissen, ohne einen gewissen Standpunkt, an einen Untersuchungsgegenstand heran. Wichtig ist, dass er dieses Vorwissen expliziert, da seine Interpretation der Daten immer *wesentlich von diesem Vorwissen beeinflusst sein wird.* Darum muss dieses *Vorverständnis*, das zum einen aus *theoretischem Wissen* über den Untersuchungsgegenstand besteht, zum anderen aber auch durch *persönliche Erfahrungen* geprägt ist, offengelegt werden, damit es anschließend, im Verlauf der Dateninterpretation überprüft und erweitert werden kann. Dieses Vorgehen entspricht dem, was als eine *hermeneutische Spirale* bezeichnet wird (vgl. hierzu auch Kap. 7.4).

5. Die Introspektion: Der Introspektion, der Analyse des eigenen Fühlens, Denkens und Handelns kommt im Rahmen qualitativer Forschung eine *besonders wichtige Rolle beim Erkenntnisgewinn* zu. Dies war bereits zu Beginn der Geschichte der Psychologie als selbständiger Wissenschaft so. Die bald einsetzende naturwissenschaftliche Orientierung und die behavioristische Bewegung in der Psychologie, mit ihrem Fokus auf *beobachtbarem Verhalten*, ließen sie jedoch bald aus dem Kanon wissenschaftlich anerkannter Datengewinnungsverfahren fast verschwinden. Im Rahmen der naturwissenschaftlich-behavioristisch geprägten Psychologie des 20. Jahrhunderts war die Introspektion als Methode des Erkenntnisgewinns äußerst umstritten. Zu Beginn des letzten Jahrhunderts schon zeichnete sich die Polarität *Introspektion versus Behaviorismus* ab. Kleining (1999, S. 4) stellt die Positionen der Protagonisten zu Beginn dieser Auseinandersetzung gegenüber: Titchener (1912) behauptete, dass Introspektion die eigentliche psychologische Methode sei. Er war der Meinung, dass alle Daten, damit sie psychologisch würden, vor dem Hintergrund der Introspektion interpretiert werden müssten. Watson (1913) hingegen wies die Introspektion generell zurück. Psychologie aus Sicht des Behavioristen sei ein rein objektiver, experimenteller Zweig der Naturwissenschaft, die Methode der Wahl sei die Verhaltensbeobachtung.

Die erkenntnistheoretische Positionierung der Psychologie in den Naturwissenschaften führte dazu, dass die Introspektion seit den 50er Jahren schließlich völlig aus der akademischen Psychologie verschwand. Kleining betont den Zusammenhang zwischen wissenschaftsideologischem Klima und der Erwünschtheit bestimmter Methoden. In der Psychologie zeige sich derzeit eine gewisse Offenheit gegenüber nicht-behavioristischen Verfahren, was eine gute Voraussetzung für eine Erneuerung der Methode der Introspektion sei.

Im Rahmen der qualitativen Forschung wird die Introspektion als sehr wichtig angesehen; ohne sie sei letztlich die geforderte Explikation des Vorverständnisses und die interpretative Erschließung eines Gegenstandes nicht möglich.

6. Die Interaktion zwischen Forscher und Gegenstand: Forschung ist immer auch unter einer zeitlichen Perspektive zu betrachten. Sowohl der Gegenstand des Interesses als auch der Forscher verändern sich im Verlauf des Forschungsprozesses. Es findet eine Interaktion zwischen Gegenstand und Forscher statt, in deren Verlauf sich beide kontinuierlich verändern. Forschung darf also nicht als statisch angesehen werden, vielmehr handelt es sich um einen *dynamischen Prozess*. Die Daten werden durch Kommunikationsprozesse gewonnen, sie enthalten subjektive Bedeutungen, die in der Interaktion entstehen und zwar sowohl beim Untersuchungsteilnehmer als auch beim Forscher. Qualitative Forschung entsteht durch den Dialog und nicht durch das Registrieren angeblich objektiver Gegenstandsmerkmale.

7. Die Ganzheit: Im qualitativen Denken wird die *Ganzheitlichkeit* des Menschen betont. Es geht weniger darum, verschiedene Aspekte analytisch voneinander zu trennen, als darum, umfassende *Bedeutungsstrukturen* zu erfassen. Ist ein analytisch zergliederndes Vorgehen nötig, so kommt es darauf an, in jedem Falle die Einzelergebnisse wieder zusammenzuführen, um ein umfassenderes Bild zu erstellen und eine *Reinterpretation* durchzuführen. Dieses holistische Denken in der Psychologie wurde vor allem durch die *Gestaltpsychologen* (Wertheimer, Köhler, Koffka) geprägt, deren Idee vielleicht am besten im *Gesetz der Übersummativität* („Das Ganze ist mehr als die Summe seiner Teile") zum Ausdruck kommt.

8. Die Historizität: Die Historizität bezieht sich auf die *zeitlichen Eigenschaften aller Phänomene* und ihre Einbettung in bestimmte historische Epochen. Der geschichtliche Hintergrund und die Veränderungsprozesse müssen in der sozialwissenschaftlichen Forschung Berücksichtigung finden. Humanwissenschaftliche Gegenstände haben immer eine Geschichte, deren Einfluss betrachtet werden muss. Darum ist bei Verallgemeinerungen, die über einen spezifischen zeitlichen Forschungskontext hinausgehen, Sorgfalt geboten. Zusammenhänge, die z.B. in den 50er Jahren des 20. Jahrhunderts bedeutungsvoll waren, müssen heute nicht mehr zutreffen.

9. Die Problemorientierung: Die qualitative Forschung kennt (ebenso wie die Umweltpsychologie) keine strikte Trennung zwischen Grundlagenforschung und anwendungsorientierter Forschung. Vielmehr wird gefordert, dass die Forschung *direkt an den interessierenden Problemstellungen ansetzt*. Die Qualität der Ergebnisse soll vor allem an ihrer *Praxisrelevanz* gemessen werden, d.h. inwieweit aus ihnen sinnvolle Handlungshinweise für die Praxis abgeleitet werden können. Eine völlig vom Kontext abgehobene reine Grundlagenforschung (z.B. im Labor) erscheint gerade auch aus der Perspektive der oben beschriebenen Überlegungen (Historizität, Ganzheit) als schwierig.

10. Die Argumentative Verallgemeinerung: Die Ergebnisse human- und sozialwissenschaftlicher Forschung besitzen zunächst nur für den Ausschnitt des sozialen Lebens Gültigkeit, innerhalb dessen sie gewonnen worden sind. Eine Theorie z.B., die auf der Grundlage von Forschungsdaten in Berlin im Jahr 2000 entwickelt worden ist, muss nicht automatisch in Hamburg im Jahr 2010 ebenso gelten. In vielen Fällen jedoch kann eine Verallgemeinerung durchaus angemessen sein. Dies ist aber nicht selbstverständlich, sondern muss argumentativ begründet werden. Dabei ist explizit dazu Stellung zu nehmen, auf welche Situationen, Bereiche oder Zeiten hin generalisiert werden kann.

11. Die Induktion: Qualitative Forschung ist vorwiegend *induktiv*. Das heißt, dass aus Einzelbeobachtungen schrittweise weitreichendere Zusammenhangsmuster erschlossen werden. Dies steht im Gegensatz zum Ideal des *deduktiven Schließens*, das im Rahmen naturwissenschaftlich-quantitativer Forschung die herausragende Rolle einnimmt. Das induktive Schließen muss jedoch auch immer wieder auf seine Gültigkeit hin überprüft werden. Dazu eignet sich besonders die oben schon beschriebene Orientierung am Einzelfall. Zusammenhangsmuster müssen also immer wieder an Einzelfällen überprüft werden, um ihre Gültigkeit zu gewährleisten.

12. Der Regelbegriff: Wie aus den bisherigen Überlegungen hervorgeht, ist es wenig sinnvoll, nach Gesetzen zu suchen, die unabhängig vom räumlichen und zeitlichen Kontext allgemeine Gültigkeit haben. Anstatt dessen erscheint ein *Regelbegriff* realitätsangemessener zu sein (vgl. z.B. Girtler 1984). Der Regelbegriff geht davon aus, dass Menschen nicht automatisch und uniform auf die ein oder andere Weise reagieren, sondern dass sich allenfalls gewisse *Regelmäßigkeiten im Erleben, Fühlen und Handeln* feststellen lassen.

13. Die Quantifizierbarkeit: Auch im qualitativen Paradigma haben sinnvolle Quantifizierungen ihren Platz. Dies gilt vor allem dann, wenn es um die Verallgemeinerung von qualitativ erarbeiteten Ergebnissen geht. Hier können quantitative Analysen durchaus sinnvoll zur Unterstützung und Überprüfung von Ergebnissen eingesetzt werden.

Dies sind die wichtigsten Überlegungen und Leitlinien, die qualitatives Arbeiten *allgemein betrachtet* kennzeichnen. Innerhalb der qualitativen Forschung gibt es nun jedoch eine Vielzahl unterschiedlicher Forschungsstrategien, Erhebungsmethoden und Datenanalysemethoden. Hier soll jeweils das ausgewählt werden, was für eine interessierende Fragestellung den größten Erkenntnisgewinn verspricht. Im Rahmen dieser Untersuchung wurden die Überlegungen der *Grounded Theory* (z.B. Strauss & Corbin 1996) zum einen als Forschungsstrategie und zum anderen als Datenanalysemethode gewählt. Die Datenerhebung erfolgte durch *problemzentrierte Interviews* (vgl. Witzel 1985) und ergänzend durch *introspektive Feldnotizen*, die im Rahmen teilnehmender Beobachtungen gewonnen wurden.

4.2 Grounded Theory als Forschungsstrategie

Im Rahmen der Grounded Theory wurden nicht nur spezielle Methoden zur Datenanalyse entwickelt, sondern auch weitreichende Überlegungen zur *Planung und Gestaltung des Forschungsprozesses insgesamt* angestellt. Diese Ansätze stehen in engem Zusammenhang zu den Forderungen an qualitative Forschung allgemein (vgl. Kap. 4.1).

Besonderheiten im qualitativen Forschungsprozess lassen sich auch bei der Planung einer Gesamtuntersuchung gut im Vergleich zur quantitativen Forschung darstellen. Während dort der Forschungsablauf in eine *lineare Abfolge* konzeptioneller, methodischer und empirischer Schritte aufgefächert werden kann, ist bei der qualitativen Forschung eine größere *wechselseitige Abhängigkeit* einzelner Forschungsschritte vorhanden (vgl. Flick 1996, S. 56). Das bedeutet, dass im Gegensatz zur quantitativen Forschung der Untersuchungsablauf bei der qualitativen Forschung nicht unbedingt im Voraus eindeutig feststeht, sondern dass, wenn die bisherigen Daten dies nahelegen, durchaus eine andere Richtung eingeschlagen werden kann, als zuvor geplant. Nach jeder Erhebung, kann neu überlegt werden, was sinnvollerweise als nächstes erhoben werden sollte. Entscheidend bei der Auswahl der Untersuchungsobjekte ist deren Relevanz für das Thema und nicht Repräsentativität. Diese Form der Auswahl wird *theoretisches sampling* genannt. Es ersetzt die Stichprobentechniken in der quantitativen Forschung. Im quantitativen Forschungsprozess konstruiert der Forscher ein *Modell*, das die vermuteten Zusammenhänge auf der Grundlage seines theoretischen Vorwissens beschreibt. Daraus leitet er *Hypothesen* ab, die anschließend empirisch überprüft werden (vgl. Flick 1996). Dies

geschieht an einer *repräsentativen Stichprobe*, wodurch die Verallgemeinerbarkeit der gefundenen Zusammenhänge gewährleistet werden soll.
Im Gegensatz dazu, wird im qualitativen Forschungsprozess induktiv vorgegangen, d.h. auf der Grundlage des theoretischen Vorwissens werden Einzeldaten erhoben und Schritt für Schritt zusammengesetzt, bis auf dieser Grundlage eine *Theorie* entstanden ist, die den Untersuchungsgegenstand beschreibt. Erhoben wird dabei solange, bis die sog. *theoretische Sättigung* (vgl. z.B. Strauss & Corbin 1996) erreicht ist, d.h. bis keine wesentlichen neuen Aspekte des Phänomens mehr auftauchen. Im Denken der qualitativen Forschung und speziell im Denken der Grounded Theory soll *dem Feld, der Empirie*, Vorrang vor den Methoden eingeräumt werden. Auf diesem Wege kann es zu den oft zitierten „Entdeckungen" kommen, d.h. dazu, dass Neues entsteht.
Aus diesem Grund ist qualitative Forschung auch immer dann von besonderem Wert, wenn es darum geht, *vertraute Denkmodelle in Frage zu stellen* und innovative Ansätze für Forschung oder Praxis zu entwickeln. Am Anfang des qualitativen Forschungsprozesses wird die Fragestellung auf der Grundlage theoretischer Überlegungen umrissen, ihre Struktur wird jedoch nicht ex ante festgelegt. Auf eine a priori Hypothesenbildung wird verzichtet. Ziel des Vorgehens mit der Grounded Theory ist das Erarbeiten einer Theorie, die den Gegenstand, so wie er sich dem Forscher zu einem bestimmten Zeitpunkt darstellt, so gut wie möglich beschreibt. Wichtig ist dabei die Annahme, dass jede Theorie immer nur eine *Version der Wirklichkeit* darstellt.

„Theorien sind demnach nicht (richtige oder falsche) Abbildungen gegebener Fakten, sondern Versionen oder Perspektiven, in denen die Welt gesehen wird. Theorien als Versionen haben darüber hinaus den Charakter der Relativität und Vorläufigkeit, die durch die Weiterentwicklung der Version – etwa durch die zusätzliche Interpretation neuen Materials – zu einer zunehmenden Gegenstandsbegründetheit führen. Dabei wird der Ansatz von Glaser und Strauss zu einem Instrument zur empirisch begründeten Formulierung und Reformulierung solcher Versionen der Welt." (Flick 1996, S.60)

In der folgenden Abbildung sollen die Stationen des Forschungsprozesses in einem *linearen Modell* (wie in der quantitativen Forschung üblich) und in einem *zirkulären Modell* (wie es im qualitativen Paradigma vorherrscht) gegenübergestellt werden.

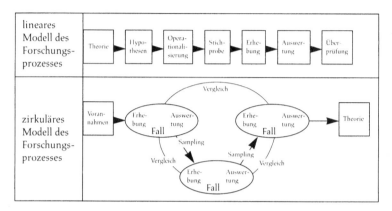

Abb. 4.2.1: Prozessmodelle und Theorie (nach Flick 1996, S. 61)

4.3 Die Erhebung

Im Rahmen der Untersuchung wurde mit Hilfe von zwei verschiedenen Datenerhebungsmethoden gearbeitet. Zum einen kamen problemzentrierte Interviews zum Einsatz. Die problemzentrierten Interviews mit Reisenden aus den zwei verschiedenen Milieus stellen den *Kernbereich der Dateninterpretation* dar (vgl. auch Kap. 5.1). Darüber hinaus wurden *zwei teilnehmende Beobachtungen* durchgeführt, eine auf einem Campingplatz auf Rügen und eine andere im Travellermilieu in Indien. Außerdem wurden ergänzend zwei Experteninterviews durchgeführt. Die Datenerhebungsmethoden sollen Im Folgenden kurz skizziert werden.

4.3.1 Problemzentrierte Interviews

In der hier darzustellenden Untersuchung wurden problemzentrierte Interviews in Anlehnung an Witzel (1985) durchgeführt. Dabei handelt es sich um ein teilstrukturiertes Verfahren, das geeignet ist, Erzählungen zu unterstützen, in denen der Interviewpartner, frei von

Vorgaben durch den Interviewer seinen eigenen *Erzählstrang* entwickelt. Es ermöglicht durch die Vorgabe von Themen und durch die Möglichkeit, spezielle Fragen zu stellen aber auch, dass das Gespräch immer wieder auf die interessierenden Themen geleitet werden kann.

Im Gegensatz etwa zum *narrativen Interview*, tritt der Forscher im problemzentrierten Interview bereits mit *expliziten Ideen über den Forschungsgegenstand* in die Erhebungsphase ein. Aus diesen Ideen, die er auf der Grundlage seines Literaturstudiums und seiner Erfahrungen mit dem Forschungsgegenstand entwic??kelt hat, erarbeitet er ein *erstes theoretisches Konzept*. Dieses Konzept soll die wichtigsten Themen und Zusammenhänge des interessierenden Ausschnitts aus der sozialen Wirklichkeit enthalten. Auf der Grundlage dieses vorläufigen Konzeptes wird der Interviewleitfaden entwickelt. Ein solches Vorgehen wird auch durch die Annahme unterstützt, dass der Forscher letztlich nie als *tabula rasa* in die Forschung eintritt, sondern immer bestimmte Konzepte und Ideen im Kopf hat. Diese gilt es zu explizieren um sie dadurch überprüfen und kritisch reflektieren zu können.

Im Rahmen der hier vorgestellten Studie wurde jeder Themenbereich zunächst mit einem Erzählanstoß eingeleitet. Die Erzählung wurde dann so gut wie möglich begleitet („Zurückspiegelung", Verständnisfragen, Konfrontation mit Widersprüchen) um möglichst viel freistrukturiertes Material zu erhalten. Anschließend wurden jedoch auch vorbereitete spezifischere Fragen gestellt („ad-hoc-Fragen", vgl. Lamnek 1996, S.76) wenn diese nicht schon durch die Erzählung des Interviewpartners beantwortet worden sind. In Abweichung von dem Vorschlag Witzels wurde der standardisierte Kurzfragebogen zu soziodemographischen Daten nicht am Anfang, sondern am Ende des Interviews vorgelegt. Dies hat sich als günstiger für die Gesprächsatmoshäre gezeigt.

Interviews, vor allem offene und teilstrukturierte Varianten, sind im Rahmen qualitativer Forschung eine beliebte Datenerhebungsmethode. Sie sind besonders geeignet dafür, die Perspektive eines Informanten kennenzulernen, vorausgesetzt natürlich es gelingt, eine vertrauensvolle Gesprächsbeziehung herzustellen. Das Wort Interview kommt aus dem Anglo-Amerikanischen. Eigentlich stammt es jedoch vom französischen "entrevue" ab und bedeutet "verabredete Zusammenkunft" bzw. "einander kurz sehen", "sich begegnen" (vgl.

Lamnek 1995, S.35). Lamnek beschreibt das Interview so:

"Das Interview ist ... eine Gesprächssituation, die bewusst und gezielt von den Beteiligten hergestellt wird, damit der eine Fragen stellt, die vom anderen beantwortet werden." (Lamnek 1995, S. 36)

Beim Interview handelt es sich also um eine asymetrische Gesprächssituation, in deren Rahmen ein Gesprächspartner Fragen stellt, und ein Gesprächspartner Antworten gibt. Interviews allgemein unterscheiden sich auf vielen Dimensionen, so kann (1.) die *Intention* des Interviews unterschiedlich sein, (2.) kann der *Grad der Strukturiertheit* der Themen unterschiedlich sein, (3.) kann der *Standardisierungsgrad* unterschiedlich sein; ferner können (4.) *Einzel - oder Gruppeninterviews* durchgeführt werden aber auch *paper & pencil* Befragungen, (5.) kann die *Kommunikation mündlich oder schriftlich* stattfinden, am Telefon oder im face-to-face Kontakt und (6.) kann der Kommunikationsstil von *hart* bis *weich* variieren.

Nach Lamnek (1995) kann eine erste Charakterisierung des *qualitativen Interviews* die folgenden Merkmale hervorheben:

- Die qualitative Befragung wird *mündlich und persönlich* durchgeführt.
- Die Interviews sind *nicht standardisiert*, die Forderung nach einer situativen Anpassung der Kommunikation ist nicht vereinbar mit der Idee vorformulierter Fragen, die in einer festgelegten Reihenfolge abgefragt werden.
- Im qualitativen Interview werden ausschließlich *offene Fragen* gestellt.
- Der Kommunikationsstil im Interview ist *neutral bis weich*.
- Qualitative Interviews finden in Form von *Einzelbefragungen* statt.

Das Vorhandersein dieser Merkmale sieht Lamnek als Voraussetzung dafür an, dass ein Interviewpartner bereit ist,

" ... seine Alltagsvorstellungen über Zusammenhänge in der sozialen Wirklichkeit in der Gründlichkeit, Ausführlichkeit, Tiefe und Breite darzustellen, zu erläutern und zu erklären, so dass sie für den Forscher eine brauchbare Interpretationsgrundlage bilden können" (Lamnek 1995, S. 60).

4.3.2 Experteninterviews

Eine spezielle Form des Leitfadeninterviews ist das Experteninterview. Hier interessiert der Experte weniger als gesamte Person mit seinem persönlichen Erfahrungsschatz, sondern speziell in seiner *Funktion als Experte für einem bestimmten Themenbereich* (vgl. Flick 1996, S. 109). Dadurch ist die Bandbreite der Information, die der Experte liefern soll, stark eingeschränkt.
Mit dieser Besonderheit des Experteninterviews sind auch spezielle Gefahren des Scheiterns verbunden, wie:

- „Der Experte blockiert das Interview in seinem Verlauf, etwa weil er für das Thema gar kein Experte ist, wie zuvor angenommen wurde;
- der Experte macht den Interviewer zum Mitwisser in aktuellen Konflikten und spricht über Interna und Verwicklungen seines Arbeitsfeldes statt über das Thema des Interviews;
- er wechselt häufig die Rolle zwischen Experte und Privatmensch, wodurch mehr über ihn als Person als über sein Expertenwissen deutlich wird.
- Als Zwischenform zwischen Gelingen und Scheitern wird das `rhetorische Interview` genannt, wenn der Experte sein Wissen in einem Vortrag referiert, statt sich auf das Frage-Antwort-Spiel des Interviews einzulassen. Wenn sein Vortrag das Thema des Interviews trifft, kann es trotzdem seinen Zweck erfüllen. Wenn der Experte das Thema verfehlt, erschwert diese Form der Interaktion die Rückführung zur eigentlich interessierenden Thematik." (Meuser und Nagel 1991, zit. nach Flick 1996, S. 110)

Trotz der genannten Schwierigkeiten können die Ergebnisse von Experteninterviews eine hilfreiche Unterstützung zur Interpretation empirischer Daten darstellen. Um die Gefahren des Scheiterns einzuschränken, muss der Interviewleitfaden speziell auf interessierende Fragen abgestimmt werden und wird in der Regel *rigider eingesetzt* als in anderen teilstrukturierten Interviews, um nicht zu viele unergiebige Informationen zu erhalten.

4.3.3 Teilnehmende Beobachtung

Im Vorfeld der Interviewstudie wurde eine teilnehmende Beobachtung in beiden interessierenden Reisemilieus durchgeführt. Dies sollte zu einer Erhöhung der *theoretischen Sensibilität* (vgl. Glaser 1978) für den Untersuchungsgegenstand beitragen. Strauss und Corbin (1996) definieren die theoretische Sensibilität so:

„Theoretische Sensibilität bezieht sich auf eine persönliche Fähigkeit des Forschers. Gemeint ist ein Bewusstsein für die Feinheiten in der Bedeutung von Daten. Man kann in eine Forschungssituation mit unterschiedlichem Maß an Sensibilität eintreten. Die Ausprägung der Sensibilität hängt ab vom vorausgehenden *Literaturstudium* und von *Erfahrungen*, die man entweder im interessierenden Phänomenbereich selbst gemacht hat oder die für diesen Bereich relevant sind. Zudem entwickelt sich theoretische Sensibilität im weiteren Forschungsprozess. Theoretische Sensibilität bezieht sich auf die Fähigkeit, Einsichten zu haben, den Daten Bedeutung zu verleihen, die Fähigkeit zu verstehen und das Wichtige vom Unwichtigen zu trennen. All dies wird eher durch konzeptionelle als durch konkrete Begriffe erreicht. Erst die theoretische Sensibilität erlaubt es, eine gegenstandsverankerte, konzeptuell dichte und gut integrierte Theorie zu entwickeln – und zwar schneller, als wenn diese Sensibilität fehlt." (S.25)

Darüber hinaus, wurden die in der teilnehmenden Beobachtung gewonnenen Erkenntnisse jedoch auch zur *Überprüfung* der aus den Interviews abgeleiteten Kategorien herangezogen.
Die teilnehmende Beobachtung ist eine beliebte Methode der Feldforschung, die von Anfang an mit der Konstituierung der *Ethnologie* als eigenständiger Forschungsdisziplin verbunden war (vgl. Malinowski 1922). Seit ihrem Beginn hat sich zumindest die in ihr vertretene erkenntnistheoretische Position weitreichend verändert. Maliniowski ging auf der Grundlage seines naturwissenschaftlich geprägten Wissenschaftsverständnisses, davon aus, dass bei ausreichend guter Methodik „die eine Wahrheit", so wie sie aus der Sicht der Einheimischen aussieht, gefunden werden könne.
Heute hingegen orientiert sich die Ethnologie an einem *interpretativen Paradigma*, das von einer Kommunikation zwischen Forscher und Beforschtem ausgeht, und deren Wahrheitsbegriff ein perspektivischer ist (vgl. Geertz 1973; Lindner 1981; Girtler 1984; Clifford 1988). Bei der ethnologischen Feldforschung findet nicht nur eine Interaktion zwischen verschiedenen Individuen, sondern auch zwi-

schen verschiedenen Kulturen statt. Dies macht den Interpretationsprozess besonders schwierig und erfordert eine ausgeprägte theoretische Sensibilität, die gerade durch weitreichende Felderfahrungen gewonnen werden kann. Aber auch in anderen Disziplinen erlangte die teilnehmende Beobachtung Bedeutung (z.B. gewann die sog. *Chicagoer Schule* in den 20er Jahren des 20. Jahrhunderts mit dieser Methode in der Soziologie großen Einfluss). Die teilnehmende Beobachtung ist dadurch gekennzeichnet, dass sich der Forscher für eine gewisse Zeit selbst im interessierenden sozialen Milieu aufhält und am Leben der Beforschten teilhat. Er sucht das interessierende Milieu nicht nur immer wieder als Außenstehender auf, sondern er lebt als Teilnehmer in einer bestimmten sozialen Welt. Er macht sich dabei kontinuierlich Feldnotizen, die zu einer *dichten Beschreibung* (vgl. Geertz 1983) des interessierenden sozialen Milieus genutzt werden können.

Ein weiterer wesentlicher Einfluss auf die Feldforschung entstand durch die Auseinandersetzung der Ethnologie mit der Psychoanalyse (vgl. Legewie 1995). Durch den Ethnologen und Psychoanalytiker Devereux (1973) wurden die Grundlagen für die Entstehung einer *Ethnopsychoanalyse* geschaffen. Dieser Forschungszweig wurde später auch durch die Arbeiten der *Züricher Gruppe* (Morgenthaler, Parin, Erdheim, Nadig) bekannt. Ein wesentlicher Schwerpunkt liegt hier auf der Reflexion und Nutzung von *Übertragungs- und Gegenübertragungsprozessen* für das Verständnis einer fremden Kultur.

4.4 Die Analyse

Die Analyse der Daten erfolgte ebenfalls mit Hilfe der im Rahmen der *Grounded Theory* vorgeschlagenen Strategien. Bei der Interviewinterpretation kamen das *offene Kodieren*, das *axiale Kodieren* und das *selektive Kodieren* zum Einsatz. Beim *offenen Kodieren* wurde darüber hinaus das Programm *ATLAS/ti* verwandt.
Die verschiedenen Datenanalysetechniken sowie das Programm zur Bearbeitung qualitativer Daten, *ATLAS/ti*, sollen im Folgenden kurz skizziert werden.

4.4.1 Die Analysetechniken der Grounded Theory

Im Rahmen der *Grounded Theory* wurden Datenanalysemethoden

vorgeschlagen, welche die schrittweise Entwicklung gegenstandsbegründeter Theorien aus Textmaterial ermöglichen. Die drei verschiedenen Analysetechniken sind das *offene Kodieren*, das *axiale Kodieren* und das *selektive Kodieren*. Sie sollen im Folgenden kurz skizziert werden.

1. Das offene Kodieren: Im Rahmen dieses ersten Schrittes werden Konzepte und anschließend Kategorien aus dem Textmaterial heraus entwickelt. In diesem Zusammenhang wird auch von einem „Aufbrechen" des Textes gesprochen (vgl. z.B. Strauss & Corbin 1996). Konzepte stellen eine erste Verallgemeinerung von Einzelbeobachtungen dar. Sie werden zum einen über das ständige Stellen von Fragen an den Text, zum anderen über das Vergleichen einzelner Vorfälle, so dass ähnliche Phänomene den gleichen Namen bekommen können, entwickelt. Dabei wird der Text Zeile für Zeile, Abschnitt für Abschnitt durchgegangen.

Auf diesem Weg können hunderte von konzeptionellen Bezeichnungen entstehen, die wiederum gruppiert werden müssen, damit man mit ihnen weiterarbeiten kann. Es geht also darum, eine Reduktion der Anzahl von Einheiten herzustellen. Ähnliche Phänomene werden dabei zusammengefasst. Dieses Gruppieren einzelner Konzepte wird *Kategorisieren* genannt. Anschließend müssen die einzelnen Kategorien einen Namen erhalten, der ihren Inhalt möglichst treffend bezeichnet. Hierbei können entweder Begriffe aus dem allgemeinen Sprachgebrauch, Fachtermini[5] aber auch Wortneuschöpfungen, z.B. solche, die von einem Interviewpartner verwendet wurden, gewählt werden. Der Vorteil von Wortneuschöpfungen ist, dass sie nicht mit sprachlich geprägten Assoziationen verbunden sind, die nicht zu einer Kategorie passen.

Das Textmaterial wir also zunächst in zwei Schritten reduziert, zuerst durch die *Konzeptualisierung* und anschließend durch die *Kategorisierung*. Ergebnis dieser Arbeit sollte eine überschaubare Liste von Kategorien sein, die mit treffenden Namen bezeichnet sind.

Im nächsten Schritt geht es darum, die Kategorien bzgl. ihrer *Eigenschaften* und der Positionierung einzelner Fälle weiter auszuarbeiten. Eigenschaften sind Kennzeichen oder Charakteristika einer

---

[5] Zu den mit dem Gebrauch von Fachtermini oder Begriffen aus dem allgemeinen Sprachgebrauch verbundenen Schwierigkeiten vgl. Strauss & Corbin 1996, S. 50.

Kategorie. Diese Kennzeichen wiederum können auf Dimensionen variieren. Strauss & Corbin (1996) geben das folgende Beispiel für eine solche Darstellung von Kategorien:

> „Lassen Sie uns die Kategorie ´Farbe´ betrachten. Ihre Eigenschaften schließen ein: Schattierung, Intensität, Farbton, u.s.w. Jede dieser Eigenschaften kann dimensionalisiert werden; d.h. sie variiert entlang eines Kontinuums. So kann Farbe in ihrer Intensität von hoch bis niedrig variieren; im Farbton von dunkel zu hell; u.s.w." (Strauss & Corbin 1996, S. 53)

So entstehen Profile für jede Kategorie, in deren Rahmen jedes Auftauchen der Kategorie im Text eingeordnet werden kann.
Es gibt beim offenen Kodieren verschiedene Möglichkeiten, den Prozess anzugehen. Häufig beginnt man mit einer *Zeile-für-Zeile-Analyse* der ersten Interviews. Dieses Vorgehen ist das detaillierteste, es bringt auch die ertragreichsten Ergebnisse. Wenn aber das zu analysierende Material nicht nur aus wenigen Texten besteht, ist es nicht praktikabel, alles in dieser Form zu bearbeiten. Man kann jedoch auch ganze Abschnitte oder sogar ganze Dokumente (z.B. ein Interview) kodieren, d.h. bestimmten Kategorien zuordnen. Dies bietet sich besonders dann an, wenn umfangreiches Material bearbeitet werden soll, oder wenn bereits eine Kategorienliste, die das interessierende Phänomen gut darstellt, erarbeitet worden ist. Die Konzepte und Kategorien sind die Bausteine der Theorie. Was mit ihnen weiter geschieht beschreiben die folgenden Analyseschritte.

2. Das axiale Kodieren: Beim axialen Kodieren soll eine erste *Verbindung und Organisation der entwickelten Kategorien* geleistet werden. Dadurch wird die Interpretation der Gesamtdaten vorangebracht. Mit Hilfe des sog. *Kodierparadigmas*, das aus Bedingungen, Kontext, Handlungs- und interaktionalen Strategien und Konsequenzen besteht, werden die sog. *Achsenkategorien* entwic??kelt. Darunter versteht man im Rahmen der Grounded Theory solche Kategorien, die für das zu untersuchende Phänomen *von zentraler Wichtigkeit* (beachte: Achse bedeutet hier nicht Dimension) sind. Bei diesem Vorgehen liegt der Schwerpunkt darauf, die *Bedingungen*, den *Kontext*, die *Handlungs- und interaktionalen Strategien* und die *Konsequenzen* von zentralen Phänomenen (= *Achsenkategorien*) im Bereich der Fragestellung zu erarbeiten. Das Kodierparadigma kann folgendermaßen dargestellt werden:

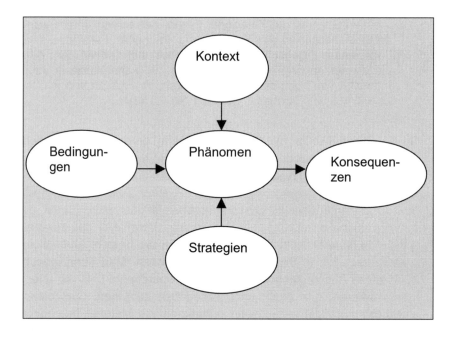

Abb. 4.4.1.1: Kodierparadigma *axiales Kodieren* (vgl. Strauss & Corbin 1996, S. 78)

Durch die Verwendung dieses Modells soll es möglich werden, komplexe Beziehungszusammenhänge zwischen den Kategorien zu entwickeln.
Das Kernstück im Rahmen des Modells ist das *Phänomen*. Das Phänomen ist das zentrale Ereignis, Geschehnis, auf das sich viele Handlungen und Interaktionen beziehen.
Die *ursächlichen Bedingungen* verweisen auf Ereignisse, die dem Phänomen vorausgehen und es u. U. bedingen oder zumindest beeinflussen.
Unter *Kontext* werden zum einen die spezifische Eigenschaften verstanden, die zu einem Phänomen gehören, zum anderen aber auch die Bedingungen, unter denen es zu bestimmten Handlungs- und Interaktionsstrategien kommt.

Mit *intervenierenden Bedingungen* ist der breitere strukturelle Hintergrund gemeint, der zu einem Phänomen gehört. Diese Bedingungen können entweder fördernd oder hindernd auf die Handlungsstrategien einwirken. Sie beinhalten z.b. „Zeit, Raum, Kultur, sozioökonomischen Status, technologischen Status, Karriere, Geschichte und individuelle Biographie" (Strauss & Corbin 1996, S. 82). Es geht darum, herauszufinden, welche dieser Bedingungen bei einem Phänomen relevant sind und in welcher Weise sie wirken.

Die *Handlungs- und interaktionalen Strategien* bezeichnen den Prozess, der dem Phänomen folgt. Was tut die Person, um mit einem Phänomen umzugehen oder es zu bewältigen? Diese Handlungsstrategien sind in der Regel zweck- und zielgerichtet, auch wenn das nicht unbedingt bewusst sein muss.

Schließlich führen Handlungen oder Interaktionen, die auf ein Phänomen folgen, zu *Konsequenzen*. Diese Konsequenzen sind nicht immer beabsichtigt oder vorhersagbar. Es gilt sie jedoch aufzuspüren, da sie ihrerseits wieder ursächliche Bedingung für weitere Phänomene und Handlungsstrategien werden können.

Ziel des axialen Kodierens ist eine *differenzierte Analyse der zentralen Konzepte*. Die eigentliche Theorieentwicklung erfolgt erst im nächstem Schritt.

3. Das selektive Kodieren: Hierbei geht es darum, die gesammelten Daten zu einer Grounded Theory zu integrieren. Dabei soll ein Bild der Wirklichkeit entwickelt werden, das konzeptuell, nachvollziehbar und gegenstandsverankert ist (vgl. Strauss & Corbin 1996, S. 95). Um dies zu erreichen, können die folgenden Schritte vollzogen werden.

Zunächst kann versucht werden, den *roten Faden der Geschichte* offenzulegen. Dann können die ergänzenden Kategorien rund um die Kernkategorie verbunden und integriert werden. Die Kategorien können darüber hinaus auch auf der dimensionalen Ebene miteinander verbunden werden. Anschließend werden die Beziehungen an den Daten validiert. Im letzten Schritt können einzelne Kategorien, die noch nicht genügend ausgearbeitet sind, verfeinert werden. Diese Schritte sollen Im Folgenden kurz erläutert werden.

Bei der Darlegung des roten Fadens geht es darum, *das Wesentliche* des Untersuchungsbereichs kurz und knapp darzustellen. Man kann dies tun, indem man versucht in einigen Sätzen festzuhalten, was das Wichtigste am interessierenden Phänomen ist. Wichtig ist hier, nicht ins Detail zu gehen, sondern zu versuchen, nur kurz, mit wenigen Sätzen das zentrale Thema zu skizzieren. Während beim *offenen* und *axialen Kodieren* ins Detail gegangen wurde, und versucht wurde, eine möglichst feine Analyse der Daten zu erreichen, wird nun beim *selektiven Kodieren* der entgegengesetzte Prozess angestrebt. Hier soll es darum gehen, auf der Grundlage des analysierten Datenmaterials zu einer neuen Ordnung zu finden. Was zunächst fein und sorgfältig auseinandergenommen wurde, soll nun wieder zusammengesetzt werden. So entsteht schließlich die gegenstandsverankerte Theorie.

Wenn die *Geschichte,* um die es hier geht, erzählt worden ist, muss sie einen Namen erhalten. Dieser Namen bezeichnet die *Kernkategorie,* das zentrale Phänomen. Häufig kommt es vor (auch in dieser Arbeit), dass zwei oder mehr Phänomene als sehr wichtig und zentral erscheinen. In diesem Fall ist es jedoch wichtig, sich für eine der beiden Kategorien als Kern zu entscheiden und die andere als ergänzende Kategorie damit zu verbinden und dann eine einzige Theorie zu verfassen. Die Kernkategorie soll ebenso dimensional ausgearbeitet werden, wie die anderen Kategorien.

In einem nächsten Schritt geht es dann darum, die weiteren Kategorien mit der Kernkategorie zu verbinden. Dies geschieht wiederum mit Hilfe des Paradigmas. Wichtig ist, dass die Theorie immer wieder an den Daten validiert werden muss. Das heißt, es muss immer wieder überprüft werden, inwieweit sie alle Fälle und alle zentralen Phänomene repräsentiert.

Das Integrieren der gesamten Interpretationsarbeit eines Forschungsvorhabens ist eine sehr schwierige und komplexe Aufgabe. Die Analyseschritte der Grounded Theory erleichtern diese Arbeit und ermöglichen es durch, abwechselnd induktive und deduktive Interpretationsschritte eine in sich übereinstimmende und in den Daten begründete Theorie zu entwickeln.

4.4.2 Das Programm *ATLAS/ti*: Computerunterstützte Analyse qualitativer Daten

Das Computerprogramm *ATLAS/ti* wurde entwickelt, um die Auswertung qualitativer Daten zu erleichtern. Das mühsame und häufig verwirrende Ordnen und Sortieren von Daten kann mit Hilfe des

Programms unterstützt werden. Darüber hinaus besitzt das Programm einige Funktionen, die mit Papier und Bleistift nicht ohne weiteres durchzuführen sind (z.b. automatisches Auszählen der Kodes und systematische Gegenüberstellung von Fällen anhand der Häufigkeiten der Kodes), die aber die interpretative Arbeit gut unterstützen können.

Theoretischer Hintergrund für die Entwicklung des Programms war die oben bereits skizzierte *Grounded Theory*. Es geht um das Kodieren von Textmaterial und um die Entwicklung semantischer Netzwerke, die als Interpretationsgrundlage für die zu entwickelnde Theorie dienen sollen.

Mit *ATLAS/ti* können jedoch auch andere Datenanalysemethoden angewandt werden (z.b. die *Qualitative Inhaltsanalyse*, Mayring 1993). Neben Texten können mit Hilfe von *ATLAS/ti* auch visuelle und Audiodaten analysiert werden. Im Rahmen dieser Arbeit kam das Programm vorwiegend beim offenen Kodieren zum Einsatz. Eine genauere Darstellung der Arbeitsweise mit *ATLAS/ti* findet sich bei *Strübing* (1997).

5 Die Untersuchung

In den folgenden Kapiteln wird das Vorgehen bei der Durchführung der Untersuchung beschrieben. Zunächst wird das *Untersuchungsdesign* dargestellt. Im Anschluss daran wird zur *Auswahl der Interviewpartner* Stellung genommen. Danach werden die *Interviewleitfäden* vorgestellt. Zum Schluss wird das Vorgehen beim Aufzeichnen von Notizen und Tagebüchern während der teilnehmenden Beobachtung beschrieben.

5.1 Planung und Durchführung: Das Untersuchungsdesign

Es wurden Reisende bezüglich wesentlicher Merkmale des Phänomens Reisen (Fremde, Mobilität) ausgewählt (*theoretisches sampling*, vgl. Kap. 4.1).
Der Begriff des Samplings beschreibt dabei die Auswahl von (1) Datenquellen (2) bestimmten Fällen (3) bestimmten Untersuchungsgruppen aber auch von (4) bestimmten Ereignissen oder Konzepten, die für die sich entwickelnde Theorie Relevanz besitzen (vgl. Strauss & Corbin 1996, S. 148).
Im Rahmen dieser Arbeit wurden verschiedene Datenquellen herangezogen, (1) Interviews mit Reisenden (2) Teilnehmende Beobachtung, Reisetagebücher und (3) Experteninterviews. Dabei stellen die Interviews die Grundlage für die Dateninterpretation mit den Analysetechniken der Grounded Theory dar (vgl. Kap. 4.3.1), die Reisetagebücher und die Experteninterviews wurden ergänzend als Interpretationshilfe herangezogen.
Der Interviewleitfaden wurde auf der Grundlage theoretischer Vorüberlegungen (vgl. Teil 2 und 3 dieses Beitrags sowie Kap. 5.3) entwickelt. Er wurde nach den ersten zwei Interviews überarbeitet, da er sich zum einen als theoretisch überladen herausstellte und zum anderen Fragen enthielt, die nicht geeignet waren, die Erzählungen der Interviewpartner zu unterstützen (vgl. Kap. 5.3). Auf Themen, die als besonders wichtig erschienen, konnte dafür ein stärkerer Schwerpunkt gelegt werden. Beide Versionen des Interviewleitfadens befinden sich im Anhang dieses Beitrags. Für die Expertenin-

terviews wurde ebenfalls auf der Grundlage theoretischer Überlegungen und mit dem Ziel an das Wissen der Experten sowie an eigene Ergebnisse anzuknüpfen, ein weiterer Interviewleitfaden entwickelt (siehe Anhang). Die teilnehmende Beobachtung fand in beiden Reisemilieus (Camping auf Rügen und „Traveller" in Indien) statt, wobei zum einen frei notiert wurde, darüber hinaus wurde jedoch auch anhand vorformulierter Kategorien (ebenfalls auf der Grundlage theoretischer Vorüberlegungen, siehe Anhang) gezielt aufgezeichnet. Das sich daraus ergebende Gesamtuntersuchungsdesign kann graphisch wie folgt dargestellt werden.

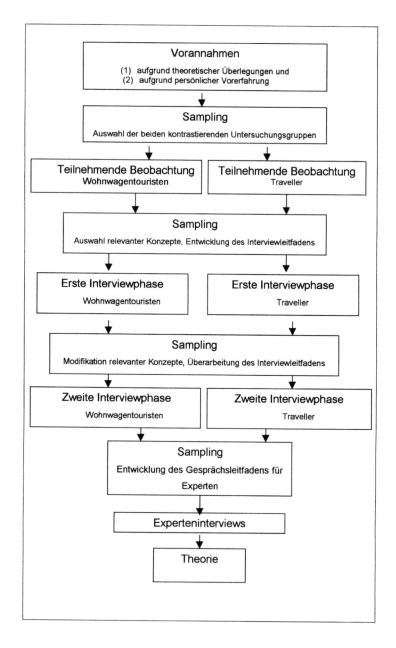

Abb. 5.1.1: Untersuchungsdesign

Die Interviewstudie stellt den Kernbereich der Untersuchung dar, in deren Rahmen das Kategoriensystem entwickelt wurde. Innerhalb der Studie wurde zirkulär vorgegangen, wie die folgende Abbildung verdeutlichen soll.

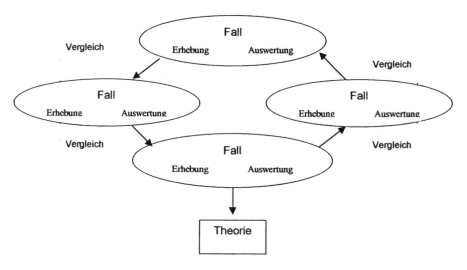

Abb. 5.1.2: Einzelfallorientiertes Vorgehen bei der Interviewstudie (vgl. Flick 1996, S. 61).

Im Anschluss an jedes Interview wurde ein Kurzfragebogen zu vorwiegend soziodemographischen Daten ausgefüllt (siehe Anhang).

5.2 Auswahl und Beschreibung der Interviewpartner

Aufgrund theoretischer Vorüberlegungen wurden zwei verschiedene Gruppen von Reisenden ausgewählt (vgl. *theoretical sampling*, Kap. 5.1). Sie sollten sich bezüglich der wesentlichen Merkmale des Reisens (Ortswechsel, „Unterwegssein"/Mobilität, „Fremde") möglichst stark voneinander unterscheiden.

Zum einen wurden solche Reisenden befragt, die allein im außereuropäischen Ausland nur mit Rucksack unterwegs gewesen sind[6],

---

[6] Diese Rucksackreisenden oder „Traveller" werden im Ergebnisteil mit TRAVELLER bezeichnet.

zum anderen solche Urlauber, die im Wohnwagen auf einem Campingplatz in Deutschland Urlaub gemacht haben[7].
Es zeigte sich schnell, dass sich die beiden Gruppen bzgl. zahlreicher weiterer Merkmale voneinander unterscheiden, nicht nur bzgl. ihres Reisestils[8]. Darum sind Unterschiede im Reiseerleben auch nur sehr bedingt auf Reisestil und Reiseumwelt allein zurückzuführen. Umgekehrt ziehen bestimmte Reisestile jedoch auch bestimmte Menschen an, was wiederum Anhaltspunkte über die Reisepräferenzen verschiedener gesellschaftlicher Gruppen oder auch verschiedener Alters- und Lebensabschnittsgruppen geben kann (vgl. auch Transaktionalismus).
Die detaillierte Gegenüberstellung der Gemeinsamkeiten und Unterschiede dieser kontrastierenden Gruppen soll Schlussfolgerungen erlauben, die über die Beschreibung einzelner touristischer Subgruppen hinausgehen. Auf diesem Weg soll versucht werden zum Tourismusphänomen, allgemeiner betrachtet, Stellung nehmen zu können. Insgesamt wurden zwölf Personen interviewt, sechs Traveller und sechs Wohnwagentouristen. Diese Interviews stellten den zentralen Gegenstand der Datenanalyse dar. Darüber hinaus wurden zwei Experten aus der Tourismusforschung befragt.

---

[7] Die Wohnwagenreisenden werden Im Folgenden mit WOHNWAGENURLAUBER bezeichnet.
[8] Die TRAVELLER sind im Durchschnitt jünger und besser qualifiziert als die WOHNWAGENURLAUBER. Sie sind häufiger Singles oder in lockerer Beziehung lebend. Der soziodemographische Unterschied erschien im Rahmen der teilnehmenden Beobachtung eher als noch größer, als er sich in dieser Stichprobe darstellt.

Interviewpartner	A1	A2	A3	A4	A5	A6
Alter	43	31	30	33	30	27
♀/♂	♀	♂	♀	♂	♂	♀
Beruf	Therapeutin	Diplom-Chemiker	Fremdsprachendirektions-assistentin/ Studentin	Diplom-Psychologe	Arzt	Studentin
Schulabschluss	Hochschule	Hochschule	Abitur	Hochschule	Hochschule	Abitur
Wohnort	Großstadt	Großstadt	Großstadt	Großstadt	Großstadt	Großstadt
Wohnform	Wohnung, allein	Wohnung, allein	Wohnung, mit Partner	Wohnung, mit Partnerin	Wohnung, allein	Wohngemeinschaft
Wohnraumgröße	56 qm	60 qm	52 qm	86 qm	31 qm	15 qm
Balkon/ Garten	Balkon	Balkon	nein	2 Balkone	nein	nein
Kinder	keine	keine	keine	keine	keine	keine
Geschwister	keine	1	1	3	1	2
Hobbys/ Interessen	Konzerte, Kino, Freunde, Philosophie	Musik, Ausgehen	Reisen, Sprachen, Schwimmen	Gleitschirmfliegen, Motorradfahren	Reisen, Sport, Lesen, Musik, Kultur	Reisen, Volleyball
Lieblings-Reiseziel/e	Asien, USA	Mexico, Griechenland	Ganze Welt	Asien	Indien	Lateinamerika
Traumreise/n	China	Australien	keine	Asien	Asien	Überall hin
Reisehäufigkeit	1mal im Jahr	1mal im Jahr	1mal in Jahr	3mal im Jahr	2-3 mal im Jahr	3-4mal im Jahr
Reisedauer	2 Wochen (früher länger)	Ca. 3 Wochen	4 Wochen	Jeweils ca. 2 Wochen	Jeweils mehrere Wochen bis Monate	Insgesamt 2-3 Monate
Subjektive Einschätzung der Gesundheit (Skala von 1=sehr gesund bis 10=gar nicht gesund)	3	6	4	2	6	3

Tab. 5.2.1: Soziodemographie Gruppe A (TRAVELLER)

Interview-partner	B1	B2	B3	B4	B5	B6
Alter	50	41	69	41	61	41
♀/♂	♂	♀	♂	♀	♂	♂
Beruf	Bauingenieur (FH)	Erzieherin, Heilpädagogin Hausfrau	Bergmann, Kunstschmied (berentet)	z. Zt. Studentin	Kraftfahrer, Fahrlehrer	Sozialarbeiter
Schulabschluss	FH	FH	Keinen	Abitur	Mittlere Reife	FH
Wohnort	Kleinstadt	Kleinstadt	Großstadt	Großstadt	Großstadt	Großstadt
Wohnform	Haus, mit Frau und Kind	Haus mit Mann und Kind	Wohnung, mit Frau und Kind	Wohnung mit Mann und Kind	Wohnung, mit Frau	Wohnung mit Frau und Kind
Wohnraumgröße	120 qm	120 qm	70 qm	140 qm	52 qm	140 qm
Balkon/Garten	Garten	Garten	Balkon	Garten	Balkon	Garten
Kinder	1	1	4	1	1	1
Geschwister	4	3	4	2	2	keine
Hobbys/Interessen	Familie, Haus, Garten, Jazz	Spazierengehen, Kind	Angeln, Schwimmen, Basteln	Sport, Laufen, Lesen	Grundstück, Handwerkeln	Sport, Handwerkeln, Basteln
Lieblings-Reiseziel/e	Ost- und Nordsee, Eifel	keine	Ostsee	Südsee	Österreich, Mallorca	Schweden
Traumreise/n	Kalifornien	keine	keine	Luxusdampfer	„bin kein Träumer" (Zitat)	Mit dem Segelboot um die Welt
Reisehäufigkeit	2 mal im Jahr	2 mal im Jahr	Von April bis September	4 mal im Jahr	2 mal im Jahr	3 mal im Jahr
Reise-dauer	3-4 Wochen	1-2 Wochen	ständig	1 Woche	2 Wochen	2 Wochen
Subjektive Einschätzung der Gesundheit auf einer Skala von 1 (sehr gesund) bis 10 (gar nicht gesund)	4	3	5	1	2	2

Tab.5.2.2: Soziodemographie Gruppe B (WOHNWAGENURLAUBER)

Die Tabellen wurden auf der Grundlage der im Anschluss an das Interview ausgefüllten Kurzfragebögen erstellt.
Im folgenden Kapitel sollen nun die Interviewleitfäden, mit denen die oben beschriebenen Untersuchungsteilnehmer befragt wurden, vorgestellt werden.

5.3 Interviewleitfäden

Bei der Entwicklung der Interviewleitfäden fanden theoretische Überlegungen aus der Umwelt- Gesundheitspsychologie sowie aus der Tourismuswissenschaft Berücksichtigung. In der Umweltpsychologie wurde auf Umweltwahrnehmung und Umweltästhetik fokussiert. Aus der Gesundheitspsychologie sind die vorgestellten Modelle (vgl. Kap. 3.7) berücksichtigt worden. Von seiten der Tourismuswissenschaft wurde sich vor allem auf die Überlegungen von Spode (z.B. 1993 a, 1993 b) und Hennig (1997, 1998) bezogen.
Der erste Interviewleitfaden stellte sich als zu stark theoretisch vorstrukturiert heraus und wurde folglich nach der Durchführung und Analyse zweier Interviews modifiziert. Der zweite Interviewleitfaden erwies sich als praktikabel und wurde bis zum Ende der Untersuchung angewandt. Wie im Rahmen eigener Vorstudien, zeigte sich auch hier, dass gerade die *narrativen Elemente* des problemzentrierten Interviews wichtige und interessante Inhalte hervorbrachten.
Der Leitfaden für Experteninterviews sollte zum einen an das Wissen der Experten anknüpfen, darüber hinaus den speziellen Anforderungen an Experteninterviews gerecht werden (vgl. Kap. 4.3.2).
Alle Interviewleitfäden finden sich im Anhang. Der im Anschluss an die Interviews ausgefüllte Kurzfragebogen befindet sich ebenfalls im Anhang.

5.4 Aufzeichnung der Teilnehmenden Beobachtung: Reisetagebücher

Im Rahmen der teilnehmenden Beobachtung habe ich schriftliche Aufzeichnungen in Form von Reisetagebüchern gemacht. Dabei ging es zum einen um die Gewinnung introspektiven Materials, zum anderen um die freie Beobachtung vom Verhalten anderer Reisender. Darüber hinaus wurde anhand eines Leitfadens, strukturiert beobachtet. Der Leitfaden orientierte sich stark an den Dimensionen und Merkmalen der Gesundheitszustände und –prozesse im Sinne einer *biopsychosozialen Ganzheitsbetrachtung* (Kunzendorff 1993). Dieses Gesundheitsmodell enthält die folgenden Dimensionen (vgl. Kap. 3.9):

I Grad der sozialen Integration und sozialen Kompetenz
II positives versus negatives Selbstkonzept
III positive versus negative Befindlichkeit
IV allgemeine Aktivierung und organismische Regulation
V positives versus negatives Gesundheitsverhalten.

Aus diesen Dimensionen wurden die folgenden Großkategorien abgeleitet:

(1) soziales Leben
(2) Identität/ Selbstkonzept
(3) Befindlichkeit
(4) Aktivierung
(5) Gesundheitsverhalten.

Anhand dieser Kategorien wurde wiederum (a) introspektiv und (b) „nach außen" beobachtet. So entstanden zwei Reisetagebücher, eins im Travellermilieu in Indien und eins im Wohnwagenmilieu in Deutschland. Darüber hinaus wurden jedoch auch die Erfahrungen aus der teilnehmenden Beobachtung und eigene theoretische Vorüberlegungen und Ergebnisse (Graf 1994) mit einbezogen. Es wurde versucht, auf möglichst zentrale und für das Reisephänomen wesentliche Themenbereiche zu fokussieren.

6 Ergebnisse

Der nun folgende Ergebnisteil untergliedert sich in mehrere Abschnitte. Als erstes sollen die zwei untersuchten *Reisemilieus* näher beschrieben werden (Kap. 6.1). Daran anschließend möchte ich die *zentralen inhaltlichen Kategorien*, die sich in beiden Reisemilieus gezeigt haben, darstellen (Kap. 6.2). Diese sollen Im Folgenden zu *zwei Kernkategorien* (*Achsenkategorien*) ausgearbeitet werden (Kap. 6.3). Schließlich wird integrierend die *Theorie* (*Grounded Theory*) dargestellt (Kap. 6.4).

6.1 Gegenwelten: Zwei Reisesubkulturen

Die beiden Reisemilieus sollen hier zunächst kurz vorgestellt werden. Dabei beziehe ich mich auch auf meine Erfahrungen bei der teilnehmenden Beobachtung in beiden Milieus (Travellerszene in Indien und Indonesien, Camperszene in Brandenburg und auf Rügen).

„Traveller" in der Fremde: Zur großen Freiheit?

Abb. 6.1.1: Rucksackreisende in Pushkar (Rajasthan, Nordindien)

Der Ursprung der Travellerszene wird bei den *Hippies*, als jugendkultureller Bewegung der 60er und 70er Jahre gesehen. Damals brachen junge Menschen, vorwiegend aus der bürgerlichen Mittelschicht auf, um an fernen und unberührten Plätzen der Erde das ursprüngliche, vorzivilisatorische Leben zu suchen. Häufig vertraten sie eine antikapitatistische und antimaterialistische Lebenseinstellung. Mit wenig Geld und kaum Gepäck zogen die Blumenkinder an die warmen Strände entlegener Kulturen. Beliebte Ziele der ersten Traveller waren z.b. Goa in Indien oder Kuta auf Bali in Indonesien; damals verwunschene Fischerdörfer, heute Zentren des kommerziellen Massentourismus. Von Anfang an fungierten die Hippies, natürlich ohne dass sie das wollten, als Vorreiter und Trendsetter für die kommerzielle Tourismusindustrie. Diese folgte ihnen und vertrieb sie damit an immer weiter entlegene Strände. Aus der Hippiebewegung entstand in den darauffolgenden Jahren der sich immer weiter ausbreitende alternative Individualtourismus.

Heute finden sich in diesem Milieu nicht mehr nur junge Menschen mit alternativen Lebensidealen oder dem Wunsch aus der hochzivilisierten Welt auszusteigen. Es gibt vielmehr eine bunte Mischung der verschiedensten Lebensstile. Noch immer scheint diese Form des Reisens jedoch vorwiegend ein Mittelschichtsphänomen zu sein und noch immer finden sich hier vorwiegend jüngere Menschen mit höherer Bildung und eher individualistischem Lebenstil. Es sind viele Singles oder unverheiratete Paare anzutreffen, es gibt nicht so viele Kinder.

Was sich darüber hinaus seit Beginn der Bewegung erhalten hat, ist ein relativ ausgeprägtes soziales Abgrenzungsbedürfnis gegenüber den „durchorganisierten Neckermännern", womit Pauschalreisende gemeint sind. Diesen unterstellt man gerne mangelhafte Selbstständigkeit, Spießbürgerlichkeit, Bequemlichkeit, kein echtes Interesse am Land und vieles mehr. Sie sind die eigentlichen Touristen, während man diesen stigmatisierten Begriff für sich selbst nicht akzeptieren will. Ebenso bis heute erhalten hat sich auch das *Ideal des Ursprünglichen*, was dazu geführt hat, dass die Traveller heute dabei sind, die letzten weißen Flecken der Erdkugel zu erobern. Sobald ein Ort von der Tourismusindustrie entdeckt wurde, ist er für dieses Milieu nicht mehr interessant oder gilt als „verdorben". Entsprechend dem *Ideal des Urtümlichen und Authentischen* wohnt der Traveller bevorzugt in preiswerten Privatunterkünften oder Strandhütten und isst in günstigen Lokalen, die in der Regel von Einheimischen speziell für diese Reiseszene zur Verfügung gestellt werden. Man bleibt weitgehend unter sich und vermeidet den organisierten Massentourismus mit den entsprechenden Infrastrukturen.

Dass aber das vermeintlich Urtümliche dies oft schon längst nicht mehr ist, wird übersehen. Es entsteht vielmehr eine spezifische Szene, die ganz auf die Bedürfnisse ihrer Mitglieder zugeschnitten ist und in deren Rahmen die Einheimischen längst nicht so eine wichtige Rolle spielen, wie gerne behauptet wird. Die Umgebung trägt Merkmale des *Selbstverwirklichungsmilieus*[9] westlicher postindustrieller Gesellschaften (vgl. Schulze 1993), wie Reggaekneipen,

---

[9] Das Selbstverwirklichungsmilieu ist nach Schulze (1993) die gesellschaftliche Gruppe, der vorwiegend die jüngere, gut ausgebildete Mittelschicht angehört. *Selbstverwirklichung* ist das zentrale Lebensziel dieses Milieus. Dabei wird davon ausgegangen, dass es in jedem Menschen einen *inneren Kern* gibt, den es im Laufe des Lebens zu entfalten gilt.

Angebote im Esoterikbereich, Kurse im künstlerischen und heilenden Bereich u.ä.

Trotzdem findet sich vieles, was für die Entwicklung eines umwelt- und sozialverträglichen Tourismus Vorbildfunktion haben kann. So bleiben die touristischen Betriebe in der Regel kleine Familienunternehmen, die häufig wirklich noch einen sozialen Austausch zwischen Reisenden und Gastgebern möglich machen. Darüber hinaus hält sich der Ressourcenverbrauch durch die bescheidenen Komfortansprüche dieser Reisenden in Grenzen.

Ein noch heute sehr beliebter Treffpunkt dieser Szene ist *Pushkar* in Nordindien. Eine Karte dieses Ortes, entnommen aus dem einschlägigen Reiseführer *Lonely Planet,* ist emplarisch abgebildet (siehe Abb. 6.1.2). Sie soll einen Eindruck vermitteln, welche räumlichen und infrastrukturellen Einrichtungen für das beschriebene Milieu von Bedeutung sind.

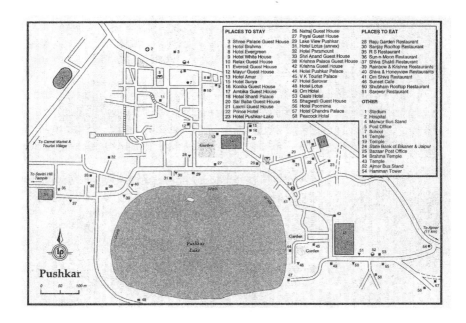

Abb. 6.1.2: Karte von *Pushkar* (Rajasthan, Nordindien). Entnommen aus dem alternativen Reiseführer *Lonely Planet.*

Wohnwagentourismus in Deutschland: Zur kleinen Freiheit – Reisen oder „Freizeitwohnen"?

Abb. 6.1.3: Campingplatz in Norgaardholz (Schleswig-Hollstein)

Die frühen Vorläufer des heutigen Wohnwagentourismus finden sich beim Campingurlaub in freier Natur, der sich in den ersten Jahrzehnten des 20 Jahrhunderts entwickelt hat. Dieser entstand in einer Zeit, als die unbegrenzte Fortbewegung und die Überwindung großer räumlicher Distanzen noch nicht möglich war.
In den 20er und 30er Jahren zogen Jugendgruppen, die vorwiegend aus Städten kamen, hinaus in die freie Natur. Damals musste jedoch noch ein einfaches Zelt als Freizeitbehausung ausreichen.
In den 40er und 50er Jahren kamen die ersten Wohnwagen auf den Markt, dabei handelte es sich zunächst aber lediglich um eine Art aufklappbares Zelt auf Rädern. In den darauffolgenden Jahrzehnten wurden dann jedoch immer komfortablere mobile Freizeitheime entwickelt.
Heute gibt es nicht nur die verschiedensten Wohnwagen unterschiedlichsten Komforts; auch nahezu jeder häusliche Gebrauchs-

gegenstand ist in einer *Campingversion* zu haben. Solche Utensilien unterscheiden sich dadurch von den Alltagsgegenständen, dass sie meist *kleiner* und *einfacher* sind. So kann der Wohnwagentourist auch physisch/ materiell betrachtet, eine umfassend ausgestattete Gegenwelt im Kleinformat entwerfen. Das macht diese Form des Urlaubs gerade für ältere Menschen oder Familien angenehm, die auf eine eigene materielle Ausstattung nicht ganz verzichten wollen, die sich jedoch auch kein Ferienhaus leisten können.

Die Camper der ersten Stunde waren aber, wie auch die Traveller, junge Menschen. So wie die Hippies flohen sie raus aus der Stadt, rein in die Natur; den zivilisationskritischen Geist der erstgenannten Gruppe zeigten sie jedoch nicht. Zwar tauschten auch die ersten Camper das Leben in der Großstadt gerne für eine Zeit gegen ein freieres Leben in der Natur ein; die ideologische Orientierung der Hippies kannten sie jedoch nicht. Es waren hier von Anfang an Menschen zu finden, die sich wohl mit der bürgerlichen Gesellschaft identifizierten und die es anstrebten, sich in diese so gut wie möglich zu integrieren.

Heute sind in den gut ausgestatteten Wohnwagen oft Familien und ältere Menschen mit niedrigem bis mittlerem Bildungsniveau zu finden. Bei einigen von ihnen reicht die Campingerfahrung bis in die eigene Jugend zurück; sie gehörten damals zur ersten Generation und können von der Zeit erzählen, als sie jung waren und ein windiges Zelt bewohnten. Im Wohnwagenmilieu gibt es heute viele Menschen mit niedrigem bis mittlerem sozioökonomischen Status (aber nicht nur) und solche, die aufgrund von Arbeitslosigkeit oder Frührente nicht mehr am Erwerbsleben teilnehmen. Für manche ist der Wohnwagen die preiswertere Alternative zum Ferienhaus, welches für die meisten Wohnwagentouristen aber finanziell unerschwinglich bleibt.

Aus wohnpsychologischer Sicht ist es interessant zu fragen, wie Camper, die in der Gestaltung ihrer Freizeitwohnung relativ frei sind, ihre Wohnumwelt schaffen. Schließlich könnte man annehmen, dass sich hier eine Art „Urform" des Wohnens manifestieren kann. Es lassen sich die folgenden Beobachtungen machen: Der Campingbereich besteht meist aus mehreren, hintereinander angeordneten Räumen, die mit halböffentlichen Bereichen beginnen (Terrasse) und mit sehr privaten Bereichen schließen (Schlafzimmer). Es zeigt sich, dass fast immer genau diese Anordnung aus einer Kombination von

Wohnwagen und Zelten zu finden ist. Dabei ist ein fließender Übergang von „öffentlich" zu „privat" zu beobachten (siehe Abb. 6.1.4). Die unterschiedlichen Räume sind hintereinander angeordnet. Je umfangreicher die Campingausstattung ist, desto feiner kann die Abstufung der Übergänge gestaltet werden.
Diese Anordnung entspricht dem aus der Architekturpsychologie bekannten *Privatheitsgradienten*, der besagt, dass der Grad der Privatheit (verstanden hier als *Möglichkeit zum Rückzug*) vom Eingang bis in den hinteren Bereich der Wohnung kontinuierlich abnehmen sollte, um optimales Wohlbefinden zu gewährleisten. Wohnungsgrundrisse sollten in dieser Weise gestaltet sein, damit sie das Gelingen der *Privatheitsregulation* im Sinne Altmans (1975) begünstigen. Die Camper setzen genau diese Idee um, wenn sie ihre eigene Wohnwelt bauen. Darüber hinaus fällt auf, dass es im Campingmilieu eine Vielzahl von Routinen gibt, die denen des Alltags ähnlich sind. So halten sich die Wohnwagenurlauber in der Regel an feste Essenszeiten oder veranstalten Grillabende und „Straßenfeste" in regelmäßigen Abständen. Im Campingmilieu wird ein geselliges soziales Leben geführt. Häufig kennen sich die Nachbarn schon seit Jahren, manchmal sind sie Freunde von zu Hause oder sogar Verwandte. Es gibt aber auch soziale Normen, worüber die Aufnahme oder Ablehnung von neuen Campern reguliert und Druck auf die Mitglieder der Campinggemeinde ausgeübt werden kann.
Die Wohnwagenszene trägt die ästhetischen Merkmale des *Harmoniemilieus*[10]: Gartenzwerge, gemütliche Gartenmöbel, Geranien u.ä. (vgl. Schulze 1993).

---

[10] Das Harmoniemilieu ist nach Schulze (1993) jene gesellschaftliche Gruppe, zu der eher ältere Menschen mit schlechterem Einkommen und Bildungsniveau gehören. Die Suche nach *Harmonie* ist ein zentrales Merkmal ihres Lebensstils. Dies drückt sich auch in ihren ästhetischen Vorlieben aus, die von Angehörigen der Mittelschicht gerne abwertend als *Kitsch* bezeichnet werden.

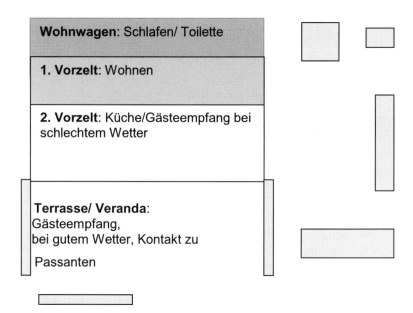

Abb. 6.1.4: Typische Anordnung von Wohnwagen und Vorzelten auf der Parzelle eines gut ausgestatteten Wohnwagenurlaubers = *Territorialmarkierungen*: Versetzbare Campingzäune aus Stoff, Blumentöpfe, Gartenzwerge u.ä.

6.2 Die zentralen inhaltlichen Kategorien (Ergebnisse des offenen Kodierens)

Im Folgenden möchte ich die aus der Textanalyse hervorgegangen Kategorien kurz vorstellen und erläutern. Diese Kategorien stellen eine Zusammenfassung des Erlebens von Reisenden und Urlaubern dar. Im Rahmen dieses ersten Analyseschrittes soll versucht werden, möglichst „nah" die berichteten Inhalte und die Sprache der Interviewpartner widerzugeben. Es soll zunächst nur wenig theoretisch abstrahiert werden (was dann, im Rahmen der nachfolgenden Analyseschritte die Aufgabe sein wird).

Die Kategorien sollen zunächst tabellarisch dargestellt werden. Daran anschließend erfolgt eine ausführlichere, zitatgestützte Beschreibung, in deren Rahmen auch auf die unterschiedliche Bedeu-

tung der jeweiligen Kategorie in den beiden Untersuchungsgruppen eingegangen wird.
Im darauffolgenden Kapitel werden die Kategorien nochmals tabellarisch zusammengefasst und *dimensionalisiert*. Ihre zentralen Eigenschaften werden bipolar dargestellt. Die Interviewpartner der beiden Untersuchungsgruppen sollen dann auf den Dimensionen eingeordnet werden. So soll eine systematische Darstellung der Kategorienstruktur und eine differenzierte Gegenüberstellung der beiden Untersuchungsgruppen geleistet werden.
Die Untersuchungsergebnisse sollen nun zunächst in ihrer Breite dargestellt werden (Kap. 6.2; Kap. 6.3) um im Anschluss daran, unter besonderer Berücksichtigung der *wesentlichen Aspekte*, wieder verdichtet und zusammengefasst zu werden (Kap. 6.4; Kap. 6.5).

No	Kategorie	Kurzbeschreibung
1	Abschied und Wiederkehr	Der Übergang von der alltäglichen in die nicht alltägliche Umgebung und zurück. Der Weg zum Urlaubsort, der Weg zurück und das damit verbundene Erleben.
2	Rituale	Interpretation der ganzen Reise als Höhepunkt im Leben oder auch das Herausheben bestimmter, meist geselliger Ereignisse.
3	Das Andere, das Besondere	Das Andere und Besondere ergibt sich als Gegensatz und Kontrast zum Gewohnten, Normalen und Alltäglichen.
4	Angst	Unterschiedlich begründete Gefühle von Angst oder Furcht auf der Reise/ im Urlaub und zu Hause.
5	Leben/ Bewegung	Die Bewegung des Körpers im Raum und die damit korrespondierende „innere Bewegtheit". Die Dynamisierung des Erlebens und die subjektiv erlebte Lebendigkeit.
6	Lernen	Lernen, jedoch nicht nur im intellektuellen, sondern vor allem im emotionalen und sozialen Bereich.
7	Alltagsflucht	Der Wunsch, sich unangenehmen oder nur zum Teil gewünschten Aspekten des Alltagslebens für eine Zeit zu entziehen. Herstellung größerer Wahlfreiheit im Handeln.
8	Distanz	Die räumliche und die psychische Distanz zur gewohnten Umgebung.

9	Einsamkeit	Gefühle von Einsamkeit, Verlassensein und auf sich selbst gestellt sein.
10	Freiheit	Das Gefühl ungebunden zu sein und unbegrenzte Möglichkeiten zu haben, gerade auch in sozialen Beziehungen. Entstehung innerer Freiräume.
11	Gebundenheit	Die Suche oder der Wunsch nach Verbundenheit mit anderen Menschen, auch in einer fremden Umgebung.
12	Lösung/Gelöstheit	Sich äußerlich und innerlich loslösen aus den festgelegten Bahnen und Verpflichtungen des Alltags und das damit verbundene Gefühl gelöst, entspannt, entlastet zu sein.
13	Emotionale Intensität	Ein intensiviertes emotionales Erleben infolge einer intensivierten sinnlichen Wahrnehmung.
14	Spannung	Ein Gefühl von An- und Aufregung, ausgelöst durch die Ungewissheit, was passieren wird
15	Soziale Kontakte	Kontakte mit anderen Menschen, zu Hause und auf Reisen. Unterschiede im sozialen Verhalten.
16	Kultur	Die Emotionen und Prozesse, die mit dem Verlassen der eigenen (Alltags-)kultur und der eventuellen Auseinandersetzung mit einer anderen Kultur verbunden sind.
17	Schwierigkeiten Überwinden/ Abenteuer	Das Meistern von ungewohnten Situationen und die Bewältigung von Schwierigkeiten.
18	Entfaltung/ Entwicklung	Das Gefühl, die Grenzen des eigenen Selbst zu erweitern, sich zu verändern/ zu entwickeln.
19	Selbstvertrauen	Ein zunehmendes Gefühl von Selbstsicherheit, das sich häufig aus dem Meistern schwieriger Situationen ergibt
20	Sensorische Stimulation/ Sinnlichkeit	Die mit der intensivierten Stimulation/ Wahrnehmung und dem Erleben von inneren Freiräumen verbundene Erneuerung des sinnlichen Erlebens (visuell, taktil, olfaktorisch, auditiv).
21	Spiritualität	Gefühle von Verbundenheit mit „dem Ganzen" und der damit verbundene Glaube an

		eine übermenschliche Kraft.
22	Spontaneität/ Leben im Hier und Jetzt	Durch die Unstrukturiertheit neuer Situationen und einer neuen oder zumindest vom Alltag verschiedenen Umgebung wird eine größere Präsenz im Augenblick und mehr Spontaneität im Verhalten möglich.
23	Experimente	Das Ausprobieren neuer Verhaltensweisen in einer Umgebung, in der sich noch keine Verhaltensroutinen entwickelt haben oder in der andere Verhaltensnormen gelten.
24	Regression	Die Tendenz ontogenetisch oder kulturgeschichtlich „früher" angesiedeltes Verhalten zu zeigen, aber auch die Tendenz sich selbst zu verwöhnen oder verwöhnen zu lassen.
25	Imagination	Eine veränderte, meist intensivierte und bedürfnisorientierte Wahrnehmungsselektion, die zu positiven emotionalen Zuständen führt.
26	Unsicherheit/ Selbstbehauptung	Das Erleben von Unsicherheit in einer fremden Umgebung und die Herausforderung zur Selbstbehauptung.
27	Vertrautheit	Das Erleben von Vertrautheit und Geborgenheit.
28	Zeit	Die veränderte Wahrnehmung der Zeit und die stärker nach innen gerichtete Strukturierung der Zeit.
29	Körperliches Erleben: Krankheit und Gesundheit	Das körperliche Erleben: Auftreten oder Verschwinden körperlicher Symptome auf der Reise, körperliche Befindlichkeit, körperliches Erleben.
30	Wunschumwelten	Phantasien und Träume von einer idealen Umgebung (physisch und sozial) und dem dort stattfindenden sozialen Leben.
31	Psychologischer Nutzen der Reise	Das, was die Reisenden, nach eigener Einschätzung, von der Reise mitgebracht haben. Subjektive Erholungseffekte: Dynamisierende und stabilisierende Elemente.
32	Subjektive Gesundheitstheorien	Die Vorstellung davon, was Gesundheit ist und wie Gesundheit gefördert werden kann.

Tab. 6.2.1: Das Erleben von Reisenden. Zentrale Kategorien

6.2.1 „Zwischen den Welten": Abschied, Ankunft und Wiederkehr

Abschied und Wiederkehr kennzeichnen den Übergang von der alltäglichen, „normalen" Welt, in die nicht alltägliche Lebenswelt. Zwar beschäftigen sich die Reisenden schon vor der Reise mit Reiseplanung und –organisation: Reiseführer werden gekauft, wichtige Reiseutensilien besorgt etc. Der eigentliche Abschied aus dem Alltag gelingt jedoch meist erst dann, wenn der Heimatort verlassen worden ist. Häufig verändert sich die erlebte Stimmung auf der Fahrt zum Urlaubsort.

Die Ankunft im fremden Land bzw. am Urlaubsort wird unterschiedlich erlebt. TRAVELLER berichten häufig von einem intensiven Kontrast bis hin zum Schock. So berichtet ein Indienreisender:

> „ ... das war am Anfang schon ein Schock für mich, die Bettler zu sehen, das zu akzeptieren, damit zurechtzukommen, und dann auch damit, dass die Leute versuchen mich übers Ohr zu hauen. Also nicht alle, aber da musste ich einfach sehr aufpassen. Ich merkte, dass ich wenig Vertrauen haben konnte. Ich war immer auf Hab-Acht-Stellung."

Die Wiederkehr nach Hause ist häufig mit gemischten Gefühlen verbunden; mit Freude, die Freunde und das Zuhause wieder zu sehen, aber auch mit Wehmut, weil die Reise vorbei ist. Auch hier findet häufig ein Stimmungsumschwung auf der Fahrt vom Reiseziel zurück nach Hause statt. Ein TRAVELLER erzählt das Folgende:

> „ ... so in der Hochzeit der Reisen war das immer ziemlich furchtbar. Je näher das Ende der Reise kam, desto trauriger wurde ich, desto mehr hat es mir gegraut wieder in Deutschland zu sein und die Kälte zu spüren. Ich hatte dann immer schon am Ende der Reise den Plan für die nächste Reise fertig. Und die letzten Tage, die letzten Stunden habe ich alles ganz ganz besonders intensiv noch mal erlebt. Und dann der Weg zum Flughafen, das hab ich mit sehr viel Wehmut alles gemacht. Und im Flugzeug selber war ich (LACHT BISSCHEN) immer furchtbar traurig und ja, konnte mir das eigentlich gar nicht vorstellen, dann in Deutschland auszusteigen, war ja immer Frankfurt, und dann auf diesem Flughafen zu sein, der so anders ist als der in Delhi, und dann von meinen Eltern begrüßt zu

werden, bis ich dort war, war das für mich eine ganz unangenehme Vorstellung. Und ich hatte oft im Flugzeug noch mal die ganze Reise in Bildern vor mir und da Abschied genommen. Dann bin ich angekommen, und dann war's aber eigentlich nie so schlimm, wie ich mir das vorgestellt hatte. Es war dann auch nett mit meinen Eltern, dann war ich meistens eine Woche oder so zu Hause und fand das auch schön da. Das zu genießen, sich um nichts kümmern zu müssen, und halt wieder zu Hause zu sein. Das war schon auch schön. Und es war auch sehr schön, als ich in XX wieder angefangen habe zu studieren, die Freunde wieder zu sehen, das war letztendlich dann doch positiv. Aber erst in dem Moment, als ich da war, und davor war es halt anders."

Viele Urlauber berichten, dass sie am Ende einer Reise Pläne für die nächste Reise schmieden. Schon auf dem Heimweg wird über Ziel und Zeit für die nächste Reise nachgedacht. Ein WOHNWAGENURLAUBER beschreibt das Ende einer Reise so:

„Ich bin hier kein Illusionist, dass ich nun sage ich trauere dem hinterher, ich weiß, ich habe Urlaub, und der ist dann und dann zu Ende, und dann geht es hier wieder weiter, ne. Alles hat ein Ende, nur die Wurst hat zwei."

Die Zeit nach der Reise beschreibt derselbe Interviewpartner wie folgt:

„Na dann kommt das Übliche, da hat die Frau ne Menge Wäsche zu waschen, und dann werden die Filme weggebracht und die Bilder bestellt, ... , natürlich, das ist damit nicht abgeschlossen, das geht auch gedanklich weiter, und dann muss der Wohnwagen abgegeben werden, dann muss er saubergemacht werden ... Na ja und dann merkt man, wenn man den Wohnwagen abgegeben hat, nun ist das schöne Stück Urlaub schon vorbei, und die kleinen Dinge, die nun noch kommen, na gut, das geht dann auch vorbei. Und naja, dann stellt sich ganz schnell der übliche Trott wieder ein.

I: Wann fangen Sie an, Ihren nächsten Urlaub zu planen?

IPW: Relativ bald. Ich sag immer, Urlaub kann man nicht zeitig genug planen"

Ein TRAVELLER hingegen beschreibt auch seine Heimkunft als Schock:

„Das war äußerst ungünstig geplant (LACHT). Aber es war einfach zu dem Zeitpunkt, wo ich merkte, es reicht mir mit dem Rumreisen, immer unterwegs sein, ich will jetzt wieder was Festes haben, ich will mich auch jetzt wirklich um meinen Beruf kümmern; ich hatte zum Glück damals eine Idee gehabt, ich fand in Indien am statistischen Institut einen Artikel von einem deutschen Professor, und ich bin mit dem Plan nach Deutschland gegangen, bei ihm zu promovieren. Und ich glaub, wenn ich diese Idee nicht gehabt hätte, ich wäre noch weiter gereist. Also es war so, als ob ich dann was gefunden hätte, um wieder zurückzukommen. Und dann war's eben leider etwas ungünstig. Am ersten März bin ich in Berlin angekommen, der Flug ging über Moskau und es war saukalt. Und in Berlin hatte gerade am Vorabend so'ne Straßenschlacht stattgefunden, ... also (LACHT BISSCHEN) damals war das ja noch ziemlich häufig. Naja, und dann der Alltag, in der WG haben sie dann gesagt, dass ich ausziehen soll (LACHT BISSCHEN). Das kam dann schon nach den zehn Minuten Begrüßung. Also das war 'n absoluter Schock. Und dann erfuhr ich dass ein Freund von mir mit dem ich mal eine Beziehung hatte an Krebs erkrankt war. Das kam alles auf mich zu. Also, es waren lauter Katastrophen sozusagen."

Auch ein anderer TRAVELLER beschreibt die Heimkehr als sehr schwierig:

„Und das letzte Mal, als ich weg war, da war's eigentlich ganz schrecklich, ich wollte eigentlich auch noch gar nicht zurückkommen, das Wetter war auch schlecht, es war kalt hier, spielt ja auch immer eine Rolle (LACHT). Ich saß im Flugzeug und wir landeten in Frankfurt, und irgendwie, diese, diese Rollen vom Flugzeug berührten dann diesen deutschen Boden, und ich hätte echt heulen können, ich dachte mir so, `was machst du hier eigentlich? Oh nein, ich will nicht!` (LACHT) Und dann direkt in diesem Flughafenbus einsteigen, direkt dieses Schild,

`Bitte während der Fahrt den Fahrer nicht ansprechen`, so dieses mit Deutschland konfrontiert werden."

Bei den WOHNWAGENURLAUBERN werden die Übergänge zwischen Urlaubswelt und Alltagswelt eher als *weich und fließend* beschrieben, bei den TRAVELLERN oft als *hart und abrupt*.

6.2.2 „Höhepunkte im Leben": Rituale

Der Begriff des *Rituals* ist zum einen zur Beschreibung der Reise als Ganzes geeignet, zum anderen kann er aber auch zur Darstellung von *Events,* die während der Reise stattfinden, herangezogen werden. Vor allem bei den TRAVELLERN erscheint die Interpretation der Reise als Ritual zutreffend, denn die Reise ist bei dieser Gruppe eine Zeit intensiver emotionaler Höhen und Tiefen, im Gegensatz zu einem eher kontinuierlich und gleichförmig verlaufenden Alltag:

> „Also ich hatte viel häufiger Gefühlsereignisse, wo ich mich sehr gut gefühlt habe oder mir etwas sehr gut gefallen hat: viel intensiver als es in Deutschland war. Das waren oft Stimmungen, die ich mitbekommen hatte, Landschaften und Licht oder auch Gemeinschaftsgefühl mit anderen Leuten, oder wenn ich was ganz Faszinierendes gesehen hab, oder ja, was immer ganz toll war, wenn ich Menschen getroffen hab, die mich innerlich sehr angesprochen haben. Das waren für mich ganz ganz große Hightlights gewesen. Also oft habe ich mich nicht einmal unterhalten mit den Menschen. Ich habe halt dagesessen in irgend einem Restaurant, habe halt so geguckt und habe so´n bisschen miterlebt, wie die Menschen leben, und dabei habe ich eine sehr sehr große Harmonie oft empfunden. Das war immer sehr schön gewesen. Oder auch die Wärme zu spüren, die menschliche Wärme zu spüren, das war auch immer ganz toll. Es waren ziemlich viele schöne Gefühle da, auch glaub ich viel intensiver als zu Hause."

Auch die Neigung bereits am Ende eines Trips die nächste Reise zu planen um einen erneuten Höhepunkt ins Leben zu setzen, weist auf eine solche Ritualfunktion des Reisens hin. Darüber hinaus kann festgestellt werden, dass alle Interviewpartner, WOHNWAGENURLAUBER und TRAVELLER ihr Alltagsleben als *zu gleichförmig* und zu arm an Höhepunkten beschreiben. Aber nur selten versucht man

zu Hause solche Höhepunkte zu realisieren. Die Funktion solcher Höhepunkte erfüllt die Reise.
Während einer Reise spielen meist *gesellige Zusammenkünfte* eine Rolle. Diese Zusammenkünfte sind häufig durch einen exzessiveren Charakter gekennzeichnet als vergleichbare Treffen zu Hause. In diesem Zusammenhang spielt auch der Drogenkonsum eine Rolle. Im Wohnwagenurlaubermilieu wird Alkohol bevorzugt, bei den TRAVELLERN daneben auch Haschisch, LSD, o.ä.
Wie sehen solche geselligen Rituale mit Rauschmittelkonsum in den beiden Milieus typischerweise aus? Bei den WOHNWAGENURLAUBERN ist es meist der Grillabend draußen, zusammen mit den Nachbarn vom Campingplatz. Viele Leute auf dem Campingplatz grillen jeden Abend zusammen, Bier wird bereitgestellt und es wird „zusammen gesoffen".
Bei den TRAVELLERN kann es z.B. so aussehen, dass sich eine spontan gebildete Gruppe täglich trifft und gemeinsam LSD, Meskalin, Psilocybin (Pilze) oder Haschisch konsumiert.

„ ... na ja, es war ganz extrem in Benares, also wo ich dann drei Wochen nicht mal was besichtigt habe, was ich sonst schon gemacht habe, das ging bis in diese extreme Richtung, wo ich dann nur mit Leuten zusammen war, hing, und eine rauchte."

6.2.3 „Also es ist ja eine andere Art von Leben": Das Andere, das Besondere

Das „Andere" ergibt sich als Kontrast zu dem, was als das „normal" oder „gewohnt" wahrgenommen wird. Welche Tätigkeiten als „anders" erlebt und gewünscht werden, hängt davon ab, wie der Alltag eines Menschen gestaltet ist. In der Regel wird mit „dem Anderen" jedoch ein *Kontrast zu den typischen Merkmalen einer post-industriellen Arbeitsgesellschaft* und dem damit verbundenen Verhalten gesucht. *Freiheit von Arbeit und Regeln, freie Zeiteinteilung, Natur statt Stadt, ungezwungene Kontakte, eine fremde, exotische Kultur anstelle der eigenen, ein Leben, dass sich an den eigenen Bedürfnissen orientiert und nicht an von außen auferlegten Pflichten und Zwängen.*
Bei vielen WOHNWAGENURLAUBERN steht die Freiheit von der Erwerbsarbeit und von den damit verbundenen sozialen Rollen im

Vordergrund. Ein weiterer wichtiger Kontrast ist bei dieser Gruppe das Leben an der frischen Luft, die Naturnähe und in eine Gemeinschaft eingebunden zu sein. Ein Zitat soll dies verdeutlichen:

„I: Und was gefällt Ihnen so am Campen?
E: Also alles, die Natur, ja. Die Natur vor allen Dingen. Ja, und immer im Freien sein, immer draußen. Auch der Kontakt mit den Menschen, das ist doch auch sehr schön. Also ich fühle mich freier, die andere Luft und mit Leuten zusammen sein. Ist nicht alles so gezwungen wie zu Hause. Man fühlt sich auch nicht so einsam, in der Wohnung kann man sich leicht einigeln, das ist auf dem Campingplatz schon anders. Wenn man morgens aufsteht, oder man liegt noch im Bett, man steht auf wenn man Lust hat; man hat alle Fenster auf, und dann hört man schon, wenn die alle runtergehen und sich unterhalten, oder man hört die Kinder, irgendwie ist das, ich hab auch eine große Familie gehabt früher, mit sieben Kindern, und so ist das hier auch. Vor allen Dingen spielt hier die Uhrzeit nicht so´ne große Rolle, wa?"

Auch bei den TRAVELLERN haben *andere soziale Beziehungen* und *veränderte soziale Rollen* eine große Bedeutung:

„Zu Hause war alles sehr geordnet. Also alles ging irgendwie sehr seinen Lauf, ohne große Hightlights. Also gerade das Studium war relativ regelmäßig. So mit Freunden, ich hatte auch meinen festen Freundeskreis gehabt, und da lief alles so in den geordneten Bahnen. Da hatte ich meine Position, wie ich von anderen eingeschätzt wurde, und umgekehrt, und es ist auch nie so zu irgendwie großen Konflikten gekommen. Das war eigentlich sehr regelmäßig und normal. Ja, in Indien war´s dann halt nicht mehr so, das hat sich dort verändert, jeden Tag. Ich bin zwar alleine losgereist, aber die meiste Zeit war ich schon mit irgend jemand anders unterwegs. Und das war auch immer ganz neu. Man hat bei Null angefangen und ich habe mich auch von Bindungen immer sehr frei gefühlt. Wenn ich keine Lust mehr hatte, dann ist man halt nicht mehr zusammen gereist. Das war dann auch vollkommen okay, und wenn es gut geklappt hat, dann bin ich auch Monate mit anderen zusammen gereist, das war dann auch gut. Und diese Freiheit, oder ja, ich bin halt nicht in so ein Bild gepreßt gewesen, in dem ich in Deutschland war. Und konnte mich da freier bewegen, auch zwischenmenschlich, und das war auch nicht so schlimm, wenn ich dann irgend jemand verletzt habe oder so, das hatte keine Konsequenzen. Also das habe ich als sehr angenehm empfunden. Und das war glaub ich auch der große Unterschied, dass da so dieses ganze Vernetzte in den sozialen Kontakten eben nicht da war."

Die Freiheit von einem zeitlich durchorganisierten und durch die Arbeit strukturierten Alltag spielt auch bei den TRAVELLERN eine große Rolle:

„Also der Alltag war sehr bestimmt von meiner Diplomarbeit damals, bevor ich losgefahren bin. Also auch Tutorium, Diplomarbeit, dann die Wohngemeinschaft, ja, wo ich mich aber mehr verzogen hab hinter meinen Schreibtisch."

Das Leben und Erleben auf der Reise ist nicht nur anders, sondern im Gegensatz zum Alltag, der „normal" ist, auch besonders. Der Urlaub ist eine besondere Zeit, die sich abhebt von der normalen Zeit. Zum Teil wird die neue Umwelt allein dadurch als besonders erlebt, dass sie neu und noch unbekannt ist. Darüber hinaus wird jedoch vor allem bei den TRAVELLERN nach Besonderheiten, nach *Hightlights* gesucht, die eine besondere Faszination ausüben. Ein TRAVELLER berichtet:

„Die ganze Fahrt war durch diese unendliche Weite und Einsamkeit geprägt, aber ich war immer noch mit diesen Leuten unterwegs, deswegen war ich eigentlich nie alleine. Und da hab ich halt dann eben gesagt, ich gehe weg und war dann eben nur noch mit diesen paar Leuten, mit diesen Nomaden, die eigentlich gar nicht viel von mir dann wollten zusammen. Und ich hatte mein Zelt aufgeschlagen und wollte irgendwie noch ein bisschen menschlichen (LACHT BISSCHEN) Kontakt haben, und bin dann eben da herum gelaufen, hab also ganz lange gewartet auf die Autos, da kam noch einer, eins pro Tag oder so. Und eben, diese Zeit da war halt für mich total besonders eigentlich."

Ein anderer TRAVELLER stellt den ästhetischen Genuss von Landschaft als das Besondere dar:

„Die Landschaft ist etwas Besonderes. Also dieses ganz andere Panorama, auch eben weil die Wahrnehmung schärfer ist. Weil es eben was Besonderes in dem Moment ist, weil man es ja nicht jeden Tag zu sehen bekommt. Mir fällt da ein, was ich leider bisher noch nicht gesehen habe, aber was ich mir ganz toll vorstelle, ist die Sierra Nevada, in die ich demnächst fahre. Das ist weltweit das höchste liturale Gebirge, das vom Meeresspiegel bis auf knapp 6000 Meter Höhe in nur 40 Kilometern ansteigt. So einen schnellen Anstieg gibt es halt sonst nirgends, und dann hast du sieben Gletscher und dahinter quasi die Karibik. So was ist ein Genuss, also was Besonderes eben auch. Genuss wird für mich auch sein, das Leben da wieder so'n bisschen zu spüren, alleine mir vorzustellen, ich sitz in irgend einem Bus mit Kolumbianern und Kolumbianerinnen zusammen, und aus dem Radio kommt nette Salsa-Musik, und was weiß ich, irgendwie so was Rhythmisches, und ich denk mir, "wow, bist wieder irgendwie da," und dann gibt's 'n paar Leute, die singen dann ein bisschen mit. Das werde ich auch genießen, weil ich das von hier nicht gewohnt bin. Das ist eben auch wieder was Besonderes."

6.2.4 „Reisen ist gefährlich": Angst, Furcht

Angst, Furcht und die damit verbundene physiologische Erregung spielen bei den TRAVELLERN eine große Rolle. Das Auftreten von sehr spannungsreichen Zuständen wird akzeptiert, häufig sogar gesucht. Dagegen wird häufig von diffusen Existenzängsten im Alltag berichtet, die als sehr unangenehm empfunden werden. Diese Ängste wären kaum einer eindeutigen Ursache zuzuordnen, sie nehmen zum Teil jedoch einen großen Teil des Alltags ein. Auf der Reise hingegen käme es zu ganz spezifischen Ängsten, die an ganz bestimmte Situationen gebunden wären. Ist eine solche Situation bewältigt oder überstanden, verschwindet die Angst, häufig zeigt sich im Anschluss sogar ein Gefühl von Euphorie.
Bei den WOHNWAGENURLAUBERN hingegen berichtet nur einer, der mobilste Interviewpartner dieser Gruppe, spannungsreiche und herausfordernde Situationen zu genießen. Die anderen bevorzugen Ruhe und Entspannung und vermeiden Situationen, die Angst auslösen könnten.
Es folgt hierzu ein Zitat von einem TRAVELLER:

> „Ich hab manchmal Angst, wenn ich an bestimmte Dinge denke, die mich hier (in Deutschland) erwarten, oder in bezug auf Berlin, auf mein Leben hier. Angst dort (in Kolumbien), wenig. Ich mein, gut, irgendwie Angst, vor einem Gebiet, wo ziemlich viel Guerilla ist und so. Das sind dann eben auch so situationsbedingte Ängste, das ist etwas anderes. Und diese, vielleicht zum Teil unbegründeten Ängste, die man in Deutschland manchmal hat, wenn man Magenflattern hat und man weiß gar nicht warum, Existenzängste, die hab ich in Deutschland schon viel, viel, viel extremer auf jeden Fall."

Ein anderer TRAVELLER berichtet von seiner Reise:

> „Und ich musste ja auch immer aufpassen (in Indien), dass es mir auch gut geht und dass ich nicht über's Ohr gehauen werde. Oder in welchen Hotels ich übernachte, und da hab ich dann sehr schnell ganz genau auf die Menschen geachtet, hab denen ins Gesicht gekuckt und in die Augen gekuckt und versucht da zu sehen, was das für ein Mensch ist, der mir da gegenüber ist. Einfach aus Angst, oder aus dem Bedürfnis heraus, dass mir nichts passiert."

Ein WOHNWAGENURLAUBER berichtet über aufregende Erlebnisse und angstmachende Erfahrung:

> „Also in Schweden, beim Kajakfahren, da ist es unheimlich oft passiert, dass die Seen sehr wellig waren, da kuckten überall Felsbrocken raus und es konnte einem passieren, dass man mit dem Boot auf einen Felsbrocken gefahren ist, und da musste man halt einen Moment warten, bis die nächste Welle einen wieder wegträgt.
> Und das ist diese Herausforderung, die mein Partner braucht, die ich aber gar nicht brauche. Wellen und See, das ist etwas, was mir auch sehr Angst macht. Das ist etwas, was mir sehr Angst macht, damit kann ich ganz schlecht umgehen, da sitz ich sehr verkrampft im Boot."

6.2.5 „Reisen ist Leben": Bewegung

Bewegung und Mobilität spielen in beiden Reisemilieus eine Rolle; sie sind jedoch unterschiedlich wichtig. In beiden Reisemilieus gibt es Menschen mit einem starkem Wunsch nach Bewegung und Ortsveränderung aber auch solche, die lieber fest an einem Ort bleiben. Das Erleben einer inneren Lebendigkeit ist für alle Reisenden ein Kennzeichen des Urlaubs, stärker noch für die TRAVELLER. Viele Äußerungen weisen darauf hin, dass auf der Reise vitaleres und intensives Leben und Erleben möglich werden. Darüber hinaus werden Ungebundenheit und Flexibilität von allen Reisenden als wichtig herausgestellt. Ein TRAVELLER erzählt:

„Und wenn man unterwegs ist, dann kann man auch mehr für den einzelnen Tag leben, man muss nicht so planen, man ist auch viel ungebundener, man kann von heute auf morgen auch sagen, gut, jetzt fahr ich weiter, oder ich bleibe noch. Also man ist so schön flexibel dabei."

Ein anderer TRAVELLER berichtet das Folgende:

„Genuss wird für mich auch sein, das Leben da wieder so'n bisschen zu spüren, alleine mir vorzustellen, das hat aber auch mit meiner Erinnerung so zu tun, ich sitz in irgend einem Bus mit Kolumbianern und Kolumbianerinnen zusammen, und aus dem Radio kommt dann nette Salsa-Musik, irgendwie so was Rhythmisches, und ich denk mir, "wow, bist wieder irgendwie da," und dann gibt's ein paar Leute, die singen dann ein bisschen mit, das werde ich auch sicher genießen, weil ich das von hier nicht gewohnt bin."

An anderer Stelle berichtet der gleiche TRAVELLER:

„ ... man ist wieder ungebundener, wenn man sich zum Beispiel eine Reiseroute zusammensucht. Man ist kreativer in dem, wie man den Tag gestaltet."

Das Gefühl bei der Heimkehr beschreibt ein TRAVELLER so:

„Also manchmal hab ich das Gefühl, man kommt dann hier an, man ist voller Elan und man stößt dann so oft auf diese bürokratischen Wände und läuft irgendwie gegen Mauern, und dann wird man auch ganz schnell wieder ein bisschen verbissener, was halt echt sehr schade ist."

Auch ein WOHNWAGENURLAUBER schätzt die Beweglichkeit, die ihm der Wohnwagen bietet sehr:

„Das Besondere ist, man ist erst mal beweglich, man ist im Prinzip völlig frei, man ist auf nichts angewiesen, ich kann hinfahren, wo ich will, ich kann parken oder anhalten, wann und wo ich will, ich muss also nicht im Hotel sein und, und früh vielleicht zwischen neun und elf zum Frühstücken sein. Und, und und."

6.2.6 Reisen bildet? Lernen

Dieser Bereich ist eng mit den bei den TRAVELLERN zu findenden Entwicklungsmotiven verknüpft. Wichtig ist festzuhalten, dass es beim Lernen nicht vorrangig um den intellektuellen Bereich geht. Vielmehr geht es primär um Lernen im *emotionalen Bereich* und um einen Zuwachs an Erfahrung im *sozialen Bereich*. Die Vielfalt und Fremdartigkeit sozialer Situationen, denen ein TRAVELLER auf der Reise immer wieder gegenübersteht intensiviert das emotionale Erleben und erfordert neue Verhaltensreaktionen.
Bei den WOHNWAGENURLAUBERN konnte dieses Motiv kaum gefunden werden.

6.2.7 „Endlich raus": Alltagsflucht

Als wichtig zeigte sich im Rahmen der Interviews auch das, was zu Hause zurückgelassen werden kann. Vor allem den *Rollen, Normen und Zwängen* des Berufslebens oder Studiums entkommen Erwerbstätige und Studierende gerne für eine Zeit. Die damit verbundenen Ängste und Sorgen können dann für eine Zeit vergessen werden. Einige Reisende beider Milieus heben hervor, dass es besonders angenehm sei, sich aus belastenden sozialen Beziehungen, z.B. am Arbeitsplatz oder in der Verwandtschaft zu lösen.
Umgekehrt gibt es jedoch auch WOHNWAGENURLAUBER die betonen, die Anonymität des Alltagslebens zurückzulassen.
Auch wenn man die unangenehmen Seiten des Lebens zu Hause auf der Reise für eine gewisse Zeit ausblenden kann, betonen alle

Urlauber, dass Probleme im Alltag durch den Urlaub allein nicht gelöst werden können.

Ein geregelter Alltag ist für viele die Bedingung dafür, dass sie überhaupt eine Reise unternehmen können. Der Alltag wird darüber hinaus von den meisten Interviewpartnern positiv eingeschätzt, so dass im Rahmen der hier durchgeführten Interviews Reisen nicht als eine Negierung des Alltagslebens interpretiert werden kann. Dennoch wird das Leben zu Hause häufig als *zu gleichförmig* empfunden, besonders von den TRAVELLERN. Sie wünschen sich diese Gleichförmigkeit zu unterbrechen um etwas „Besonderes" zu erleben. Darüber hinaus genießen es viele, Freizeitrollen zu spielen, die manchmal sogar mehr dem eigenen Selbstkonzept entsprechen als jene Rollen, die im Alltag erfüllt werden müssen.

6.2.8 „Unglaublich weit weg von allem": Distanz

Durch die räumliche Distanz zum Alltag kommt es zu einer *inneren, psychologischen Distanz*, die ein „Loslassen" von alltäglichen Beschäftigungen und Gedanken erleichtert. Ein *innerer Freiraum* entsteht.

Zu Hause fordert die physisch- räumliche Umgebung zu Tätigkeiten wie Arbeiten, Einkaufen, Putzen o.ä. auf.

Ein TRAVELLER berichtet, dass er zwar auch auf der Reise gelegentlich Gedanken an zu erledigende Alltagstätigkeiten habe; jedoch dann erleichtere die Gewissheit, dass man aus der Distanz sowieso nichts machen könne, diese zu vergessen.

> „Na, du musst dir eben über bestimmte Dinge keinen Kopf machen in dem Moment, weil es halt auch weit weg ist, weil du in dem Moment sowieso nichts daran ändern kannst. Und ob die eine Rechnung bezahlt werden muss, oder ob du dich um einen Job kümmern musst, in dem Moment spielt das ja gar keine Rolle."

Die äußere und die damit verbundene innere Distanz erleichtert es, an andere Dinge zu denken.

> „Du kannst dich eben auf ganz andere Sachen konzentrieren, eben auf das, was im Moment passiert, und ja, insofern passiert

da glaub ich eine ganze Menge. Man kann sich schon entspannen auch, weil eben dieses Alltagsleben weit, weit weg ist."

Ein anderer TRAVELLER berichtet, dass er die *„unglaubliche Entfernung"* von der eigenen Kultur als faszinierend erlebt habe. „Unglaublich einsam und weit weg von allem", so sei seine Reise gewesen:

> „Ich war mir bewusst, dass ich ewig weit weg bin, auch von der physischen Entfernung, von allem Westlichen. Und ich weiß noch, wie ich damals gedacht hab, eigentlich müsste ich ja furchtbare Angst haben vor der Situation ... Ich hätte ja überhaupt keine Chance da irgendwie Hilfe zu bekommen ... Und ich hatte gedacht, ja, eigentlich ist das eine unglaubliche Situation, und hab das aber nicht so empfunden sondern hab nur diese riesige Entfernung von der Kultur gespürt und dabei die Landschaft angeguckt, und es war total ruhig ... da waren nur diese Berge, eine ganz ganz weiche Landschaft eigentlich, und die unglaubliche Entfernung von allem. Das war so ein ganz starkes Erlebnis."

Ein anderer TRAVELLER erzählt:

> „ich hatte eine unmögliche Liebesgeschichte mitgebracht ... aus Deutschland eben, die mich noch verfolgt hat, weshalb ich auch so weit weg fahren wollte. Das war auch ein Motiv, also bloß weit weg und zu mir selber kommen."

Er will weit weg, um unglückliche Erlebnisse von zu Hause vergessen zu können. Weiter erzählt er, dass er durch die fremde Umgebung und durch die andere Atmosphäre leichter von alten Verhaltensweisen loslassen konnte. Er berichtet auch von spirituellen Erlebnissen, Gefühlen vom „Einssein mit dem Ganzen", die gerade in der fremden Umgebung aufgetaucht seien.
Ein WOHNWAGENURLAUBER berichtet, zu Hause könne er einfach nicht abschalten. Es gäbe immer etwas zu tun und es fiele ihm unglaublich schwer einmal nicht zu putzen oder aufzuräumen, wenn er zu Hause sei. Er sei es einfach gewohnt ständig etwas zu tun zu haben, so dass er sich zu Hause nicht sagen könnte: So jetzt hab ich Urlaub, jetzt mach ich mal nur wozu ich Lust hab.

Auf dem Campingplatz hingegen, das sei eine andere Welt, da gelten andere Regeln, und erst dort könnte er sich innerlich von den Verpflichtungen des Alltags lösen. Auch ein anderer WOHNWAGENURLAUBER beschreibt die Distanz:

> "aber es war schon so, dass in Mecklenburg, obwohl es gar nicht so weit weg ist von Berlin, aber ich hatte schon das Gefühl, ich kriege ganz viel Abstand zu dieser Stadt, das ist eine andere Welt, und dadurch, dass wir einfach auch mit Booten viel auf'm Wasser sind, also dadurch kommt auch schon diese Ruhe."

Erst mit dem Wegrücken des Alltags in die Ferne, physisch und psychisch, stellt sich das positive Freizeit- oder Urlaubsgefühl ein.

6.2.9 „Ganz auf mich gestellt": Einsamkeit

Gefühle von Einsamkeit, ausgelöst durch das Fehlen oder den Verlust an Bindung, sind ein wiederkehrendes Thema. Bei den TRAVELLERN sind sie untrennbar mit dem Reisen verbunden und werden sogar positiv eingeschätzt.
Die WOHNWAGENURLAUBER berichten im Gegensatz dazu, dass im Alltag erlebte Gefühle von Einsamkeit, Anonymität oder Isolation auf dem Campingplatz überwunden werden könnten.
Ein WOHNWAGENURLAUBER berichtet z.B., dass er zu Hause in seiner Wohnung dazu neige, sich „einzuigeln". Das ginge auf dem Campingplatz gar nicht, alles sei dort viel dichter, er bekäme die ganzen Geräusche der Nachbarn mit, wodurch er sich schließlich weniger einsam fühlen würde. Er fühle sich eng mit den Nachbarn verbunden, es sei wie in einer großen Familie.
Ein anderer WOHNWAGENURLAUBER berichtet, er bräuchte „so ein bisschen was Vertrautes" um sich herum. Zu Hause in Berlin fände er es außerdem schwer, Kontakte zu bekommen. Früher als Single sei das anders gewesen, damals hätten sich viele Kontakte über Hobbys ergeben. Durch Kinder und Familie habe er sich dann zunehmend isoliert gefühlt. Im Urlaub möchte er vor allem auch die Gemeinschaft in der Familie erleben und gemeinsam etwas unternehmen. Er würde es allerdings auch sehr genießen, wenn er mal einen Urlaub ganz alleine zu Hause verbringen könnte, wenn die

Familie weg sei. Er spricht auch von einer zunehmenden Sehnsucht nach Ruhe und Einsamkeit. Er würde Feste immer mehr vermeiden. Sein Verhältnis zum Campen sei aufgrund des regen sozialen Lebens, das auf einem Campingplatz stattfindet, ambivalent.

Ein anderer WOHNWAGENURLAUBER betont, das Schöne an dieser Form des Urlaubmachens sei, dass man allein sein könne, wenn man wolle, wenn man jedoch Kontakt wolle, würde man ihn immer finden.

Ein TRAVELLER hingegen betont wiederholt die angenehme Erfahrung absoluter Einsamkeit: Unendliche Weite und eine wundervolle Natur, das Gefühl innerlich ganz ruhig zu werden. Die *absolute Einsamkeit und die Entfernung von der eigenen Kultur* beschreibt er als faszinierend. Die unendliche Weite und Einsamkeit sei ein zentrales Merkmal seiner Reise gewesen. Dies sei etwas absolut Besonderes. Dennoch habe er bald menschlichen Kontakt gesucht. Das Besondere sei aber gewesen, das Gefühl einer ganz großen Entfernung zur eigenen Kultur zu haben.

Der Kontakt zu Menschen, die ein nicht sesshaftes Leben führen, habe ihn fasziniert.

> „Also es war die Einsamkeit, ich hatte da am meisten das Gefühl, eine ganz ganz große Entfernung von unserer oder von meiner Kultur zu haben. Auch gerade durch die Nomaden. Als ich nämlich dahin gegangen bin, zu diesen Leuten, da hab ich dann aus der Ferne gesehen, dass die Mutter ihr Kind entlaust hat, also das (LACHT BISSCHEN), also da dachte ich, wow, wo bin ich jetzt hier gelandet, ich dachte, das sind tausende von Jahren, die hier noch nicht gemacht wurden."

Trotz der Vorstellung, dass keiner zur Hilfe kommen könnte, habe er sich wohl gefühlt und keine Angst verspürt. Durch das alleine Reisen habe er auch ganz auf sich selbst aufpassen müssen und habe dadurch eine gute Fähigkeit entwic??kelt, andere Menschen einzuschätzen. Er habe auch zunehmend gelernt, intuitiv eigenständige Entscheidungen zu treffen. Auf der anderen Seite habe er jedoch auch die negativen Seiten vom Alleinreisen gespürt, sehr darunter gelitten ganz alleine zu sein und das Gefühl gehabt, eigentlich lieber mit anderen Leuten zusammen zu sein. Zu Hause habe er dies nie wahrgenommen, da er ja immer von anderen Menschen umgeben gewesen sei.

6.2.10 „Endlich frei von allen Regeln": Freiheit

Freiheit ist ein wiederkehrendes Thema beim Reisen. In beiden Reisemilieus wird darunter zunächst ein höheres Maß an Verhaltensfreiheit verstanden. Wenn es auch in beiden Milieus um Freiheit von Normen, Zwängen und Rollen geht, sind die Akzente doch unterschiedlich gesetzt.
Ein TRAVELLER berichtet z.b., dass er auf der Reise das Gefühl gehabt habe, von all den Regeln, die in Deutschland gelten, frei zu sein. Er hätte auf keinen achten müssen und all die Dinge, die ihn sonst gestört oder eingeengt hätten, gäbe es dort nicht. Vor allem betont er die Freiheit in den sozialen Bindungen:

> „Das war dann halt immer ganz neu. Man hat da bei Null angefangen und ich habe mich immer sehr frei von Bindungen gefühlt. Also wenn ich dann keine Lust mehr hatte, dann ist man halt nicht mehr zusammen gereist. Das war dann auch echt vollkommen okay, und wenn es gut geklappt hat, dann bin ich auch Monate mit anderen zusammen gereist, das war dann auch gut. Diese Freiheit, ich bin da halt nicht in so ein Bild gepresst gewesen, in dem ich halt in Deutschland war. Und ich konnte mich freier bewegen, auch zwischenmenschlich ... das war glaub ich auch der große Unterschied, dass da dieses ganze Vernetzte in den sozialen Kontakten eben nicht da war."

Ein anderer TRAVELLER ist der Meinung, Freiräume wären für die seelische Entwicklung unbedingt nötig, wenn diese Entfaltung beschränkt sei, könne das auch zu körperlichen Symptomen führen. Er betont auch die innere Freiheit von jenen Gedanken, die um die Alltagsplanung kreisen und dadurch verhindern, bewusst im Moment zu leben, erfahren werde. Weiter beschreibt er, dass es ihm auf der Reise möglich gewesen sei, neue Verhaltensweisen zu zeigen. So wäre es ihm auf einer Indienreise zum erstenmal gelungen offene Aggression zu zeigen, dies habe er als sehr befreiend erlebt.
Ein anderer TRAVELLER betont wiederum die soziale Freiheit. In Deutschland sei die Freizeit verplant, man habe seinen festen Freundeskreis. Auf der Reise wäre man frei davon und viel offener für Neues, vor allem auch für neue Kontakte.

„Und auf Reisen ist man, denk ich, in der Regel immer viel offener, auch gerade, wenn man alleine reist, als wenn man jetzt hier zu Hause ist. Und man geht dann eben auch viel eher auf andere Leute zu, und das ist ganz wichtig, und es ist auch interessant, einfach komplett neue Leute kennenzulernen und zu hören, was sie so machen und was sie erlebt haben, ja, also das ist schon ziemlich spannend."

Positiv betont er auch die Möglichkeit Beziehungen spontan anzuknüpfen und genauso spontan wieder abbrechen zu können. Man könne da halt einfach tun was man wolle.

Ein WOHNWAGENURLAUBER berichtet hingegen, er fühle sich vor allem dadurch freier, dass er an der frischen Luft sei und ständig in der Natur. Zu Hause in seiner Wohnung würde er sich eher zurückziehen. Auch die sozialen Beziehungen wären freier. Im Gegensatz zu den TRAVELLERN steht jedoch bei den WOHNWAGENURLAUBERN nicht das flexible Aufnehmen und Abbrechen von Beziehungen im Vordergrund, sondern es geht darum, dass stabile Beziehungen als ungezwungener und dadurch freier erlebt werden. So berichtet z.B. ein WOHNWAGENURLAUBER, dass er sich zu Hause unrasiert nicht auf die Straße trauen würde, auf dem Campingplatz hingegen würde dies keinen stören. Zu Hause habe er das Gefühl, wenn er sich unter Menschen begebe, müsse er „korrekt" sein, ordentlich gekämmt und gekleidet, auf dem Campingplatz hingegen sei das nicht so.

Für einen anderen WOHNWAGENURLAUBER bedeutet Freiheit vor allem Freiheit von Arbeit und von häuslichen Verpflichtungen. Deshalb hat er auch eine ambivalente Beziehung zum Campen, da man dort auch nicht völlig frei von häuslichen Verpflichtungen sei. Dass man auf dem Campingplatz selber kocht und Hausarbeit leisten muss gefällt ihm nicht. Freiheit bedeutet hier, frei sein von den alltäglichen Erledigungen und Verpflichtungen, frei sein von Arbeit.

6.2.11 „In einer Gemeinschaft sein":Gebundenheit

Das Erleben, mit anderen Menschen verbunden zu sein, und Gruppenerfahrungen, haben in beiden Reisemilieus Bedeutung.
Bei den WOHNWAGENURLAUBERN stehen individualistische Bedürfnisse im Hintergrund. Die Einbindung in die Gruppe, die Familie,

die Freunde, die Campinggemeinschaft stehen im Vordergrund. Alleinreisende WOHNWAGENURLAUBER gibt es kaum. Obwohl bei den TRAVELLERN Freiheit und Individualität besonders wichtig sind, tragen Erfahrungen der Verbundenheit mit anderen Menschen und das Gefühl zeitweilig in eine Gruppe eingebunden zu sein auch hier eine wichtige Bedeutung. Dies dokumentiert das folgende Zitat:

> „Also, das waren oft so Stimmungen, die ich mitbekommen hatte, Landschaften und Licht oder auch das Gemeinschaftsgefühl mit anderen Leuten, oder wenn ich was ganz Faszinierendes gesehen hab, oder ja, was immer ganz toll war, fand ich halt, wenn ich solche Menschen getroffen hab, die mich eben sehr angesprochen haben innerlich. Das waren für mich so ganz ganz große Highlights gewesen."

Eine WOHNWAGENURLAUBER hebt die Wichtigkeit hervor, als Familie zu reisen:

> „Also, ich hatte im Urlaub immer das Bedürfnis, okay, wir fahren als Familie weg, und ich wollte das auch so'n bisschen meiner Tochter vermitteln, also wir fahren als Familie weg, und wir sind auch da eine Gemeinschaft und machen eben auch was zusammen."

Ein anderer WOHNWAGENURLAUBER erzählt:

> „ ... da hat man schon mehr Spaß, natürlich. Nun ist es so, wir waren auch mit Freunden zusammen, wir waren nun drei Wochen mit den Freunden zusammen, das ist doch 'n ganz anderes Flair, ein ganz anderer Tagesablauf, Tagesrhythmus, als wenn man so jeden Tag nun sein, seinen üblichen Trott macht, wie man so sagt."

6.2.12 „Loslassen können": Lösung, Gelöstheit, Ruhe und Entspannung

Diese Kategorie zeigt im Rahmen der Studie eine enge Beziehung zum Thema Distanz: die räumliche Entfernung erleichtert es offensichtlich stark eine innere Distanz zum Alltag zu erleben, was schließlich eine Bedingung dafür ist, dass psychologisches Loslassen möglich wird. Einen Urlaub zu Hause zu verbringen, können sich die Interviewpartner nicht vorstellen, weil die Alltagsumgebung zu stark mit Alltagstätigkeiten verknüpft ist. Im Urlaub ist das nicht der Fall: Verhalten und Erleben sind nicht so stark durch Alltagsroutinen vorgezeichnet.

Bei den TRAVELLERN unterscheidet sich die Reiseumwelt im Wesentlichen dadurch von der alltäglichen Umgebung, dass sie neu und fremd ist und ständig neue Anpassungsleistungen im Verhalten erfordert. Durch diese Herausforderung durch die aktuelle Umwelt gelingt jedoch auch das Loslassen von Vergangenem besser, was wiederum zu Entspannung führen kann.

Bei den WOHNWAGENURLAUBERN ist die Umwelt vertraut (Wohnwagen, Vorzelte, häufig der Campingplatz, die Nachbarn), sie gestaltet sich jedoch als eine „Gegenwelt" oder Freizeitwelt, die ebenso mit anderem Erleben und Verhalten verbunden ist.

Hier scheint gerade die vertraute Umwelt, die keine Anpassungsleistungen fordert, Bedingung für das Erleben von Ruhe und Entspannung zu sein.

6.2.13 „Gefühlsereignisse": Emotionale Intensität

Reisen im Sinne der TRAVELLER geht mit einer Intensivierung der Wahrnehmung und als Folge davon mit einer Verstärkung sowohl kognitiver als auch emotionaler Prozesse einher.

Während die Emotionalität bei den WOHNWAGENURLAUBERN, sicherlich auch aufgrund der bedürfnisgerechten Umgebung, vorwiegend positiv getönt ist, erzählen die TRAVELLER sowohl von starken positiven als auch negativen Gefühlen auf der Reise. Besonders sie berichten von einer starken *Intensivierung der emotionalen Erlebnisfähigkeit* auf der Reise.

> „Also ich hatte, denk ich, viel häufiger so Gefühlsereignisse, wo ich mich sehr gut gefühlt hab, und was mir sehr gut gefallen hat. Auch viel intensiver als es in Deutschland war. ... Ja, es waren also eigentlich schon ziemlich viele schöne Gefühle immer da, auch glaub ich viel intensiver als zu Hause. ... Ich mein, die negativen Gefühle waren natürlich auch da. Ja, oder unangenehme Gefühle auch, hat mich oft genug auch die Art der Inder

genervt, also wirklich so, was mich auf der einen Seite fasziniert, dass so viele da sind und so viele Eindrücke, das wurde mir dann oft auch zu viel, dass ich also überhaupt keine Lust mehr dazu hatte und mir das wirklich alles zu viel war. Oder ganz körperliche Ereignisse, dass es halt auch sehr anstrengend war, und dass es teilweise unerträglich heiß und sehr unbequem und solche Sachen, die waren natürlich auch oft da. Letztendlich, vielleicht ist es halt beides intensiver gewesen. Das Gute wie also auch das Schlechte. Aber also letztendlich ist es mir dann halt doch zehnmal lieber, wenn es so ist, als wenn es irgendwie so ein Mittelmaß ist, wie es in Deutschland immer war."

Ein anderer Traveller erzählt:

„Und da war natürlich die *Trauer* dann, ... also wo ich mir dann Zeit für nehmen konnte, und wo ich dann auch zum Teil also eben nicht in einer Gruppe war, sondern dann alleine, und viel geschrieben habe, die war dann größer, also und dadurch, dass ich da auch inner Fremde war. Und die Verlassenheit war eher dann auch für mich zu spüren, als wenn ich das in Berlin gemacht hätte, denke ich."

Bei den TRAVELLERN gibt es also auch intensivierte negative Gefühlsereignisse.

6.2.14 „Reisen ist aufregend": Spannung

Diese Kategorie zeigt Nähe zu Kategorie 4 (Angst, Furcht). Vielleicht kann Spannung hier als Vorstufe zur Angst bezeichnet werden. Sie ist auch vergleichbar mit dem Konzept des *Thrills* (vgl. Balint, Kap. 3.4.2). Hier zeigt sich ein großer Unterschied zwischen den beiden Reisemilieus. Bei den TRAVELLERN ist Spannung, Erregungsangst häufig zu finden und ist erwünscht. Mit Spannung geht eine besondere Intensität des Erlebens einher, die als angenehm erlebt wird und die psychische Veränderungsprozesse anstößt.
Ganz anders sieht das bei den WOHNWAGENURLAUBERN aus. Spannung soll eher vermieden werden. Häufig wird der Alltag als zu spannungsreich erlebt; davon möchten sich die Camper erholen. Wenn es dennoch zu spannungsreichen Situationen kommt, wird dies als unangenehm erlebt.

6.2.17 „Wie Vögelchen, die sich finden": Soziale Kontakte

Auf dem Campingplatz kennt man sich. WOHNWAGENURLAUBER berichten häufig, alle Leute vom Campingplatz mehr oder weniger gut zu kennen. Wenn ein Fremder auftaucht, so fällt dies sofort auf. Häufig kennt man die anderen schon seit Jahren, die meisten kommen immer wieder, viele installieren ihren Wohnwagen irgendwann schließlich fest. Abends sitzt man zusammen; es wird auch mal ein „Straßenfest" gemeinsam organisiert. Die Kontakte auf dem Campingplatz werden häufig als umfangreicher, intensiver und besser beschrieben als jene, die man zu Hause habe. Alles sei weniger „gezwungen".

Im Gegensatz zum Leben in einer Wohnung, gelänge der völlige Rückzug ins Private auf dem Campingplatz kaum; deshalb würde man sich aber schließlich auch weniger einsam fühlen als zu Hause. Man sei ständig mit den Geräuschen der anderen konfrontiert: „man ist sofort mittendrin". Dies sei vergleichbar mit dem Leben in einer Großfamilie. Mit einer solchen Gemeinschaft sind jedoch auch bestimmte Normen und Erwartungen verbunden, die bei Nichteinhaltung zu Sanktionen oder gar Ausschluss aus der Gemeinschaft führen können. Auch wird nicht jeder in die Campergemeinschaft aufgenommen.

Ein WOHNWAGENURLAUBER beschreibt auf einem Campingplatz Ablehnung erfahren zu haben:

> „Der Campingplatz erschien uns auch ganz schön, wir wären gerne da geblieben. Und dann kam dieser Campingwart und hat uns irgendwie angeguckt und sich irgendein Urteil gebildet. Wir hatten ihn dann gefragt, ob er einen schönen Platz für uns hat und da meinte er gleich, nee, schöne Plätze gibt's hier nicht, wir haben keine schönen Plätze', also er wollte uns nicht direkt wegschicken, aber er hat uns schon gezeigt, dass wir eigentlich nicht willkommen sind, und er wollte uns dann gnädigerweise noch einen Platz neben dem Klohäuschen zuweisen, mitten im Wald, ganz dunkel, also wir haben uns wirklich auf dem Absatz umgedreht und sind wieder ins Auto geflüchtet und weitergefahren. Unser Eindruck war, das ist hier so'n alter Vereinsklüngel aus'm Osten, die wollen niemand fremdes da drauf haben."

Sympathie entsteht auch auf dem Campingplatz durch wahrgenommene Ähnlichkeit:

"Wir haben dann doch noch einen ganz schönen (Campingplatz) gefunden........und ja, hatten das Glück, ganz nette Nachbarn zu haben, also, die aus meiner Heimat sind, ich bin aus Hessen ... Und ich hör so das Hessische und ja, also dadurch ist ganz schnell ein Kontakt zustande gekommen".

Mit den Nachbarn aus der Heimat habe man dann die ganze nächste Zeit verbracht, und der Kontakt bestünde bis heute. Die Männer hätten sich zusammengetan und gemeinsam etwas unternommen und ebenso hätten sich die Frauen und die Kinder zusammengetan. Der WOHNWAGENURLAUBER schildert, wie soziale Kontakte auf dem Campingplatz entstehen: Er habe zunächst mit dem direkten Nachbarn vor dem Campingwagen gesessen und die Ankunft neuer Wohnwagen beobachtet. Man habe beobachtet, wie die anderen ihre Sachen aufbauen und sich gefragt, wo die wohl herkämen. Irgendwann habe man sie dann angesprochen. Die zunehmende Vertrautheit mit der sozialen Umgebung habe er sehr genossen. Als schwierig wird das Aufeinandertreffen verschiedener „Kulturen", in diesem Fall „Ossis" und „Wessis" dargestellt:

„Ja, und jetzt noch mal zu diesem Ost-West. Das gab dann auch einfach viele Dinge, die uns fremd vorkamen. Also so als Westler geprägt, wo man einfach, wo man manchmal bestimmt andere Dinge *erwartet*. Die hatten dann zum Beispiel auch so ein kleines Geschäft, wo man ein paar Sachen kaufen konnte, aber die haben wirklich *rigoros Mittagspause gemacht*. Und wirklich *lange Stunden*, so wie wir das auf einem Westcampingplatz noch nie erlebt haben, da ist halt der Laden den ganzen Tag offen, dass Umsatz gemacht wird. Und da, gut, ich denk, die Leute, die vom Campingplatz nicht weg können, die gehen dann trotzdem da einkaufen, aber bei uns war das so, wir haben uns ins Auto gesetzt und sind dann woanders hingefahren zum Einkaufen. Also das war so ein bisschen befremdend. Oder die hatten sich so eine neue Schranke bauen lassen, und mit der sind sie irgendwie überhaupt nicht zurechtgekommen, und jeder Autofahrer, der neu auf diesen Platz kam, wurde erst mal über diese Schranke belehrt, und wann man da fahren darf, und wann man nicht fahren darf, ... aber das war da so, *so streng geregelt, und dann hat diese Schranke ständig nicht funktioniert*, und die Autos sind gar nicht durchgekommen, also das war immer ein wildes Hin-und-her mit dieser Schranke. Also so, das war sehr oft Gesprächsthema irgendwie auf diesem ganzen Campingplatz."

Seine intensiveren Kontakte hätten sich auf die räumlich näheren Nachbarn begrenzt. Man hätte dann da so einen festen Kreis gebildet und außerhalb dieses Kreises hätten sich kaum noch Kontakte ergeben. Gerade für Kinder sei es auf dem Campingplatz besonders toll, denn sie könnten dort viel schneller Kontakte schließen als in einer Ferienanlage oder in einem Hotel.

Ein weiterer WOHNWAGENURLAUBER stellt fest, dass man auf jedem Campingplatz zunächst mit den räumlich nächsten Nachbarn ins Gespräch kommen würde. Entdeckt man dann Gemeinsamkeiten, so kann der Kontakt auch leicht intensiviert werden. Manchmal entsteht sogar eine Freundschaft über den Urlaub hinaus:

> „Ja, wir sind halt gleich mit den unmittelbaren Nachbarn in Kontakt gekommen, da hat sich dann auch wirklich ein längerer Kontakt ergeben. Wir sind heute noch mit denen befreundet, die waren auch schon hier bei uns und wir haben sie auch schon zu Hause besucht."

Auch bei den TRAVELLERN spielen soziale Kontakte eine wichtige Rolle. Viele berichten, vor allem den Kontakt zu *Menschen aus einer anderen Kultur* gesucht zu haben. Einer hat z.B. in Delhi (Indien) längere Zeit bei einer indischen Familie gewohnt, die ihn auch ins Familienleben mit einbezogen hat.

Die Kontakte zu anderen Reisenden ergeben sich zum einen durch den Wunsch von eigenen Erfahrungen zu erzählen, zum anderen durch das Bedürfnis Informationen auszutauschen. Man spricht über die Erfahrungen, die man gemacht hat, tauscht sich aus, welche Unterkünfte und Restaurants gut sind oder welche Orte besonders schön sind. Man ändert seine Reisepläne auch spontan, wenn man interessante Tippps von anderen Reisenden erhält:

> „Also ich bin so nach Daramssala gekommen, weil ich hörte, da sollte so eine gute Atmosphäre sein, und der Dalai Lama, von dem hatte ich vorher auch noch wenig gehört."

Typisch für soziale Kontakte unter TRAVELLERN sind das *zwanglose Aufnehmen und Abbrechen*, das *spontane sich Anschließen an eine Gruppe* und das ebenso *unkomplizierte Verlassen der Gruppe*. Die „soziale Mobilität" sei hoch, Kontakte können immer wieder spontan gewählt, aber auch abgebrochen werden. Diese Unverbindlichkeit führe zu einem Gefühl von *Freiheit, Ungebundenheit und Unabhängigkeit*.

„Ich denk, zum einen ist es leichter Kontakt zu finden, man hat auch etwas Gemeinsames, nämlich, wie schlage ich mich da durch, je nach dem, oder wo finde ich eine billige Unterkunft. Das heißt, ich hab da auch zum Teil Kontakt zu Leuten gehabt, mit denen ich hier kaum 'n Wort gewechselt hätte.
... wir haben ein gemeinsames Thema, das ist einfach offensichtlich. Du siehst das, z.B. jemand sucht etwas, oder na ja, wenn du jemanden siehst, dann fragst du den einfach, was hast du für Erfahrungen gemacht, wo warst du und wie war es da und da, wo bist du abgestiegen, und so weiter und so fort. Also, das Thema ist erst einmal ganz klar, und je nachdem ergibt sich dann was Näheres, das heißt also, dass man eine Weile zusammen reist oder gemeinsam mal was unternimmt, ja, oder eben nicht. Also das wären dann diejenigen, die ich vielleicht nie angesprochen hätte. Also das ist einfach irgendwie, hier in Berlin, da gibt es diverse Themen. Und diverse Subgruppen, da ist das irgendwie anders. Ich denke, hier in bestimmten Subgruppen, also wie ich von jemandem gehört hab, also bei Schwulen oder so, die haben dann auch erst einmal am Anfang ein Thema."

Zu Hause gebe es diverse Themen und diverse Subgruppen, abhängig etwa vom Beruf, oder auch von bestimmten Interessen oder Neigungen. Kontakt ergibt sich dann nur innerhalb der Gruppen, zu denen der Einzelne gehört. Demgegenüber gehören auf Reisen plötzlich die verschiedensten Leute zu einer Gruppe: der Gruppe der Rucksackreisenden. Auf diese Weise lernt man Leute kennen, die in der Alltagswelt den verschiedensten Submilieus entstammen. „Wie Vögelchen, die sich finden" beschreibt ein Traveller die Kontaktaufnahme unter den Rucksackreisenden.
Der Abbruch von Kontakten fiele auch deshalb leicht, weil es immer genügend alternative Kontaktmöglichkeiten geben würde. Es gebe jedoch auch Situationen, wo man wirklich auf jemand angewiesen

sei und deshalb zusammenhalten müsse. Wenn auch auf der Reise viele Kontakte mit anderen Reisenden stattfinden, denken manche, zumindest im Nachhinein, gerade an die Kontakte mit den Menschen der anderen Kultur zurück:

„Also da ist was hängengeblieben, was Intensives".

Die Kontakte zu anderen Reisenden bleiben häufig oberflächlich und auf die Reise beschränkt. Trotzdem tauscht man Adressen aus und sammelt so Anlaufstellen in den verschiedensten Ländern, wenn mal sie mal besuchen will.
Ein TRAVELLER berichtet, dass es manchmal durchaus zu sehr persönlichen Gesprächen kommen würde. Trotzdem blieben diese Kontakte meist auf die Reise beschränkt. Ein anderer TRAVELLER beschreibt die Faszination, die Menschen unterschiedlichster Kultur aufeinander ausüben können:

„Ich fand das faszinierend so ganz ursprüngliche Menschen zu sehen, und die fanden mich irgendwie auch witzig."

Zuerst hätten die Kinder Angst vor ihm gehabt, dann jedoch hätte die Neugier gesiegt, und schließlich hätte man sich gegenseitig bestaunt. Er berichtet, dass er auch wenn keine sprachliche Verständigung möglich war, stets das Gefühl hatte zu wissen, was im zwischenmenschlichen Kontakt passiert, ob jemand ihm wohl gesonnen sei oder nicht. Es habe aber auch heftige Konflikte mit Einheimischen gegeben, zum Beispiel wenn es um's Bezahlen ging oder wenn er das Gefühl hatte über's Ohr gehauen zu werden.
Beeindruckt war er von der „direkten Unmittelbarkeit" der Menschen dort (in Indien). Er habe sehr schnell eine Herzlichkeit gespürt, die er in Deutschland nicht spüren würde. Er habe das sehr direkt gespürt und nicht vermittelt über die Ebene des Denkens, wie es in Deutschland sei. Dieses direkte Spüren von Herzlichkeit und menschlicher Wärme sei für ihn auch immer wieder Motivation gewesen, dorthin zu fahren.
Die Menschen in Europa hätten sicherlich auch viel Wärme und Freundlichkeit, aber dies sei eher durch das „Intellektuelle" verdeckt und nicht so direkt und stark spürbar. Das Vorherrschen des analyti-

schen Denkens im westlichen Kulturraum würde andere Fähigkeiten verkümmern lassen, den direkten Kontakt zur Gefühlsebene habe man in Europa nur bei Kindern. Erwachsene hingegen würden ihre Gefühle vor der Außenwelt verbergen und schließlich selber nicht mehr wahrnehmen was sie empfinden.

Die Kontakte zu anderen Reisenden sind bei TRAVELLERN meist durch stetige Veränderung gekennzeichnet. Auch wenn man alleine los reist, ist man unterwegs doch meistens mit anderen Reisenden zusammen.

Die Kontakte sind immer wieder ganz neu, jedesmal fängt man bei Null an. Die Beziehungen sind frei und unverbindlich:

> „Also wenn ich dann keine Lust mehr hatte, dann ist man halt nicht mehr zusammen gereist."

Wenn es gut klappt, reist man aber auch länger zusammen, alles ist möglich.

Viele TRAVELLER berichten, sich zwischenmenschlich freier bewegen zu können als in Deutschland. Einer beschreibt sein soziales Leben in Deutschland als sehr geregelt und ohne große Hightlights:

> „Ich hatte meinen festen Freundeskreis gehabt, und da lief alles in so geordneten Bahnen. Da hatte ich meine Position, wie ich von anderen eingeschätzt wurde, und umgekehrt, und es ist auch nie zu größeren Konflikten gekommen. Es war sehr regelmäßig und normal eigentlich."

Ein anderer TRAVELLER erzählt, dass er auf Reisen, und vor allem dann, wenn er allein reise, viel *offener für Kontakte* sei, als zu Hause. Es sei immer schön, nette Leute zu treffen, egal woher sie kämen. Er würde auf Reisen auch viel eher auf neue Leute zugehen als zu Hause. Menschen ganz neu kennenzulernen sei sehr spannend.

Die größere Offenheit und Neugier auf der Reise entsteht durch das Fehlen von Zeit- und Termindruck und durch den inneren Freiraum, der durch die räumliche Distanz zum Alltag und durch die weitgehende Freiheit von Zwängen entsteht. Zu Hause sei man nicht so offen für neue Kontakte. Man habe dort seinen festen Freundeskreis und es sei eher Zufall, wenn man mal jemand neues kennenlerne.

Im Urlaub käme es auch eher zu einer Liebesaffaire, weil man gefühlsmäßig freier sei. Man sei gelöster und ginge viel schneller auf Beziehungsangebote ein. Man bekäme dadurch auch mehr soziale Rückmeldung, was sich wiederum positiv auf das Selbstwertgefühl auswirken würde. In Deutschland sei er häufig eher distanziert, berichtet ein TRAVELLER, und bekomme daher auch wenig positive Rückmeldung aus dem sozialen Umfeld. Er sei in Deutschland auch viel unsicherer im sozialen Kontakt und deshalb auch unfreundlicher.

Als eine weitere Kontaktsituation wird die Anmache von Männern gegenüber Frauen in der Öffentlichkeit beschrieben. Alle weiblichen TRAVELLER berichten von solchen Situationen. Sie werden sehr unterschiedlich, von angenehm bis hin zu bedrohlich beschrieben.

6.2.16 „Andere Welten": Kultur

Kulturerleben spielt bei den Reisenden eine sehr unterschiedliche Rolle. Viele WOHNWAGENURLAUBER bezeichnen sich eher als *Naturliebhaber*, einer sogar als *Kulturflüchtling*. Bei allen befragten WOHNWAGENURLAUBERN spielt Kulturerleben nach eigener Aussage eine untergeordnete oder keine Rolle. Es entsteht der Eindruck, dass mancher die Kultur lieber hinter sich lassen will.

Andererseits praktizieren WOHNWAGENURLAUBER eine ausgedehnte *Alltagskultur*, die an ein Leben in einer einfacheren, auch verspielteren Welt erinnert. Im Gegensatz zu den TRAVELLERN erschaffen die WOHNWAGENURLAUBER auch eine materielle Alltagskultur, sie greifen im Gegensatz zu den TRAVELLERN gestaltend in ihre Reiseumwelt ein. Dabei wird die Umwelt an die eigenen Bedürfnisse angepasst.

Die Alltagskultur der TRAVELLER ist durch die von Einheimischen (oder von ehemaligen TRAVELLERN) bereitgestellten Dienstleistungsangebote und Strukturen bestimmt, der TRAVELLER gestaltet seine Reiseumwelt nicht, er konsumiert sie quasi und passt sich selbst an. Auch wenn sie sich viel innerhalb ihrer eigenen Subkultur bewegen, betonen alle TRAVELLER, die Auseinandersetzung mit einer fremden Kultur zu suchen. Inwieweit dies wirklich stattfindet, oder inwieweit die fremde Kultur mehr als eine exotische Kulisse für die Inszenierung persönlicher Lebenswünsche erscheint ist unterschiedlich.

Bei einigen TRAVELLERN fällt auf, dass die Kultur des Urlaubslandes sehr positiv dargestellt wird, während man zur eigenen Kultur kritische Distanz einnimmt.

6.2.17 „Schwierigkeiten überwinden": Abenteuer

Die Entwicklung und Stabilisierung von Selbstvertrauen durch das Überwinden von Schwierigkeiten, spielt bei allen TRAVELLERN eine wichtige Rolle. Bei den WOHNWAGENURLAUBERN hingegen finden sich keine Hinweise auf dieses Thema. Dies hängt natürlich auch damit zusammen, dass in den verschiedenen Reisemilieus Menschen in ganz unterschiedlichen Lebensphasen zu finden sind. Während die WOHNWAGENURLAUBER gesellschaftlich etabliert sind oder waren, Familie haben oder sogar ihr Erwerbs- und Familienleben bereits hinter sich haben, stehen die TRAVELLER häufig erst am Anfang. Sie sind im Durchschnitt jünger als die WOHNWAGENURLAUBER und die Entwicklung und Stabilisierung von Selbstvertrauen spielt bei jüngeren Menschen eine weit wichtigere Rolle.
Darüber hinaus scheint jedoch die Reiseform der TRAVELLER, mit ihren eher hohen Umweltanforderungen dazu geeignet zu sein, *Bewältigungsverhalten* zu üben und darüber die *Selbstwirksamkeitserwartungen* zu steigern. Manchmal werden auch riskante Situationen aufgesucht, deren Bewältigung offensichtlich emotional positive Folgen hat („high sein", Euphorie). Abenteuer wird gesucht und der damit verbundene *Thrill* (vgl. Kap. 3.6.2) genossen.

6.2.18 „Ein anderer werden": Entfaltung/ Entwicklung

Das subjektive Erleben von persönlicher *Veränderung, Entwicklung und Entfaltung* spielt bei den TRAVELLERN eine große Rolle und hat positive Effekte auf das psychische Wohlbefinden. Bei den WOHNWAGENURLAUBERN hingegen stehen *Stabilisierung* und der Ausdruck vorhandener psychischer Strukturen im Vordergrund. Manchmal entsteht darüber hinaus der Eindruck, dass die TRAVELLER Zeit und Leben beschleunigen wollen, die WOHNWAGENURLAUBER hingegen wollen, dass Zeit und Leben sich verlangsamen. Das folgende Zitat dokumentiert die Erfahrung von persönlicher Veränderung und Entwicklung aus der Sicht eines TRAVELLERS:

„ ... andere Eindrücke, und vor allem, ich hab mich anders erfahren, und das habe ich hinterher schon wieder verloren, also auch dieses Selbstvertrauen, alles, aber nicht ganz. Also ich wusste, dass ich dazu fähig bin, mich alleine zu organisieren und alleine zu reisen, mich durchzusetzen, und es war einfach ein Keim da. Ja, ich denke, das waren Samenkörner, so kann ich das beschreiben. Also was erst einmal nicht so offensichtlich war, aber langfristig gewirkt hat ..."
I: Was hast du in Indien zurückgelassen?
E: Na ja, ein bisschen was von meiner Ängstlichkeit, dass ich mein Leben nicht geregelt kriege alleine, von dem Druck, mich immer anpassen zu müssen hab ich was abgegeben. Also von dem Druck, mich an andere Leute anzupassen, da hab ich einiges da abgegeben. Allerdings hab ich mich natürlich erst einmal wieder angepasst. Aber das war dann so, dass mir das nicht mehr so leichtgefallen ist, dass ich dann mehr und mehr gemerkt habe, das stimmt nicht. Und letztendlich dann auch mehr merkte, davon hab ich überhaupt nichts, wenn ich mich nur anpasse. Ja, und was ich da auch loslassen konnte, war dann also, dass ich keinen Kontakt zu meinen Gefühlen hatte, und in Indien hatte ich da sehr intensiven Kontakt. Und da hab ich da auch also was davon losgelassen, von dieser Gefühllosigkeit. Also dass ich eben überhaupt nicht zu Gefühlen fähig bin und dass ich, ja, also so wenn ich mein Wahrnehmungsvermögen betrachte, hab ich da, also ich hatte ja mehrere verschiedene Schleier, hab ich bestimmt einen Schleier dagelassen, also dass ich doch mich und andere besser wahrnehmen konnte als zuvor."

Ein anderer TRAVELLER beschreibt folgendes:

„Also ich glaub, dass ich ganz ganz viele Bilder mitgebracht hab, also Erlebnisse, also ich hab so den Eindruck, dass durch die vielen Reisen ich da ganz ganz viel gesammelt habe an Eindrücken und Begebenheiten, und was ich erlebt habe, was jetzt erst einmal so da ist, was ich jetzt noch nicht so richtig verwendet hab, aber einfach dadurch, dass das immer so intensiv war und ich da eben so viel mitbekommen hab, habe ich den Eindruck, dass ich da ganz viel ganz Wichtiges erlebt hab, was wahrscheinlich später erst größere Bedeutung bekommen wird. Dass ich da auch oft in Situationen gekommen bin, die ich hier nie erlebt hätte, dass das halt für mich dort was Außergewöhnliches war, was mich auch gefordert hat und geprägt hat. Ja, was ich halt hier nicht erlebt hätte. Und die andere Sache natürlich, gerade die Reise, um die es am Anfang ging, hat mir glaub ich ganz ganz viel Selbstbewusstsein gegeben, weil das da von Anfang bis zum Schluss ganz viele wirklich schwierige Situationen gegeben hat. Also zwischenmenschlich und organisatorisch, und auch so gefahrvolle Situationen, und das waren ganz ganz unglaublich viele solche Sachen, und so das Gefühl zu haben, dass ich das eben geschafft habe, das gibt mir dann auch wirklich eine ziemliche Sicherheit und Unabhängigkeit, auch mit schwierigen Situationen umzugehen und dann zu wissen, dass ich das eben kann. Und das bleibt natürlich dann da ... sicherlich sind Teile von mir in Indien stärker für mich spürbar .... Aber das kann auch hier noch geschehen."

Ein anderer TRAVELLER beschreibt das Folgende:

„... es hält eben leider immer nur sehr kurz an. Aber so ein bisschen was vielleicht von der Mentalität, von der Lebensweise, von der Lebenseinstellung auch, die ich da kennengelernt habe. Und auch von dieser Offenheit, die man, während man reist, eben stärker und stärker auch annimmt. Dass man anders auf Menschen zugeht. Und vielleicht bestimmte Dinge nicht ganz so verbissen sieht, sondern sich dann halt denkt, "okay, na ja, was soll's, mach ich's halt morgen," also bisschen lockerer mit bestimmten Dingen umgeht, mit diesen Zwängen. Ja, wie gesagt, das ist dann, man fällt, oder ich fall dann ziemlich schnell wieder zurück in dieses alte Schema, leider, kann das nicht lange aufrechterhalten... Also manchmal hab ich das Gefühl, man kommt dann hier an, und man will ja eigentlich, man ist ja voller Elan, und man stößt dann so oft auf diese bürokratischen Wände und man läuft irgendwie gegen Mauern, und ja, und dann wird man auch ganz schnell wieder 'n bisschen verbissener, was sehr schade ist."

6.2.19 „Das Leben meistern": Selbstvertrauen

Diese Kategorie ist wiederum eng mit den beiden vorangegangenen Konzepten verknüpft (vgl. vor allem Kategorie 19). Alle TRAVELLER berichten davon, dass sie im Verlauf der Reise ein größeres Selbstvertrauen entwickelt hätten, was sich zum Teil auch auf das Alltagserleben positiv ausgewirkt habe. Dies ist mit der Bewältigung von schwierigen bis hin zu abenteuerlichen Situationen verknüpft.

Bei den WOHNWAGENURLAUBERN hingegen wird dieses Thema nicht genannt. Es folgen nun drei ausführlichere Zitate von TRAVELLERN:

„... und ich glaube ich war sehr sehr unselbständig und halt noch sehr Kind meiner Eltern, wusste nicht, wie man nach dem Weg fragt oder wie man die Leute anspricht und irgend etwas organisiert. Also wirklich, ich glaube ich war ziemlich unselbständig und schüchtern. Und das hat sich natürlich total geändert auf der Reise. Weil da musste man das halt können und das war für mich ganz besonders wichtig, dass ich da das Selbstvertrauen entwickelt habe, dass ich so etwas kann, dass ich mich in der Welt zurecht finde, und Sachen, die ich brauche auch organisiere und eben sehr selbständig werde. Und das war so der Gipfel da, auf dieser Reise zum Kailash, wo ich halt dann wirklich ganz alleine war und auf mich gestellt war und überhaupt keiner mehr da war aus meinem Umkreis, der mir irgendwie hätte helfen können, und dass ich trotzdem dabei mich sehr gut gefühlt hab eigentlich, das war vielleicht so der Höhepunkt (LACHT BISSCHEN) von dieser ganzen Sache."

Ein anderer TRAVELLER berichtet:

„Ja, und was für mich auch wichtig war, also ich hatte so den Eindruck vorher, vor der Reise, also ich bin eben unselbständig, ich schaffe nichts. Ja gut, ich hatte mein Studium zwar beendet, aber dass ich wirklich mich durchsetzen kann und irgendwas wirklich alleine durchziehen kann, da hatte ich so wenig Erfahrung und so wenig Vertrauen in mich, und hab mir dann zum Teil auch sehr großen Druck gemacht, also dann nach Indien zu fahren, das alleine zu bewältigen. Aber das hat auch mein Vertrauen wieder gestärkt, also dass ich mit verschiedenen Situationen, da waren ja nicht nur angenehme, sondern auch unangenehme, also dass ich in der Lage war, die zu bewältigen."

Der dritte TRAVELLER stellt es so dar:

I: Ja, so der Bereich Selbstvertrauen, hat das für dich eine Bedeutung?

E: Ja, auf jeden Fall. Ja, alleine eben dadurch, dass ich eben alleine reise, glaub ich. Das spielt auch eine wichtige Rolle, dass ich merke, ich komm irgendwo, in einem Flughafen an, bin alleine, und trotzdem klappt alles. Also man kann sich eben jetzt nicht auf irgendwas verlassen, man wird abgeholt oder so, und trotzdem, man kommt halt klar. Also irgendwie, man kommt trotzdem immer da an, wo man hin will. Oder auch, dass man eben offener wird zu anderen Menschen, dass eben auch, man erfährt halt auch so ein Feedback natürlich und ich denke schon, dass das eben auch das Selbstvertrauen stärkt. Als ich vor'n paar Jahren ein Jahr unterwegs war, da hatte ich das ganz extrem, dass ich da wirklich gedacht hab, "wow, irgendwie, du hast viele Leute kennengelernt, hast viel gemacht, hast viel gesehen, und es ging alles so wunderbar irgendwie ohne Probleme, und ja, ich hab mich dann schon sicherer gefühlt. Auch im Vergleich wieder zu hier, also ich merk auch ganz extrem oft diesen Unterschied zwischen, na, wenn ich jetzt zum Beispiel in Kolumbien bin oder in Berlin, dass ich hier viel unsicherer bin. Ja, auf jeden Fall. Also es mag eben AUCH wieder an dieser anderen Mentalität liegen, dass eben auch die Menschen von vornherein anders auf dich zugehen so, auch eben die, die, die EINheimischen eben dort, ne. Aber ich denke eben auch, das ist ja auch immer ne Wechselbeziehung. Also ich mein, wenn ich dann trotzdem eben noch so sehr distanziert bin und nicht will, dann kommen natürlich auch diese Reaktionen nicht, und wenn man dann aber offener wird, dann bekommt man eben auch eine positive Reaktion darauf. Und dann WIRD man auch sicherer. (BEIDE LACHEN)"

6.2.20 „Sinnlichkeit". Sensorische Stimulation

Reisen führt zu einer Belebung der sinnlichen Wahrnehmung. Ausschlaggebend hierfür ist zum einen die fremde Umwelt, die zu einer gesteigerten Aufmerksamkeit und erhöhten Wahrnehmungssensibilität führt, zum anderen der psychische Freiraum, der es erlaubt, den Fokus der Aufmerksamkeit nach innen zu richten. Eine Umwelt mit exotischen Reizen scheint diesen Prozess zu begünstigen.
Alle Sinne sind an diesem Prozess beteiligt; Geruchs-, Geschmacks-, Geräuschs- , taktile und visuelle Empfindungen. Die folgenden Zitate dokumentieren dies:

„Ja, also es geht durch alle Sinne, hören, wenn ich ganz tolle Musik höre, oder, solche die gerade passt, oder wenn ich entweder freudig mittanze oder mich meditativ entspanne, je nachdem. Natürlich schmecken, hmm, wunderbare Speisen, und es gab ja auch in Indien zum Teil sehr leckere Sachen zu essen. Dann, ja, riechen gehört auch dazu. (LACHT) Es gibt wunderbare Düfte, haben die in Indien auch zum Teil, ist mir jedenfalls so begegnet."

„So grad in Indien fand ich, dass eben diese ganzen Sinnesfunktionen VIEL viel stärker beteiligt waren. Also dann, ja, das ist halt auch alles viel bunter und wirklich auch viel näher, man hat ständig auch körperlichen Kontakt mit anderen, und das hat mir sehr gefallen auf der einen Seite, und gerade, wenn ich nach Indien gekommen bin oder ganz besonders, bevor ich wieder weggefahren bin, hab ich das alles noch mal so richtig intensiv in mich eingesogen. Dann bin ich da noch mal durch die Straßen gegangen, durch die Märkte, und hab wirklich versucht alles zu erspüren, erriechen, und wirklich, die ganzen Eindrücke, die da so stark und vielfältig sind, das noch mal zu konservieren für hier (LACHT BISSCHEN), weil das ja hier dann nicht mehr so war."

6.2.21 „Einssein mit dem Ganzen": Spiritualität

Spirituelles Erfahren spielt zum einen im Zusammenhang mit *Naturerleben,* zum anderen bei Reisen in Länder, in denen die *Religion große Bedeutung* hat, wie in Indien, eine wichtige Rolle. Das Thema taucht jedoch nur bei manchen TRAVELLERN auf, bei den WOHNWAGENURLAUBERN hingegen wurde es nicht erwähnt. Es soll mit einem Zitat erläutert werden. Ein TRAVELLER beschreibt folgendes:

„Also das erste Bild von der Reise, was mir kommt, ist der Tempel von Amritsa. Ich weiß (LACHT) auch nicht, warum, keine Ahnung. Vielleicht, weil ich mich da sehr stark auf die Kultur der Sikhs, die in dem Tempel waren, eingelassen habe. Ich hab quasi mit denen gelebt, ich hab in dem Tempel gelebt. Also da gab es so ein Pilgerhotel, also es war eigentlich nur so ein Raum, wo man seinen Schlafsack ausrollen konnte, und man konnte bis zu drei Tage da umsonst wohnen. Und ich war sehr stark in Kontakt mit diesen religiösen Führern. Ich hab´s also genossen, dann dazusitzen und diese Atmosphäre in mich aufzunehmen. Das ist auch, was ich zum Teil mit Indien verbinde, was ich aber auch wiederum nicht täglich gefunden habe, also so eine Harmonie oder so ein Einssein, also so ein Streben, ja, nach Göttern oder Spiritualität."

6.2.22 „Leben im Hier und Jetzt": Spontaneität

Vor allem bei den TRAVELLERN kann durch ständig neue und fremde Situationen, *spontaneres Verhalten* entstehen. Verhaltensroutinen werden aufgebrochen. Die Grenzen des eigenen Verhaltensrepertoires können darüber hinaus erweitert werden. Auch wird durch die geforderte Wachsamkeit und die gesteigerte Aufmerksamkeit in der fremden Umwelt eine stärkere Präsenz im Augenblick möglich. Dadurch, dass die Umwelt die Informationsverarbeitungskapazitäten ganz fordert, wird alle Aufmerksamkeit auf den Moment gebündelt. Die Gedanken schweifen nicht mehr in die Vergangenheit oder Zukunft. Dies kann als Entlastung erlebt werden.

6.2.23 „Was neues ausprobieren": Experimente

In unbekannten und unstrukturierten Situationen, muss *neues Verhalten* gezeigt werden. Die meisten TRAVELLER sind permanent mit solchen Situationen konfrontiert.
Auch die WOHNWAGENURLAUBER sind aus den Strukturen des Alltags gelöst. Da ihre Urlaubsumgebung jedoch konstant ist, können sich schnell *neue, zum Teil alternative Verhaltensroutinen* bilden. Jedoch auch WOHNWAGENURLAUBER zeigen größere Offenheit für neues Verhalten aufgrund der Tatsache, dass die Anforderungen des Alltags und die damit verbundene Lebensweise mit vorwiegend zielgerichtetem und problemorientiertem Verhalten wegfällt. Darüber hinaus fördert die *emotional positiv getönte Stimmungslage* und die *Möglichkeit zu flexibler Zeiteinteilung* eine größere Offenheit.
Ein TRAVELLER berichtet:

„Dann gab´s natürlich Situationen, wo ich mich ganz anders kennengelernt habe, wo ich dann auch anfing, rumzubrüllen, was ich mir vorher als friedliebende XX nie zugetraut habe, also irgendwann mal, da war ich so abgenervt, da hab ich dann auch ganz anderes Verhalten nach außen gezeigt, was in Berlin kaum passiert wäre. Es lag dann auch zum Teil am Verhalten von den Indern. Ja gut, ich konnte dann da nicht raus. Ich war in dem Land unterwegs. Ja, und da such ich mir natürlich in Berlin andere Plätze. Also hier gibt´s natürlich auch Ecken, wo du zum Beispiel angemacht wirst, wo ich mich aufregen könnte, aber da geh ich einfach gar nicht hin, kann ich mir hier aussuchen. In Indien ging das nicht."

Aber nicht immer handelt es sich um solche Extremsituationen in denen neues Verhalten gezeigt wird. Auch der ganz gewöhnliche Alltag allein in einem fremden Land erfordert die kontinuierliche Anpassung des eigenen Verhaltens an fremde und ungewohnte Lebensbedingungen.

6.2.24 „Kindliche Welten": Regression

Der Begriff „Regression" eignet sich für die Beschreibung verschiedener Aspekte des Verhaltens und Erlebens von Reisenden. Zum einen meint Regression im Zusammenhang mit Urlaub und Reisen die Tendenz, entwicklungsgeschichtlich früher angesiedeltes Verhalten zu zeigen. Die Urlauber verhalten sich kindlicher, alberner, passiver als im Alltag; das Intellektuelle tritt gegenüber dem emotionalen und körperlichen Erleben in den Hintergrund. Man verwöhnt sich und hält Pflicht und Verantwortung fern. Dies trifft bei den WOHNWAGENURLAUBERN stark zu aber findet sich auch bei den TRAVELLERN. Diese betonen häufig die Erfahrung, dass das Denken nicht so stark im Vordergrund stehe wie zu Hause und das dies als angenehm erlebt würde.

„Ich denk der Unterschied ist der, dass das Denken nicht so stark war, also dass für mich in Indien oder in Asien die Gefühlskomponente viel stärker und viel wichtiger war."

Darüber hinaus kann bei TRAVELLERN das Phänomen der *„Progression um der Regression willen"* (vgl. Kap. 3.4.2), beobachtet werden. Damit ist gemeint, dass ausgefeilte Bewältigungsmechanismen entwickelt werden um darüber ein zunehmendes Gefühl von Autonomie und der Möglichkeit das Leben zu bewältigen zu gewinnen. Dies dient jedoch, nach Balint (vgl. Kap. 3.4.2) dem Zweck, schließlich mit der Welt als Ganzes zu verschmelzen und damit wieder der Regression.

6.2.25 „Ich guck da mit ganz anderen Augen hin": Veränderte Wahrnehmung/ Imagination

Alle TRAVELLER beschreiben einen Prozess, der durch *gesteigerte Aufmerksamkeit* und *Wahrnehmungsintensivierung* gekennzeichnet werden kann. Die Umwelt werde viel *deutlicher und genauer* wahrgenommen als die vertraute Umwelt zu Hause. „Ich guck da mit ganz anderen Augen hin". Während man zu Hause vornehmlich „die Kuriositäten" wahrnehme, sonst jedoch oft in Gedanken verloren und in Verhaltensroutinen gefangen sei, erfordere eine fremde Umgebung eine viel stärkere *„Präsenz im Augenblick"*. Das Erleben bezöge sich dadurch stärker auf die im Moment vorhandene und erlebte Umwelt. Er sei in einer stetigen „Hab-Acht-Stellung" gewesen berichtet ein TRAVELLER. Während zu Hause vieles „automatisch" ablaufen würde, wären diese Wahrnehmungsautomatismen in einer fremden Umgebung durchbrochen. Während man zu Hause auf alten und bewährten Bahnen laufe, könne auf der Reise Neues entstehen, was sich rückwirkend auch auf die häusliche Alltagswahrnehmung relativierend auswirken könne. Ein TRAVELLER beschreibt, dass auf seiner Reise alle Sinnesfunktionen viel stärker beteiligt gewesen wären.

„Das ist halt alles auch viel bunter und viel näher, man hat ständig körperlichen Kontakt mit anderen".

All das habe er intensiv in sich eingesogen. Auch die intuitive Wahrnehmung und die Fähigkeit andere Menschen einzuschätzen sei viel sensibler gewesen. Er habe sich schnell ein Urteil bilden müssen, ob er einem Menschen vertrauen könne oder nicht, um nicht ständig über`s Ohr gehauen zu werden.

„Was für mich in Indien ganz wichtig war, und was sich auch da erst entwickelt hat, ist die Fähigkeit, fremde Leute schnell einzuschätzen. Ich musste immer aufpassen, dass ich nicht über´s Ohr gehauen werde. Da hab ich dann sehr schnell ganz genau auf die Menschen geachtet, hab denen ins Gesicht und in die Augen gekuckt und versucht, eben da zu sehen, was das für ein Mensch ist, der mir da gegenüber steht. Einfach aus der Angst, oder aus dem Bedürfnis heraus, dass mir nichts passiert. Und diese Fähigkeit, Leute schnell beurteilen zu müssen, hab ich in Asien entwickelt. Was man jetzt nicht über´s Denken rauskriegen könnte, sondern einfach nur, dass ich dann das geschafft habe, eben in mich hinein zuhören und zu kucken, hab ich jetzt dazu ´n gutes Gefühl oder keines. Und das hätte ich hier auch glaub ich nie irgendwie mitgekriegt, dass ich wirklich gezwungen bin, zu sehen, wie es mir dabei geht und daraus dann eine Entscheidung treffe."

Auch die *Selbstwahrnehmung* wird intensiver. Ein TRAVELLER berichtet, dass er, während er zu Hause vieles einfach „mit dem Kopf" regle, auf der Reise viel *stärker emotional wahrgenommen* habe. Darüber hinaus habe ihn die fremde Umgebung mit einer Vielfalt neuer Erfahrungen „genährt", während zu Hause oft kaum noch etwas aus der Umgebung wirklich aufgenommen werde. Während das Verhalten zu Hause durch feste Routinen gekennzeichnet sei, entstünden auf der Reise immer neue Situationen, die es erfordern, neue Wege zu gehen. Gerade in einer fremden Kultur gebe es immer wieder Situationen, die mit westlich geprägten Denkmustern nicht zu erfassen wären. Gerade dann komme verstärkt das *emotionale und intuitive Wahrnehmen* ins Spiel, ein in der eigenen Kultur vernachlässigter Bereich. Ein anderer TRAVELLER beschreibt, auf Reisen grundsätzlich „offener" für seine Umgebung zu sein.

„Na ja, wenn alles fremd für mich ist, wie es dort nun mal war, (LACHT BISSCHEN) dann nehme ich das auch mehr wahr, ich guck ja sowieso mit ganz anderen Augen dahin, als wenn ich in dieser Kultur groß geworden wäre. Da sind dann viele Fragen, viele Rätsel."

Zu Hause nehme er vieles, was er täglich erlebt, nicht mehr wahr. Auf Neues und Ungewöhnliches hingegen würde er achten, es fiele ihm auf und er beschäftige sich damit.

„Und, ja nun, in Berlin, ich kann das nur so vergleichen, also wenn ich hier durch die Straßen radel, gut, ich achte manchmal drauf, also eben, weil ist köstlich da war´n Schlauchboot da auf´m Kanal, und die hatten, mit Tennisschlägern irgendwie so haben die gepaddelt, (LACHT BISSCHEN) da dacht ich auch, typisch Kreuzberg. Also ich kuck hier auch schon, aber manchmal döse ich einfach durch die Gegend, bin auch in Gedanken verfangen oder überlege mir, was mach ich morgen, und meinetwegen, was mach ich in der Gruppe, was mach ich im Beruf. Was hier in Berlin eben dann da ist, und davon bin ich ja dann frei."

Bedingung dafür, dass neue Eindrücke stärker wahrgenommen werden können sei auch, dass man „den Kopf nicht so voll" habe. Weil der Alltag weit weg sei, achte man stärker auf das, was im Moment passiert. Dies sei mit Entspannung verbunden, weil dadurch Vergangenes „losgelassen" werden könne.
Bei den TRAVELLERN steht das *Erleben des Neuen* im Vordergrund. Ein WOHNWAGENURLAUBER hingegen beschreibt eine andere Erfahrung. Bei ihm ist das Gefühl von *Ruhe*, das sich gerade in solchen Situationen einstellt, die durch Kontinuität und Vertrautheit gekennzeichnet sind, besonders wichtig.

„Also dadurch, dass wir ganz viel mit Booten auf´m Wasser sind, also dann kommt auch schon so diese Ruhe".

Diese *innere Ruhe* ermögliche es abzuschalten. Er liebe eine ganz „ruhige" Umgebung:

„Abendstimmung am Wasser und die Wasseroberfläche ist ganz glatt. Ganz glatt. Das hat für mich so was Ruhiges, so was ganz Entspannendes ".

Er beschreibt sich selbst als innerlich zu bewegt:

„Also ich hab ziemlich viel Unruhe in mir, ich bin erst mal immer so ziemlich in Bewegung."

Seine Lieblingsumgebung beschreibt er als ruhig und vertraut.

„Wenn ich mich dann ins Boot setze und über diese ganz glatte Wasseroberfläche paddel, oder nur ganz wenig Paddelstöße mach, damit das gar nicht so in Wellenbewegung kommt, also das sind wirklich so ganz kostbare Minuten, das ist was ganz Schönes."

Rauhere Seen und Wellen möge er nicht so sehr:

„ich hab nichts gegen Anstrengung beim Sport, aber für mich muss dann so ein Moment kommen, wo es fast meditativ wird, wo ich merke, jetzt geht alles weg, jetzt bin ich ganz woanders. Und das kann ich nicht, wenn ich gegen Wellen kämpfen muss ... das ist eher so diese Herausforderung, die mein Partner braucht, aber die ich gar nicht brauche. Wellen und See, das ist auch was, was mir sehr viel Angst macht."

Er liebt eine Umwelt, die eine ganz ruhige und harmonische Atmosphäre ausstrahlt.
Je fremder und neuer eine Umgebung erlebt wird, um so höher ist das Erregungsniveau und um so intensiver wird eine Umgebung offensichtlich subjektiv wahrgenommen. Die folgende Abbildung beschreibt diesen Zusammenhang (vgl. auch Kap. 3.1):

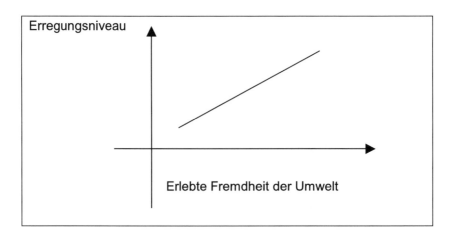

Abb. 6.2.1: Zusammenhang zwischen der erlebten Fremdheit der Umwelt und dem Erregungsniveau

Das erwünschte Erregungsniveau, d.h. hier die erwünschte „Fremdheit" einer Umgebung liegt auf einem mittleren Niveau (vgl. Kap. 3.1). Darüber hinaus scheint es für manche Menschen jedoch auch besonders reizvoll zu sein, eine sehr hohe Erregung zu erleben (vgl. *Thrills*, Kap. 3.6.2). Die Überwindung solcher Situationen ist mit subjektiv wichtigen Bewältigungserfahrungen oder gar Euphoriegefühlen verbunden. Was als mittleres Niveau erlebt wird, ist individuell sehr unterschiedlich. Was für den einen noch angenehm spannend ist, ist für den anderen bereits Stress (vgl. auch Wohlwill 1974; siehe Kap. 3.1).

Man kann vermuten, dass das erwünschte Erregungsniveau bei den TRAVELLERN höher liegt als bei den WOHNWAGENURLAUBERN. Die folgende Abbildung illustriert diesen Zusammenhang:

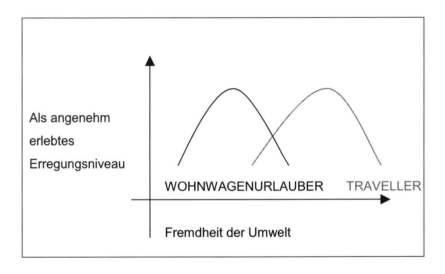

Abb. 6.2.2: Zusammenhang zwischen der erlebten Fremdheit der Umwelt und dem erwünschten (als angenehm erlebtem) Erregungniveau (vgl. auch Berlyne 1960, 1974; Zuckerman 1979).

Eine alternative Interpretation ist, dass das *Grunderregungsniveau* der WOHNWAGENURLAUBER höher ist als das der TRAVELLER und sie darum eine niedrigere Stimulation durch die Umwelt bevorzugen als die Reisenden der anderen Gruppe.

6.2.26 Imagination

Imagination bezeichnet in unserem Zusammenhang die Fähigkeit des Reisenden, die Reiseumwelt in einer positiven, den eigenen Idealen und Wünschen dienenden Form selektiv wahrzunehmen. Damit geht Faszination einher. Diese spezielle Wahrnehmungsfähigkeit scheint von zentraler Bedeutung für das Reiseerleben zu sein und darüber hinaus eine wichtige Rolle bei der Entstehung positiver Emotionen zu spielen.

Die folgende Abbildung beschreibt die Reise als Übergang von einem „realen Raum" in einen „imaginären Raum".

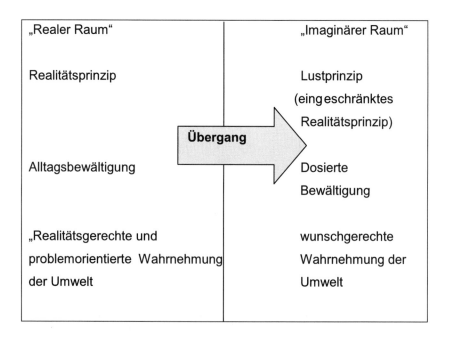

Abb. 6.2.3: Übergang zwischen den Räumen (in Anlehnung an Hennig 1997)

6.2.27 „Das Häusliche": Vertrautheit, Geborgenheit, Glück

Eine vertraute Umwelt und damit verbundene Gefühle von Geborgenheit spielen bei den WOHNWAGENURLAUBERN eine große Rolle. Wichtig ist die Einbindung in eine Gruppe von Gleichgesinnten und die den eigenen Wünschen entsprechende Aneignung und Gestaltung der Umgebung (siehe auch Abb. 6.1.4, S. 192). Die soziale Integration ist größer als im Alltag.

Darüber hinaus finden sich auf dem Campingplatz auch solche Menschen, die nicht gut in die Arbeitsgesellschaft eingebunden sind (z.B. auf Grund von Arbeitslosigkeit oder Frührente). Die Campinggemeinde mit ihren alternativen Werten und Rollen bietet auch diesen Menschen ein Gefühl von Zugehörigkeit.

Aber auch der emotionale Antagononist, das Gefühl von Freiheit und Ungebundenheit hat auf dem Campingplatz Bedeutung. Es wird zum einen durch das naturnahe Leben an der frischen Luft, zum anderen durch die Freiheit von Rollenzwängen aus der Arbeitswelt begünstigt.

Die „Sesshaftigkeit" der WOHNWAGENURLAUBER ist unterschiedlich stark. Während manche sich ein zweites Zuhause schaffen, gibt es andere, die mit ihrem Wohnwagen recht mobil sind und den Standort häufig wechseln.

Bei den TRAVELLERN stehen Mobilität und Dynamik im Vordergrund. Sie lassen sich selten für lange Zeit „häuslich" nieder und wirken kaum auf die physische Reiseumwelt ein. Auch ihre sozialen Beziehungen sind durch einen ständigen Wechsel gekennzeichnet und nicht durch Kontinuität, wie bei den WOHNWAGENURLAUBERN. Der materielle „Ballast" wird minimiert (Rucksack), damit man sich möglichst uneingeschränkt bewegen kann. Viele TRAVELLER verbringen über lange Zeiten hinweg jede Nacht an einem anderen Ort.

Aber auch bei diesem Reisestil spielen Erlebnisse eine Rolle, die mit Begriffen wie Vertrautheit, Geborgenheit, „Einssein" oder Glück beschrieben werden können. Zum einen wird ein Gefühl der Geborgenheit in Zusammenhang mit *intensiven Naturerfahrungen* berichtet. Darüber hinaus kann es im Kontakt mit fremden Menschen auftreten und im Zusammenhang mit spirituellen Erfahrungen. Auch berichten TRAVELLER häufig ein *besonderes Geborgenheitsgefühl in sich spontan bildenden Gruppen zu erleben*, wobei sich sehr schnell das Gefühl einstelle, zusammen zu gehören, irgendwie verbunden zu sein.

Manchmal sieht es sogar so aus, als wären intensive Erfahrungen von Geborgenheit bei den TRAVELLERN an die Bedingung der Fremde geknüpft:

> „... also dieses so völlige Glücksgefühl und Euphorie, das hab ich grade in Amritsa, also in diesem Tempel erlebt, also was ich vorher noch nie erlebt hatte. Und das war auch völlig ohne Grund, also es gab keinen Grund, also irgendwie hat mich die Atmosphäre, da war auch gerade so ein kleines Fest von den Sikhs, das hat mich dann so inspiriert. Und da hab ich also zum ersten Mal so ein völliges Einssein gefühlt, also was ich vorher noch nie erlebt habe. Kann natürlich sein, dass ich es irgendwann mal in Berlin auch erlebt hätte, aber ich denke, also durch die andere Atmosphäre, dadurch, dass ich auch mehr loslassen konnte von alten Verhaltensweisen, ist es eher möglich, in einer fremden Umgebung so etwas zu erleben."

6.2.28 „Fließen lassen": Zeitwahrnehmung und Zeitstrukturierung

Die Strukturierung der Zeit ändert sich bei allen Interviewpartnern im Urlaub. Bei allen ist das *Wegfallen vieler äußerer Taktgeber* und eine stärkere *Orientierung nach „innen"* zu beobachten. Während sich die WOHNWAGENURLAUBER jedoch auch an gewissen Urlaubsroutinen, wie essen, spazieren gehen oder Besuch bei den Nachbarn orientieren, wird der Tagesablauf der TRAVELLER im Extremfall nur durch den Auf- und Untergang der Sonne strukturiert. Ein TRAVELLER beschreibt folgendes:

> „Und es fing aber auch schon während der anfänglichen zwei Monate schon an, dass ich meinen ursprünglichen Plan, also da ne Woche und da vielleicht zwei Tage, und hier drei Tage, gar nich so eingehalten habe, sondern also mehr und mehr einfach die Zeit so fließen ließ, und also dann je nachdem, zwei Wochen irgendwo hängenblieb sozusagen, ungeplant, ohne auch großartig dann, na ja, es war ganz extrem in Benares, also wo ich dann drei Wochen also auch noch nich mal was besichtigt habe, was ich sonst dann schon gemacht habe, dass ich also jeden Tag mir irgendwas vorgenommen hatte, aber das, das war dann also, ging bis in diese extreme Richtung, wo ich, ja, wo ich dann nur mit Leuten zusammen war, hing, und eine

rauchte, und (LACHT BISSCHEN) die irgendwie auch, die jeden Tach so am Ganges entlangspaziert bin und die Szenerie beobachtet habe. (LACHT BISSCHEN)"

Zu Hause hingegen sei es ein Muss, die Zeit zu strukturieren. Gerade während seiner Prüfungszeit habe er sich permanent unter (Zeit-)druck gesetzt:

„Und vielleicht war das auch so´ne Reaktion auf den Stress, den ich im Diplom hatte. Wo ich dann einfach mich dann auch, ja, entspannen konnte, locker lassen konnte, das einfach so fließen lassen, und auch merkte, ich brauche auch viel Zeit, um die Kultur wirklich kennenzulernen von den unterschiedlichen Landesteilen. Das war ja jeweils anders. Und das konnt ich mir dann genehmigen."

Ein anderer TRAVELLER beschreibt seinen Umgang mit Zeit auf Reisen so:

„Also ich hab in den ersten Jahren ganz bewusst NIE ne Uhr mitgenommen und nie das Datum wissen wollen.
I: Das Datum auch nich mal, hmm.
E: Nee, also das Datum war bei mir eigentlich NOCH wichtiger, (LACHT BISSCHEN) und das hab ich halt also grad in Nepal war das für mich ganz ganz stark, so diese Zeitempfindung. Da hatt ich ja auch oft mal so Trekkingtouren gemacht, die halt über mehrere Wochen gingen, und eines ging halt, war ich fünf Wochen unterwegs, und da hatt ich dann halt wirklich nicht mehr auf die Uhr gekuckt und nicht mehr auf´s Datum gekuckt, und hab auch so mitgekriegt, dass es für die Leute DORT auch komplett unwichtig war, also wenn ich die nach der Uhr gefragt hab, Uhrzeit, die wussten das grundsätzlich nich. Die hatten halt keine Uhr. Und wenn ich die gefragt hab, ja, wieviel Stunden läuft man noch bis zum nächsten Haus, wussten sie auch nich. Also entweder waren´s zehn Stunden oder es waren zwei Stunden, also da konnte man sich gar nich drauf verlassen, und irgendwann war mir das auch egal gewesen, und ich fand das im Gegenteil sehr angenehm, sich NICHT der Zeit so unterzuordnen, und was ich halt bei den Nepalis, bei den, nicht mit denen, die so viel mit dem Tourismus zu tun hatten, sondern bei den anderen, so mitgekriegt hab, war, dass halt für die der Sonnenaufgang und der Sonnenuntergang, das sind so die zwei Zeit-

punkte am Tag, und das ist das Limit. Und die rechnen nich, ob´s morgens sechs ist oder fünf ist, oder, für die ist halt das so der Rhythmus, und das ist total normal, und wenn´s dunkel wird, gehen sie ins Bett. Und das war so der äußere Rahmen. Und mir hat das sehr gut gefallen, mich da einfach zu integrieren und das einfach so mitzumachen, und ja, das fand ich eigentlich sehr angenehm. Und das war dann eben so stark, dass ich dann diese Wanderung fertiggemacht hatte, und dann nach Katmandu zurückkam, und mich dann doch sehr interessiert hatte, welches Datum ich hatte// Datum war, weil ich nämlich dann paar Tage vorher Geburtstag hatte, und das hatt ich also auch nich mitgekriegt, und war dann (LACHT) richtig stolz, dass ich also einen Geburtstag nich mitbekommen hatte. Ja, noch was zur Zeit?"

Ein anderer TRAVELLER erzählt folgendes:

„na, man hat halt keinen vollen Terminkalender und muss sich an bestimmte Zeiten halten, normalerweise. Man kann halt entscheiden, fahr ich jetzt heute oder fahr ich morgen, oder bleibe ich vielleicht doch noch eine Woche hier, das geht, man ist viel ungebundener, auch zeitlich. Und na gut, Zeit vergeht insgesamt sehr schnell, auch auf Reisen leider (LACHT). Ja, aber man geht eben auch damit viel LEICHTER um. Dieser Zeitdruck ist eben auch nicht da."

Während der Alltag durch *externe Zeitgeber* gekennzeichnet ist, treten im Urlaub *interne Zeitgeber* in den Vordergrund.

6.2.29 „Körperliches Erleben": Krankheit und Gesundheit

Viele Reisende äußern, dass durch die Befreiung von den alltäglichen Verpflichtungen und durch den dadurch entstandenen inneren Freiraum das eigene körperliche Wohlbefinden wieder stärker ins Zentrum der Aufmerksamkeit rückt. Vor allem die WOHNWAGEN-URLAUBER berichten von einer großen körperlichen Erholung.
Vielschichtiger ist das Thema bei den TRAVELLERN: Während es einerseits zum Verschwinden bestimmter körperlicher Symptome kommen kann, begleiten andererseits gesundheitliche Schwierigkeiten ihren Weg. Neben den typischen Reisekrankheiten wie Durchfall, treten Erkältungskrankheiten und grippale Infekte häufig

auf. Darüber hinaus sind Fitness und körperliches Wohlbefinden durch ein ungewohntes Klima beeinträchtigt, was zu einer großen körperlichen Belastung werden kann. Positiv wirke sich aus, dass man sich mehr bewegt. Alle berichten davon, sehr viel gewandert zu sein, sich allgemein viel mehr bewegt zu haben.
Der wesentliche gesundheitliche Nutzen liegt bei den TRAVELLERN aber eher im *psychischen Bereich* während bei den WOHNWAGENURLAUBERN häufig die *körperliche Erholung* stark im Vordergrund steht. Die TRAVELLER lassen sich jedoch erstaunlich wenig durch die körperlichen Belastungen beeinträchtigen:

„Ich hab die Hitze in Indien viel besser verkraftet als hier, also wenn`s jetzt hier paar`nzwanzig Grad ist, dann find ich das viel unangenehmer, als wenn`s in Indien 35° hätte, also das hab ich viel viel besser dann toleriert."

Manchmal entsteht sogar der Eindruck, dass die Bewältigung von Krankheiten zur sozialen Anerkennung im Milieu beiträgt.
Ein TRAVELLER berichtet auf der Reise zur Stressbewältigung sehr viel geraucht zu haben. Die Belastungen der Reise hätten sich auch körperlich niedergeschlagen.
Es gibt jedoch auch positive Effekte auf die körperliche Gesundheit. Ein TRAVELLER erzählt:

„...krankheitsmäßig war´s auch gut, also es war sehr viel mit meiner Neurodermitis gewesen, die mich in Deutschland unglaublich geplagt hat, das war für mich einer der wesentlichen Gründe, warum ich überhaupt gereist bin, weil die Krankheit auf der Reise weggegangen ist".

Ein TRAVELLER berichtet sich auf der Reise darum körperlich besser zu fühlen, weil sich die inneren Spannungen lösen.
Die WOHNWAGENURLAUBER betonen, sich in einer ruhigen Umgebung psychisch und körperlich besser von den Anstrengungen des Alltags regenerieren zu können.
Die Veränderungen im Bereich der körperlichen Gesundheit unterscheiden sich in beiden Reisemilieus sehr stark.
Während bei den WOHNWAGENURLAUBERN ausschließlich positive Effekte auf die körperliche Gesundheit berichtet werden, gibt es

bei den TRAVELLERN sowohl Verbesserungen als auch Verschlechterungen im Vergleich zum Alltag. Dieses Ergebnis bezieht sich vor allem auf meine teilnehmenden Beobachtungen, denn im Interview zu Hause finden sich nach meinem Eindruck starke Verzerrungen: Entweder werden körperliche Probleme auf der Reise wirklich nicht mehr erinnert oder sie werden rückwirkend heruntergespielt. Ist man aber selbst in Indien unterwegs und spricht mit den Leuten vor Ort, so stellt man fest, dass kaum ein Reisender nicht zumindest zeitweise mit gesundheitlichen Problemen zu kämpfen hat.

Meine teilnehmende Beobachtung auf dem Campingplatz hingegen stimmt mit den Aussagen der Interviewpartner überein. Die körperliche Gesundheit stabilisiert sich, vor allem wenn ein Wohnwagen zu Verfügung steht, der auch bei schlechten Wetterbedingungen beheizt werden kann.

TRAVELLER gehen Gesundheitsrisiken ein, die mit den fremden Lebensbedingungen verbunden sind. Es gibt aber auch bei Ihnen positive Effekte auf die körperliche Gesundheit: so berichtet beispielsweise ein TRAVELLER, dass seine Neurodermitis auf der Reise verschwinde (s.o.), was er auf die für ihn angenehmere soziale Situation beim Reisen zurückführt:

> „ich denke, dass es für mich sehr ungesund war, so das Leben in Deutschland, was die Interaktion mit den andern Leuten betroffen hat. Weil das grad bei mir so ist, dass für mich so die Vorstellungen der anderen sehr präsent sind, und dass ich mich ziemlich viel danach richte, was andere von mir denken, und das war in Indien NICHT."

6.2.30 „Wunschwelten": Die ideale Umwelt

Die ideale Umwelt ist für alle Interviewpartnern durch ähnliche Merkmale gekennzeichnet. Zunächst handelt es sich immer um eine vorwiegend *natürliche Umgebung* und nicht um eine vorwiegend vom Menschen geschaffene Umwelt. Sie hat meist einen *Strand* und *Wasser*, zugleich aber auch *Berge*. Das Klima ist *angenehm warm*, nicht zu heiß. Eine aufregende *Stadt gibt es in unmittelbarer Nähe*, jedoch weit genug entfernt, dass keine Beeinträchtigungen durch Lärm oder Gestank hingenommen werden müssen.
Ein WOHNWAGENURLAUBER erzählt:

„So'n Traumort ... also, es müsste auf alle Fälle Wasser dabei sein. Es könnte auch 'n Meer sein, also es kann wirklich auch 'n Meer sein, und es darf nicht so rauh sein. Muss also wirklich 'n sanftes Gewässer sein. Es dürften durchaus auch Berge dabei sein. Also so, die Atmosphäre mag ich eigentlich auch. Also es müsste eine sehr, wirklich eine HARMONISCHE, es müsste eine ganz ruhige Atmosphäre ausstrahlen."

Ein TRAVELLER beschreibt seinen Traumort so:

„Also, Berge müssten da sein, und warmes Wetter allerdings auch. Dann könnt ich mir gut vorstellen in der Nähe einer großen Stadt zu wohnen, aber mit der Möglichkeit, sich auch davon entfernen zu können. So als Wunschort."

Ein TRAVELLER berichtet das folgende:

„ich muss ganz verschiedene Orte haben. Aber was zum Beispiel sein könnte, ein wunderschöner Strand, und dahinter ein Dschungel, der geheimnisvoll ist, zu entdecken ist und ein gleichmäßig warmes Klima, nicht so extrem natürlich (LACHT). Ja. Und dann schon auch mal ab und zu ´n paar Wolken, aber sonst überwiegend Sonne. Kann auch mal regnen, das fand ich auch ganz gut mal."

Ein anderer TRAVELLER berichtet:

„aber was ich schon auf jeden Fall immer ziemlich beeindruckend finde, ist diese WEITE, also ob nun auch in den Bergen, wenn du relativ hoch bist, und dann einfach so weit kucken kannst, oder ja, also, so diesen weiten Blick zu haben, das find ich schon immer ziemlich schön. Aber ich kann mich da nicht festlegen, was ich mag, sowohl Berge als auch Meer, als auch, ja, so die Abwechslung macht's vielleicht."

In der Traumumwelt gibt es *Menschen*, aber *nicht zu viele* und auch nur solche, die besonders interessant sind.

„Also es gibt so ZWEI Arten von Menschen, die ich sehr schätze. Das eine sind die, die eben ganz unmittelbar sind, so wie ich's da in Asien immer erlebt hab, also sehr, Gefühlsmenschen, die halt das auch sehr alles direkt empfinden und ausdrücken, und auf der anderen Seite find ich sehr angenehm und faszinierend Leute, die auch kulturell oder intellektuell sehr engagiert sind und da sehr viel von sich geben können. Also die eben Wissen oder Erfahrung vermitteln können, die nicht auf so'ner ganz direkten Ebene sind, sondern einfach, die eben sehr viel wissen. Also das so vielleicht als so'n gemischter Freundeskreis (BEIDE LACHEN) von Leuten, das wäre sicherlich gut, ja."

„Ja und ich kann mich mit verschiedenen Menschen, völlig unterschiedlichen Menschen aus unterschiedlichen Ecken über ihre Kultur unterhalten".

„Ja, also es sollten 'n paar Menschen da sein. Aber auch nicht zu nah, eher so, dass man sich dann auch mal so zufällig begegnet und dann wieder weitergeht, oder vielleicht entspinnt, es könnte auch, dass sich ein näherer Kontakt dann einfach so ergibt."

Für zwei Interviewpartner ist das *Essen* ein wichtiger Teil der Traumumwelt:

„Ein Strand ... mit den unterschiedlichsten Menschen aus unterschiedlichen Kulturen. Am besten alle auf einem Strand und jede Kultur hat einen Stand, wo Essen angeboten wird . Wo ich dann auch von Stand zu Stand wandern kann und verschiedene Essen essen."

„Ja, und dann, weiß ich, es müsste irgendwo 'n ganz gemütliches Café in der Nähe sein, dass ich morgens einmal da Kaffee trinken gehe und nachmittags dann noch mal Kaffee trinken (LACHT) gehe. Ja, es müsste 'n Koch da sein, der mich jeden Tag bekocht. Einmal am Tag 'n ganz tolles Essen hätte ich gerne dazu."

6.2.31 „Regeneration und Erneuerung": Psychischer Nutzen der Reise

Alle Interviewpartner beider Reisemilieus berichten, psychisch von den Urlaubsaufenthalten zu profitieren. Wo jedoch der Schwerpunkt dieser Effekte liegt, ist unterschiedlich. Zusammengefasst kann festgehalten werden, dass bei den TRAVELLERN die *dynamisierenden Momente* im Vordergrund stehen, bei den WOHNWAGENTOURISTEN hingegen die *stabilisierenden und regenerierenden Momente* (vgl. Kap. 6.4). Jedoch ist beides in beiden Reisemilieus von Bedeutung. Bei den TRAVELLERN steht der Aspekt der *Persönlichkeitsentwicklung durch eine aktive Auseinandersetzung mit der fremden Umwelt* im Vordergrund. Dadurch kommt es zu einem Zuwachs vielfältiger Fertigkeiten und in Folge davon zu einer Steigerung des Selbstwertgefühls und der Selbstwirksamkeitserwartungen.
Bei den WOHNWAGENURLAUBERN hingegen geht es meist um die *Wiederherstellung oder Erhaltung psychischer und körperlicher Kraft*. Dies geschieht am besten in einer solchen Umgebung, die sich sozial durch Vertrauen und Nähe, physisch durch Ruhe und Naturkontakt auszeichnet.
Diese Kategorie soll in den Kapiteln 6.4 und 6.5 weiter ausgearbeitet werden.

6.2.32 „Was macht gesund?": Subjektive Gesundheitstheorien

Ein WOHNWAGENURLAUBER betont, dass Gesundheit immer aus körperlicher und psychischer Gesundheit bestehe. Für ihn selbst stünde die psychische Gesundheit im Vordergrund, vor allem darum, weil er selbst in diesem Bereich in der Vergangenheit Probleme gehabt habe. Wichtig für die psychische Gesundheit sei vor allem, dass man sich nicht überfordere und eventuelle Anzeichen für Überforderung früh genug erkenne. Erste Signale müsse man ernst nehmen und entsprechende Veränderungen einleiten. Zur Förderung der psychischen und körperlichen Gesundheit würde er regelmäßig joggen.
Die anderen WOHNWAGENURLAUBER beziehen ihre Gesundheitsvorstellungen stärker auf den Campingurlaub (ein Intervieweffekt). Frische Luft gehöre zur Gesundheit und vor allem auch immer wieder einmal eine „Luftveränderung". Der Schwerpunkt liegt bei ihnen mehr auf der körperlichen Gesundheit.
Gesundheit sei einerseits eine Voraussetzung zum Reisen, andererseits wirke der Umgebungswechsel einer Reise positiv auf die Gesundheit zurück.

Ein TRAVELLER definiert Gesundheit subjektiv: Gesundheit sei ausschließlich das Gefühl, sich wohl zu fühlen. Ein anderer betont, dass körperliche Fitness besonders wichtig sei. Auch gehöre dazu, dass man mit sich selbst zufrieden sei. Auf die Verbindung von Geist und Körper käme es an, beides müsse stimmen. Auch ein anderer TRAVELLER betont eine Einheit zwischen Körper, Seele und Geist:

„Gesundheit umfasst dass ich mich wohl fühle in meinem Körper, dass ich mich aber auch seelisch entwickeln kann ... ein gesunder Mensch kann aber auch krank werden, aber er kann diese Krankheit nutzen als Zeichen für irgend etwas, das nicht stimmt und daraus lernen; dann empfinde ich das als gesund."

Wenn die seelische und geistige Entfaltung behindert sei, könne sich das auch körperlich negativ auswirken. Freiraum sei besonders wichtig. Ein TRAVELLER definiert Gesundheit sogar als „Freiheit".
In beiden Milieus spielen *statische und dynamische Elemente, subjektives Wohlbefinden und Symptomfreiheit, körperliche aber auch psychische Anteile* wie Zufriedenheit, Entfaltungsmöglichkeiten, Bewältigung der Umweltanforderungen eine Rolle.
Erwartungsgemäß stehen bei den TRAVELLERN jedoch *dynamische Elemente* stärker im Vordergrund als bei den WOHNWAGENURLAUBERN.

6.3 Tabellarische Darstellung der Kategorien mit Dimensionalisierung

Im Folgenden werden die Kategorien nochmals tabellarisch aufgeführt. Darüber hinaus erfolgt eine *Dimensionalisierung,* d.h., die zentralen Eigenschaften der Kategorien werden dargestellt und die Untersuchungsgruppen werden anschließend aufgrund ihrer Ausprägung in den einzelnen Eigenschaften zugeordnet.
So sollen die wesentlichen Gemeinsamkeiten und Unterschiede beider Untersuchungsgruppen nochmals anschaulich dargestellt werden. Darüber hinaus soll auf diesem Weg zu den beiden Achsenkategorien (zentrale Kategorien) und zur Kernkategorie übergeleitet werden.
Das Zeichen ☺ kennzeichnet den Mittelwert der Wohnwagenurlauber, das Zeichen ☼ kennzeichnet den Mittelwert der Traveller. Es

handelt sich dabei um eine Einschätzung, der keine quantitative Analyse des Datenmaterials zu Grunde liegt.
So lässt sich jedoch, auf der Grundlage der qualitativen Daten, ein erstes beschreibendes Profil für die beiden Reise- /Urlauberypen darstellen.

No	Kategorie	Beschreibung	Eigenschaften/ Dimensionen	Einordnung der Gruppen auf den Dimensionen	
1	**Abschied und Wiederkehr**	Der Übergang von der alltäglichen in die nicht alltägliche Umgebung und zurück	Kontrastintensität	Harter Kontrast	sanfter Übergang
2	**Rituale**	Die Interpretation der Reise als Fest oder Heraushebung bestimmter meist geselliger Ereignisse als Fest	Interpretation der Reise als Fest	Stark	nicht
			Kollektive Ereignisse	Stark	nicht
3	**Das Andere, das Besondere**	Das Andere und das Besondere ergibt sich als Gegensatz zum Gewohnten und Alltäglichen	Bedeutung	Stark	nicht
			Kontrastintensität	Stark	nicht
4	**Angst**	Das Erleben von diffusen, keiner eindeutigen Ursache zuzuordnenden Angstzuständen oder das Erleben von Furcht, die auf ein ganz bestimmtes Ereignis oder eine ganz bestimmte Situation zurückzuführen ist.	Im Alltag		
			Diffuse Angst	Stark	nicht
			Konkrete Furcht	Stark	nicht
			Auf der Reise		
			Diffuse Angst	Stark	nicht
			Konkrete Furcht	Stark	nicht
5	**Leben/ Bewegung**	Die Bewegung des Körpers im Raum und die damit verbundene innere Bewegung, Dynamisierung, durch innere Bewegtheit erlebte Lebendigkeit	Typ a.) Wunsch nach mehr Bewegung/ Bewegtheit steht im Vordergrund		
			Typ b.) Wunsch nach weniger Bewegung/ Bewegtheit steht im Vordergrund		
6	**Lernen**	Subjektive Bedeutsamkeit von Lernen im intellektuellen Bereich, vor allem aber im sozialen und emotionalen Bereich	Intellektuell	Sehr wichtig	nicht wichtig
			Sozial	Sehr wichtig	nicht wichtig
			Emotional	Sehr wichtig	nicht wichtig

#		Beschreibung			
7	Alltagsflucht	Vermeidung von als unangenehm erlebten Merkmalen des Alltagslebens (*Arbeit und Zwänge im sozialen Leben und im Erwerbsleben*).	*Flucht vor Arbeit*	*Stark*	*nicht vorhanden*
			Sozialen Zwängen	*Stark*	*nicht vorhanden*
8	Distanz	*Räumliche und psychologische Distanz* zur gewohnten Umgebung. Individuelle Unterschiede, wieviel räumliche Distanz erforderlich ist, um innerliche Distanz zu erleben.	*Räumliche Distanz zum Alltag*	*Viel*	*wenig*
			Erlebte psychische Distanz	*Viel*	*wenig*
9	Einsamkeit	Gefühle von *Einsamkeit und Verlassensein*, ausgelöst durch den Verlust des vertrauten Umfeldes	Vorhandensein und Intensität *auf der Reise*	*Stark Vorhanden*	*nicht vorhanden*
			im Alltag	*Stark Vorhanden*	*nicht vorhanden*
10	Freiheit	Das Gefühl von *sozialer Ungebundenheit* und unbegrenzten Wahlmöglichkeiten	*Wunsch nach Freiheit*	*Stark Vorhanden*	*nicht vorhanden*
11	Gebundenheit	Die Suche oder der *Wunsch nach Verbundenheit*, in vertrauter oder in fremder Umgebung.	*Wunsch nach Verbundenheit*	*Stark Vorhanden*	*nicht vorhanden*
12	Lösung/Gelöstheit	Die äußere und *innere Lösung* aus den festgelegten Routinen des Alltags und ein damit verbundenes Gefühl von Gelöstheit und Entspanntheit	*Äußere Lösung*	*Stark Vorhanden*	*nicht vorhanden*
			Innere Lösung (Gelöstheit)	*Stark*	*nicht*
13	Emotionale Intensität	Größere *Intensität*, vor allem in der sinnlichen Wahrnehmung und im emotionalen Erleben. Variiert positiv mit der erlebten Fremdheit der Umgebung	*Sinnliche Wahrnehmung*	*Stark*	*nicht*
			Emotionales Erleben	*Stark*	*nicht*
14	Spannung	Das Gefühl der *An- und Aufregung*, ausgelöst durch das Gefühl nicht zu wissen was passieren wird	*Gewünschte Intensität*	*Stark*	*nicht*

#	Kategorie	Beschreibung	Skala		Ausprägung
15	Soziale Kontakte	Veränderte Kontakte und Beziehungen zu anderen Menschen	Mehr Kontakte (quantitat.)	Stark	nicht
			Intensität	Stark	nicht
			Verbindlichkeit	Stark	nicht
16	Kultur	Emotionen und Prozesse, die mit dem Austritt aus der eigenen (Alltags-) kultur und der eventuellen Auseinandersetzung mit einer anderen Kultur verbunden sind	Kontrastintensität	Stark	nicht
17	Schwierigkeiten Überwinden	Das Meistern von ungewöhnlichen Situationen. Vor allem bei jungen Menschen und Männern.	Wichtigkeit	Stark	nicht
18	Entfaltung/Entwicklung	Das Gefühl, die Grenzen des eigenen Selbst zu erweitern	Wichtigkeit	Stark	nicht
19	Selbstvertrauen	Ein zunehmendes Gefühl von Selbstvertrauen, das sich häufig aus dem Meistern schwieriger Situationen ergibt	Wichtigkeit	Stark	nicht
20	Sensorische Stimulation/ Sinnlichkeit	Die mit der intensivierten Wahrnehmung und dem Erleben von inneren Freiräumen verbundene Erneuerung des sinnlichen Erlebens	Intensivierung	Stark	nicht
21	Spiritualität	Gefühle von Verbundenheit mit dem „Ganzen" und der damit verbundene Glaube an eine übermenschliche Kraft. Findet sich vor allem bei Asien- oder Naturreisenden	Bedeutung	Stark	nicht
22	Spontaneität/ Leben im Hier und Jetzt	Durch die Unstrukturiertheit neuer Situationen und einer neuen Umgebung wird eine größere Präsenz im Augenblick und mehr Spontaneität im Verhalten möglich	Wichtigkeit	Stark	nicht
23	Experimente	Das Ausprobieren neuer Verhaltensweisen in einer Umgebung, in der sich noch keine Verhaltensroutinen entwickelt haben oder in der andere Verhaltensnormen gelten.	Wichtigkeit	Stark	nicht

24	*Regression*	Die Tendenz ontogenetisch oder kulturgeschichtlich *früher* angesiedeltes Verhalten zu zeigen (Regression) aber auch die *Tendenz zu Passivität*, sich selbst *zu verwöhnen* oder verwöhnen zu lassen	Regression	Stark	nicht
			Passivität/ Verwöhnung	Stark	nicht
			Regression durch Progression	Stark	nicht
25	*Imagination*	Die Tendenz einer einseitig positiven, häufig idealisierenden und auf die eigenen Bedürfnisse zugeschnittenen Wahrnehmung der Umgebung. Scheint für das Gelingen einer Reise von Bedeutung zu sein.	Wichtigkeit	Stark	nicht
			Intensivierung	Stark	nicht
			Idealisierung	Stark	nicht
			Bedürfniswahrnehmung	Stark	nicht
26	*Unsicherheit/ Selbstbehauptung*	Das Erleben von Unsicherheit in einer fremden Umgebung und die *Herausforderung zur Selbstbehauptung*	Unsicherheit	Stark	nicht
			Herausforderung	Stark	nicht
27	*Vertrautheit*	Das Erleben von Vertrautheit und Geborgenheit. Verbunden mit Glücksgefühlen.	Häufigkeit	Stark	nicht
			Intensität	Stark	nicht
28	*Zeit*	Die veränderte Zeitwahrnehmung und die nach innen orientierte Strukturierung der Zeit.	Veränderte Wahrnehmung	Stark	nicht
			Innenstrukturierung	Stark	nicht
29	*Körperliche Krankheit/ Gesundheit*	*Intensivierung und Sensibilisierung des körperlichen Erlebens auf der Reise, Steigerung des körperlichen Wohlbefindens*	Intensivierung	Stark	nicht
			Sensibilisierung	Stark	nicht
			Steigerung des Wohlbefindens	Stark	nicht
		Das Auftreten oder Verschwinden körperlicher Symptome auf der Reise.	Auftreten körperlicher Symptome	Stark	nicht

		Verbesserung körperlicher Symptome	Stark		nicht
30	Wunschwelten	Phantasien und Träume von einer idealen Umwelt (physisch und sozial)	Kontrast zum Alltag		nicht
31	Psychologischer Nutzen der Reise (subj.)	Das, was die Reisenden nach eigener Einschätzung von der Reise mitgebracht haben	Erlebnisse	Stark	nicht
			Regeneration	Stark	nicht
32	Subjektive Gesundheitstheorien	Vorstellung über Bedeutung/ Inhalt von Gesundheit	Statisch/dynamisch	Statisch	dynamisch
			Subjektiv/objektiv	Subjektiv	objektiv
			Körperlich/psychisch	Körperlich	psychisch

Tab. 6.3.1: Tabellarische Darstellung der Kategorien mit Dimensionalisierung

6.4 Zwei Achsenkategorien (zentrale Kategorien): Ruhe und Entspannung versus Aufregung und Abenteuer

Im Folgenden werden auf der Grundlage der zuvor dargestellten Kategorien zwei zentrale Aspekte aufgenommen und ausgearbeitet. Dabei soll versucht werden, möglichst alle dargestellten Kategorien zu integrieren. Im Anschluss daran erfolgt im nächsten Kapitel eine erneute Integration zur gegenstandsbegründeten Theorie.

Im Gegensatz zum vorangegangenen Kapitel, worin eine inhaltliche Ausdifferenzierung des Reiseerlebens erreicht werden sollte, geht es nun darum, die erarbeiteten Inhalte unter Berücksichtigung wesentlicher Aspekte zu integrieren, neu zusammenzusetzen und unter dem Gesichtspunkt psychologischer Effekte des Reisens zu reinterpretieren.

Die beiden zentralen Kategorien (Achsenkategorien) heißen *(1) Regeneration* und *(2) Aufregung und Abenteuer.* Sie korrespondieren mit den Polen Geborgenheit und Autonomie und zudem mit den beiden kontrastierenden Untersuchungsgruppen. Darüber hinaus findet sich ein enger Bezug zu einigen der zuvor besprochenen Theorieansätze (vgl. Kap. 3.2; Kap. 3.3; Kap. 3.4).

Die zentralen Kategorien beschreiben zwei antagonistische Prozesse, die sich gegenseitig bedingen, die bei jedem Reisenden von Bedeutung sind und die schließlich für therapeutische/ emotional ausgleichende Effekte von Reisen wichtig sind. Welche Achse beim einzelnen Urlauber jeweils im Vordergrund steht, variiert in Abhängigkeit von Reiseform und Alltagserleben stark.

Es wurde versucht die anderen wichtigen inhaltlichen Kategorien nach Vorgabe des paradigmatischen Modells zuzuordnen um so den Interpretationsprozess voran zu bringen.

Jede der beiden Achsenkategorien soll Im Folgenden zunächst graphisch dargestellt und im Anschluss daran inhaltlich besprochen werden.

Zum Verständnis ist wichtig zu betonen, dass es nicht nur eine einzige richtige Zuordnung der verschiedenen Kategorien gibt. Manche Kategorien könnten an verschiedenen Stellen zugeordnet werden. Die Konsequenzen eines Phänomens können z.B. ihrerseits wieder zu Bedingungen werden.

Das axiale Kodieren dient einer ersten Gruppierung und Strukturierung der Daten. Die zunächst beziehungslos nebeneinander stehenden Einzelkategorien werden in diesem ersten Schritt inhaltlich miteinander verknüpft. Auf diesem Weg kann eine Annäherung an die zu entwickelnde Theorie geleistet werden.

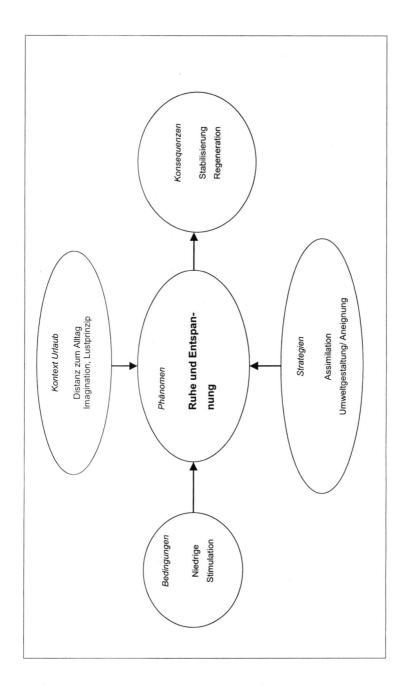

Abb. 6.4.1: Entspannung und Stabilisierung

Die erste Achsenkategorie beschreibt den Prozess der psychischen Regeneration und in Folge davon die psychische Stabilisierung. Im Rahmen dieses Prozesses geht es um die Schaffung oder Wiederherstellung von Kontinuität und einem Gefühl von Ruhe und Geborgenheit. Geborgenheit ist u. a. mit Sicherheit, Schutz, Familie, „akzeptiert werden", Zuneigung, Nähe, „angstfrei sein", zu Hause und „vertraute Situation" assoziiert (vgl. Mogel 1995, S. 19).

Bedingung dafür, dass ein solches Erleben im Urlaub entsteht, ist eine soziale und physische Umgebung, die zu einem niedrigen Stimulationsniveau führt. In einer solchen Umgebung kann der Mensch zur Ruhe kommen.

Dabei kommt der räumlichen Distanz im Erleben der Reisenden offensichtlich eine entscheidende Bedeutung zu, denn sie gewährleistet, dass auch eine psychische Distanz zum Alltag entstehen kann.

Wichtig ist vor allem, dass jene Lebensbedingungen, die das Gefühl von Ruhe und Geborgenheit im Alltag verhindern, fehlen. Zu denken ist dabei in erster Linie an herausfordernde Arbeitsbedingungen oder belastende soziale Beziehungen. Angst und Stress in Beruf und Familie werden zurückgelassen und durch ein sozialräumliches Umfeld ersetzt, dass Vertrauen und Entspannung ermöglicht.

Darüber hinaus ist es wichtig, dass die Umgebung vertraut ist und ein Gefühl von Sicherheit, Akzeptanz, Vertrauen und Wohlbefinden vermittelt. Auch dies gilt für die physische und für die soziale Umgebung gleichermaßen. Die physische Umgebung sollte möglichst bekannt sein und dadurch das Gefühl von Kontrollierbarkeit vermitteln. Sie sollte frei von Gefahren, ästhetisch ansprechend und im Sinne der persönlichen Bedürfnisse und Vorlieben des Urlaubers gestaltbar sein.

Das soziale Umfeld sollte durch Vertrauen und Akzeptanz gekennzeichnet sein, (Wärme, Freundschaft, interpersonelle Sicherheit, Anerkennung, Hilfsbereitschaft, Freundschaft, Liebe, „nicht allein sein", „sich fallen lassen können", Zärtlichkeit, Partnerschaft, Familie; vgl. Mogel 1995, S. 19).

Der dadurch in Gang kommende Prozess der psychischen Stabilisierung ist durch das subjektive Erleben von Ruhe, Kontakt und Gebundenheit gekennzeichnet. Das innere Erregungsniveau sinkt, man empfindet innere Ruhe und zunehmende Gelassenheit. Man erlebt sich im Kontakt mit anderen als verbunden und geborgen. Man fühlt sich sicher und wohl. Dieses Gefühl von Verbundenheit kann bis hin zu spirituellem Erleben reichen. Auch ein Gefühl von „Einssein" mit den anderen Menschen und der Umgebung kann vorkommen. Es gibt jedoch auch solche Menschen, die vor allem in einer fremden Umgebung Sicherheit und Vertrauen empfinden können (vgl. Kap. 3.4.2).

Der spezifische Kontext, in dem die Veränderung des Erlebens im Urlaub stattfindet, ist zum einen die Distanz zum Alltag und darüber hinaus die Möglichkeit zu einer imaginären Umweltwahrnehmung (vgl. Hennig 1997; auch Kap. 3.4.3). So wird ein psychologischer Freiraum geschaffen, in dem sich Wünsche, Träume und Bilder entwickeln und entfalten können und die in die Ferienumwelt projiziert werden können. Der Fokus der Wahrnehmung wird nach innen verlagert und „das Schöne", welches auch im Auge des Betrachters liegt, kann ins Zentrum der Aufmerksamkeit rücken.

Darüber hinaus kann ein Urlauber, wie es der Camper tut, aktiv und gestaltend in seine Umwelt eingreifen. Er kann eine alternative Alltagskultur, eine Freizeitkultur entwerfen, die an die Spielwelt des Kindes erinnert (vgl. Hennig 1997). Er kann nicht nur eine *soziale* sondern auch eine *materielle Gegenwelt* entwerfen.

Während sich die soziale Gegenwelt beim Wohnwagentourismus vorwiegend durch Harmonie und Geborgenheit in der Gruppe auszeichnet, ist die physische Gegenwelt dadurch gekennzeichnet, dass alle Gegenstände in ihr etwas kleiner, einfacher und unkomplizierter sind als im „wirklichen Leben". Das meiste kann selbst gemacht werden und man ist nicht auf Experten angewiesen. Es ist Ähnlichkeit zu kulturgeschichtlich früheren, einfacheren Formen des Lebens und Wohnens festzustellen. Die Umwelt wird entsprechend der eigenen inneren Strukturen entworfen und gestaltet. Die (Wohn)räume werden eingerichtet. Raumgestaltung ist wiederum eine wichtige Strategie zur Förderung des Geborgenheitsgefühls (vgl. Mogel 1995). Die Umwelt wird dabei an die eigenen inneren Strukturen und Bedürfnisse angepasst (Assimilation). So kann ein schöpferischer Umgang mit der physischen Welt entstehen.

Die bedürfnisgerechte Umweltgestaltung gilt jedoch auch für die soziale Umgebung. Viele Camper verbringen ihre Ferien im Kreis der Familie; regelmäßig werden gemeinsame Abende in der Campinggemeinde organisiert. Die meisten Wohnwagenurlauber berichten, dass die Nachbarschaftskontakte auf dem Campingplatz intensiver und freundschaftlicher seien, als jene, die sie zu Hause hätten. Dies wird im allgemeinen sehr geschätzt. Häufig werden intensive Gruppenerfahrungen berichtet (z.B. im Rahmen gemeinsamer Grillabende oder Nachbarschaftsfeste).

Die Konsequenz des Beschriebenen ist eine psychische Stabilisierung. Passivität und ein „elementareres", auf das Wichtigste beschränkte Leben, das keine detaillierte Alltagsplanung erfordert, können zu Entspannung, Erholung und Regeneration beitragen. So kommt es auch zu innerer Lösung/Gelöstheit. So wird innere Ruhe erreicht, Entspannung und Erholung können eintreten. Dies gilt für psychisches und körperliches Erleben gleichzeitig. Vor allem der Körper kann so zu neuer Kraft kommen. Aber auch psychisch kann Energie für neue Anstrengungen gesammelt werden. Das körperlichen Wohlbefinden ist bei diesem Prozess hoch. Der gesamte Organismus kann sich regenerieren und erneuern.

Die nun folgende Abbildung beschreibt den hierzu antagonistischen psychischen Prozess.

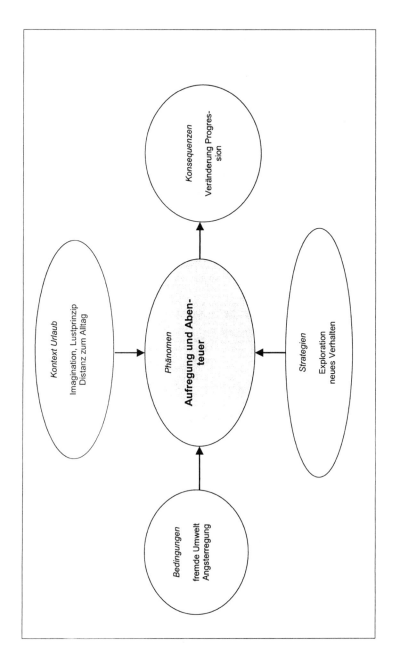

Abb. 6.4.2: Aufregung, Abenteuer und Progression

Das im Rahmen der zweiten Achsenkategorie zu beschreibende Phänomen soll hier als *Aufregung und Abenteuer* bezeichnet werden. Es beschreibt den Prozess psychischer Veränderung und Progression in der Auseinandersetzung mit der (fremden) Umwelt (*Akkomodation*).
Der durch Piaget (z.B. 1923, 1936, 1948) geprägte Begriff *Akkomodation* soll hier jedoch nicht nur auf den kognitiven Bereich beschränkt bleiben, sondern den sozialen und den emotionalen Bereich miteinbeziehen. Nach Piaget geschieht die Herstellung eines Gleichgewichtszustandes durch zwei verschiedene, gegenläufige Prozesse, die einander ergänzen und sich wechselseitig notwendig machen. Sie bestehen zum einen aus der Auffassung und Verarbeitung von Umwelteindrücken mittels vorhandener kognitiver Schemata – die Umwelt wird an das Individuum angeglichen. Zum anderen müssen die Schemata selbst verändert werden, wenn sie in der gegebenen Form nicht zur Bewältigung der Umwelt ausreichen. Hierbei handelt es sich um eine Angleichung des Individuums an die Umwelt (*Akkomodation*, vgl. Nickel 1982, S. 146).
Bedingung für einen Prozess der Veränderung und der Progression ist zunächst ein erhöhtes *Arousal*. Dazu kommt es vor allem in einer Umgebung die uns fremd ist, für deren Bewältigung wir noch keine Verhaltensautomatismen entwickelt haben. Je mehr sich die Situation von alltäglichen und bekannten Situationen unterscheidet, desto größer wird die entstehende Erregung und Spannung sein. Eine unbekannte Situation erfordert Aufmerksamkeit; es muss eingeschätzt werden, ob und in wie fern eine Situation bedrohlich ist. Auch *allein* zu sein, zu wissen, dass keine anderen Menschen, auf die ich zählen kann erreichbar sind, kann das *Unsicherheitsarousal* erhöhen. Auch *Freiheit von Bindungen und von einer vertrauten Umgebung* kann zur Erhöhung der Erregung führen. Es kommt zum subjektiven Erleben von *Spannung* und *Aufregung*. Die Aufmerksamkeit erhöht sich dabei zum einen nach innen, auf physiologische Prozesse und zum anderen nach außen, auf die Umwelt. Ziel dabei ist, durch eine zutreffende Interpretation des Geschehens wieder Kontrolle und Handlungssicherheit zu erlangen (vgl. Kap. 3.1) und das *Arousal* zu senken.
Die Umwelt- und Selbstwahrnehmung wird sensibilisiert, die subjektive Erlebnisintensität ist hoch. Die Aufmerksamkeitskapazitäten sind auf den Moment gerichtet. Es kommt zu *Akkomodation*. Die fremde

Situation muss gemeistert werden, darüber entstehen größere Flexibilität und Bewältigungskompetenzen (*Progression*).

Dieser Prozess kann im Kontext Urlaub als genussvoll und bereichernd erlebt werden (im Alltag wäre es vielleicht Belastung und Stress, vgl. Kap. 3.1). Im Urlaub können spannungsreiche Erfahrungen eine andere emotionale Qualität erlangen als Umweltanforderungen im Alltag: die imaginative, wunschgerechte Wahrnehmung kann sich entfalten und dem Prozess eine spielerische Atmosphäre vermitteln. Wünsche, Träume und Phantasiebilder werden in die Umgebung projiziert. Darüber hinaus kann entschieden werden, welchen Herausforderungen man sich jeweils stellen möchte und welchen nicht; im Ernstfall kann immer wieder in eine Sicherheitszone zurückgekehrt werden.

In noch unstrukturierten Situationen muss neues Verhalten gezeigt werden. Schwierigkeiten und Hindernisse müssen bewältigt werden. Das eigene Verhalten muss auf die neue Situation abgestimmt werden. Neue Strukturen werden aufgebaut (*Akkomodation*).

Konsequenz dieser Strategien des Umgangs mit der Umgebung ist, dass es zu einem kognitiven und vor allem zu einem sozioemotionalen Lernprozess kommt. Subjektiv ist dies mit dem Gefühl von Entwicklung und Entfaltung von Persönlichkeitsstruktur verbunden. Dies wird wiederum als angenehm erlebt.

Dieser Prozess beschreibt auch das, was bei *Erlebnissen* oder im Rahmen von *Events* passieren kann. Die unstrukturierte, alltagsferne Umgebung mit ihrer Möglichkeit zur Wunschprojektion macht spannungsreiche Situationen, die zugleich Unsicherheit hervorrufen aber doch nicht wirklich gefährlich sind, zu einem besonderen und genussvollen Ereignis. Dies trifft vor allem dann zu, wenn der Mensch selbst durch aktives Handeln am Prozess beteiligt ist.

6.5 Die Theorie: Die Ausbalancierung des Grundkonfliktes vor dem Hintergrund einer bedürfnisgeleiteten Umweltwahrnehmung

Im Folgenden soll eine erneute Integration der bisher dargestellten Überlegungen versucht werden. Die bisher beschriebenen beiden Prozesse erscheinen als zwei Pole einer Dialektik. Reisen und Urlaubmachen sollen nun als Strategie interpretiert werden, die auf den

Grundkonflikt (vgl. Kap. 3.6.1) zurückzuführenden *dialektischen Spannungen auszubalancieren.*

Im Urlaub kann sich der Mensch in die eine oder in die andere Richtung der Dialektik bewegen, während er im Alltag aufgrund äußerer Umweltanforderungen und aufgrund seiner Lebensgewohnheiten häufig feststeckt und nicht mehr flexibel genug reagieren kann. Auf der Reise hingegen kann er seine Position in die eine oder andere Richtung verschieben. Dies wird unterstützt durch die veränderte Beziehung zur physischen und zur sozialen Umwelt.

Die Urlaubsumwelt kann so gewählt sein, dass sie sich durch Kontinuität auszeichnet und ein Gefühl von Sicherheit vermittelt; sie kann aber auch viel Abwechslung bereitstellen und darüber einen progressiven psychischen Prozess ermöglichen. Sie kann darüber hinaus auch so gestaltet sein, dass beide Prozesse sich entfalten können.

Bei den beiden hier untersuchten Reisemilieus zeigen sich interessante Übereinstimmungen in der Beziehung zur physischen Umwelt einerseits und der zur sozialen Umwelt andererseits. Während die Traveller über häufige Ortswechsel und über wechselnde soziale Kontakte berichten, haben die Wohnwagenurlauber mindestens eine feste Bezugsperson oder gar eine ganze Bezugsgruppe und halten sich an einem festen Ort auf.

Das Ausbalancieren der beschriebenen Dynamik kann auch darum so gut gelingen, weil ein Freiraum von äußeren Zwängen geschaffen worden ist, der eine imaginative, lustbetonte Wahrnehmung der Umwelt ermöglicht. So können im Alltag zu wenig berücksichtigte Bedürfnisse stärker ins Bewusstsein treten und erfüllt werden. Bedingung für einen solchen Prozess ist offensichtlich für viele Menschen die erlebte psychische Distanz und die damit verbundene Entlastung vom Alltag. Dies wiederum wird durch eine räumliche Distanz stark erleichtert.

Ob beim einzelnen Urlauber ein Entwicklungsmotiv oder ein Regenerationsmotiv im Vordergrund steht, hängt stark vom Alltag einer Person ab. Ebenso sind Alter und Lebensphase, sowie soziodemographische Merkmale von Bedeutung (vgl. auch Schulze 1993). Auf der Reise erfolgt in jedem Fall eine Verschiebung ein „Aufrütteln" dieser Dialektik. Dies hat eine Veränderung im Erleben zur Folge, welche sich auch auf die sozialen Beziehungen auswirkt. Auch hier können festgefahrene Bahnen aufgebrochen werden und neue, andere Erfahrungen gemacht werden.

Kontinuität im sozialen Leben des Alltags kann durch mehr Abwechslung auf der Reise ersetzt werden. Ebenso können umgekehrt Anonymität und Unverbindlichkeit in den Beziehungen des Alltags durch das feste Eingebundensein in eine Gruppe ersetzt werden, was gerade bei den Campern häufig zu beobachten ist.

Bei Reisen, auf denen eine durch Wechsel und Veränderung gekennzeichnete Beziehung zur Umwelt zu finden ist (also beim Reisen im eigentlichen Sinne), steht die Dynamisierung psychischer Prozesse im Vordergrund. Lernen, Selbstverwirklichung, Entwicklung, Entfaltung sind hier zentrale Motive.

Bei Reisen hingegen (man sollte hier besser vom Urlaubmachen sprechen, denn um Reisen im eigentlichen Sinne handelt es sich dabei nicht), bei denen eine durch Beständigkeit und Kontinuität gekennzeichnete Umweltbeziehung zentral ist, steht auch eine Stabilisierung psychischer Prozesse im Vordergrund. Dass der eine oder der andere Prozess im Vordergrund steht, bedeutet jedoch nicht, dass der antagonistische Prozess keine Bedeutung hat. So ist z.B. bei TRAVELLERN zu beobachten, dass das Eingebundensein in eine sich spontan bildende Gruppe von Gleichgesinnten als besonders bereichernd erlebt wird. Hier stehen Gefühle von Zugehörigkeit und Geborgenheit im Zentrum des Erlebens. Umgekehrt kann man bei manchen WOHNWAGENURLAUBERN beobachten, dass Wassersportarten, wie z.B. Segeln erlernt werden, oder handwerkliche Fähigkeiten entwickelt werden, was mit progressiven Prozessen assoziiert ist.

Bei beiden Reiseformen ist die bedürfnisgerechte Umweltwahrnehmung und die Stärkung des Lustprinzips gegenüber dem Alltag von Bedeutung. Dies trifft auch auf jene Reisenden zu, deren Reiseverhalten stark durch progressive Züge gekennzeichnet ist. Die Progression ist schließlich frei gewählt und dient der Persönlichkeitsentwicklung; manchmal steht sie sogar im Dienste regressiver Bedürfnisse (vgl. Balint, Kap. 3.4.2).

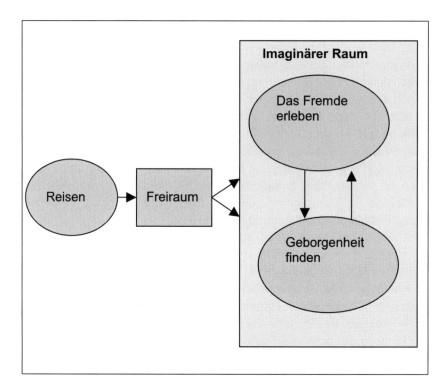

Abb. 6.5.1: Imaginärer Raum, in dem sich die Spannungs- Ruhedialektik entfalten kann.

Reisen und Urlaub machen führen zu bestimmten psychologischen Veränderungen. Dies resultiert zum einen aus dem entstehenden psychischen Freiraum und zum anderen aus der Veränderung unserer Beziehung zur sozialen und zur physischen Welt.
Die daraus folgenden innerpsychischen Prozesse der Stabilisierung und Regeneration und/ oder der Veränderung und Entwicklung in einzelnen Lebensbereichen sind vermutlich wesentlich für Erholungseffekte verantwortlich.
Durch die veränderte Mensch-Umwelt-Beziehung steigt oder fällt auch das *Arousal*, die durch die Umwelt ausgelöste physiologische Erregung (vgl. Kap. 3.2). Dies kann als psychische Entlastung erlebt werden, da das Erregungsniveau im Urlaub in die gewünschte Richtung verschoben werden kann.
Leider ist es jedoch so, dass sich häufig, zurück im Alltag, die ursprüngliche Dynamik schnell wieder durch- und festsetzt und dar-

über hin- aus die für den Urlaub typische imaginäre, lustbetonte Wahrnehmung mit den damit verbundenen positiven Emotionen schnell wieder ganz verschwindet. Wenn man die therapeutischen Effekte des Reisens stärker in den Alltag integrieren will, müsste man also darüber nachdenken, wie diese Effekte, zumindest teilweise, erhalten werden können.

In beiden untersuchten Reisemilieus sind beide Pole der beschriebenen Dialektik von Bedeutung. Auch die Traveller berichten von regenerativem oder sogar regressivem Erleben im vertrauten Submilieu, auch wenn dies im fernen Asien oder Südamerika stattfindet. So wird zum Beispiel häufig viel Zeit mit einer eher passiven Lebensweise am Strand verbracht (in der Sonne liegen, im warmen Meer liegen u.Ä.).

Umgekehrt berichten auch die Camper von progressivem Erleben. Dies betrifft vor allem solche Lebensbereiche, die im Alltag zu wenig gelebt werden, wie zum Beispiel die Entwicklung sportlicher oder handwerklicher Fertigkeiten.

Wichtig ist in beiden Milieus, dass sich die Dynamik zwischen den beiden Polen verändert, was zu verändertem Erleben und schließlich zu innerpsychischer Entspannung und körperlicher Erholung führen kann.

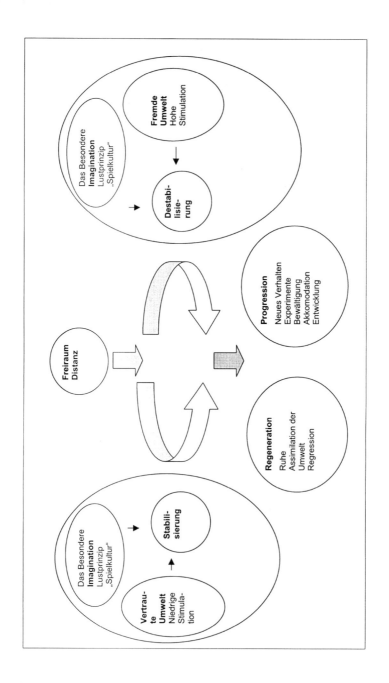

Abb. 6.5.2: Dialektisches Modell zur Bedeutung des Reisens für die seelische Gesundheit

Das Modell (s.o.) soll den Gedankengang nochmals graphisch veranschaulichen.
Durch Reisen und Urlaub entsteht ein Freiraum. Die Erwerbsarbeit, die Hausarbeit, die vielen alltäglichen Tätigkeiten und Verpflichtungen fallen weg. Auch belastende zwischenmenschliche Kontakte werden zurückgelassen. In Abhängigkeit von diesem äußeren Freiraum entsteht darüber hinaus ein innerer psychischer Freiraum, der neues Erleben und Verhalten möglich macht. Dafür, dass dies gelingt, ist die veränderte physische Umgebung von Bedeutung, die nicht mit den vertrauten Tätigkeiten des Alltagslebens assoziiert ist. Die räumliche Distanz geht psychologisch mit einer inneren Distanz zum eigenen Leben und Verhalten einher.
Entlastet von den Pflichten des Alltags richtet sich die Aufmerksamkeit auf die eigenen Bedürfnisse, die Umwelt wird danach eingeschätzt, inwieweit sie diese erfüllen kann und darüber hinaus im Sinne der Bedürfniserfüllung verzerrt wahrgenommen[11].Während im Alltag häufig die Wunscherfüllung zugunsten der Lebensbewältigung im Hintergrund steht, ist dies im Urlaub umgekehrt. Folge davon ist, dass solche Aspekte der Umwelt ins Zentrum der Aufmerksamkeit rücken, die diesem Zweck dienlich sind. Der äußere Raum wird zum Zweck der Wunsch- und Bedürfniserfüllung zur Projektionsfläche des inneren Raumes. Man sieht also, „was man sehen will".
Die Reiseumwelt kann fremd oder vertraut sein. In Abhängigkeit davon kommt es zu unterschiedlichen psychischen Prozessen, die im Modell als Stabilisierung und Destabilisierung bezeichnet werden. Ist die Umwelt vertraut, kann es zum Prozess der Stabilisierung kommen. Damit ist gemeint, dass es zu einer Verlangsamung und Beruhigung psychischer Prozesse kommt. Die Stimulation von außen ist gering, das Erregungsniveau sinkt. Dieser Prozess scheint vor allem entscheidend zur Förderung der körperlicher Gesundheit beizutragen. Darüber hinaus führt er jedoch auch zu geistig-seelischer Entspannung und Regeneration.

---

[11] Wenn man davon ausgeht, dass Wahrnehmung immer subjektiv, *funktional* und insofern verzerrt ist (vgl. z.B. Gibson 1950, 1966, 1979; Kaplan & Kaplan 1982), sollte man besser von einer spezifischen Veränderung der Reizselektion sprechen.

Ist die Reiseumwelt dadurch gekennzeichnet, dass sie fremd ist und Unsicherheit vermittelt, kommt es zum antagonistischen Prozess, der zunächst beschreibt, wie es zu innerpsychischer Veränderung kommen kann. Es kommt zunächst zu einer Destabilisierung. Dies äußert sich auch in einem erhöhten Erregungsniveau (bis hin zur Erregungsangst). Durch die fremde Umwelt entfällt der vertraute äußere Rahmen, der unser Verhalten weitgehend bestimmt. Dadurch entsteht ein Freiraum, der mit neuem Verhalten gefüllt werden muss. Erregungsniveau und Aufmerksamkeit gegenüber der Umwelt steigen. Neues Verhalten muss gezeigt werden, neue emotionale Erfahrungen werden gemacht. Es kommt zu einem progressiven Prozess und in Verbindung damit zu innerpsychischer Entwicklung.

7 Diskussion

Im nun folgenden Diskussionsteil sollen die Ergebnisse unter Berücksichtigung bestimmter thematischer Schwerpunkte reflektiert werden. Dabei möchte ich zunächst zu den möglichen therapeutischen Effekten des Reisens Stellung nehmen. Daran anschließend soll diskutiert werden, welche Schlussfolgerungen sich aus den Ergebnissen für die Gestaltung physischer Räume ziehen lassen.
Im darauffolgenden Kapitel möchte ich kurz zur Gestaltung von Freizeitorten und anschließend zu wichtigen Zukunftsherausforderungen für Tourismuspolitik und –planung (Nachhaltiger Tourismus) Stellung nehmen. Abschließend soll das methodische Vorgehen kritisch reflektiert werden.

7.1 Zum therapeutischen Effekt von Reisen: Möglichkeiten und Grenzen

Welchen Einfluss haben Reisen und Urlaub auf Wohlbefinden und Gesundheit? Die wichtigsten Ergebnisse und Schlussfolgerungen zu dieser zentralen Fragestellung sollen an dieser Stelle zusammengefaßt werden.
Dabei soll eine Verbindung zwischen den theoretischen Vorüberlegungen und den Ergebnissen hergestellt werden, anschließend werden diese unter dem thematischen Schwerpunkt möglicher *therapeutischer Effekte* des Reisens diskutiert. Darüber hinaus sollen die

Grenzen des Reisens als „therapeutischer Erfahrung" angesprochen werden und zum Thema Urlaub und Reisen als Flucht vor der Alltagswirklichkeit Stellung genommen werden. Die Urlaubsreise in postindustriellen Gesellschaften kann als ein Ritual betrachtet werden, in dem und durch das ein physischer und psychischer Freiraum für die „andere" für die „besondere" Erfahrung geöffnet wird. Dieser Raum kann mit neuem Erleben gefüllt werden. Abschied und Wiederkehr kennzeichnen den Übergang von der Normalität des Alltags in den imaginären Raum (vgl. Hennig 1998), während diese Grenzen überschritten werden, verändern sich auch Erleben und Verhalten (vgl. *Abb. 6.5.2*). Der physische Abstand und damit verbunden der innere, psychische Abstand zum „normalen Leben" sind für viele Menschen eine wesentliche Bedingungen dafür, dass dieser Prozess gelingt. Darum können sich die meisten Menschen nur schwer vorstellen, ihren Urlaub zu Hause zu verbringen. Das Alltagsumfeld ist so stark mit den Routinen des Alltagslebens assoziiert, dass es schwierig ist, einen Erholungsprozess, wie er Im Folgenden beschrieben werden soll, in Gang zu bringen.

Zunächst kann allein das Zurücklassen des Alltagslebens zu einer wichtigen Entlastung führen und das Wohlbefinden steigern. Dies gilt vor allem dann, wenn der Alltag als beschwerlich oder überfordernd erlebt wird.

Eine grundlegende Veränderung bei Reisen und Urlaub bewegt sich offensichtlich auf dem Spannungs-Ruhe-Kontinuum. Diese Veränderung kann in beide Richtungen stattfinden: entweder hin zu spannungsreicherem Erleben (vgl. *Aufregung und Abenteuer*, Kap. 6.4) oder hin zu ruhigerem, entspannterem Erleben (vgl. *Ruhe und Entspannung*, Kap. 6.4). Diese „*Verschiebung*" findet auf jener Dimension statt, deren Pole durch Begriffspaare wie „*Autonomie* versus *Geborgenheit*" oder „*Abenteuer* versus *Sicherheit*" gekennzeichnet werden können. Dieses Phänomen nenne ich die *kompensatorische Verschiebung*. Wichtig ist dabei festzuhalten, dass diese Verschiebung für verschiedene Lebensbereiche parallel in eine unterschiedliche Richtung gehen kann (s.u.). Diese *kompensatorische Verschiebung* ist der erste wichtige therapeutische Effekt des Reisens.

Der zweite wesentliche Effekt ist die *imaginative Erfahrung* mit ihrer *wunsch- und bedürfnisgeleiteten Umweltwahrnehmung*. Zum einen darum, weil sie den oben beschriebenen Prozess der kompensatorischen Verschiebung begünstigen kann. Zum anderen kann die imaginative Erfahrung allein psychologisch günstige Auswirkungen haben, weil sie im Hintergrund stehende Wünsche und Bedürfnisse wiederbelebt und insofern selbst kompensatorisch ist.

Ich möchte Im Folgenden auf diese beiden Effekte näher eingehen und sie unter Berücksichtigung der theoretischen Vorannahmen darstellen.

Der erste, die *kompensatorische Verschiebung* könnte in psychoanalytischen Worten als *die Ausbalancierung des Grundkonfliktes* bezeichnet werden (vgl. Kap. 3.4.1). Es geht hier darum, auf den *Grundkonflikt* zurückgehende Spannungen zu lockern. Dieser Effekt entspricht dem, was im Rahmen der Kernkategorie ausgearbeitet worden ist. Ich möchte diese Kategorie als *Erholung* bezeichnen[12].

In einem weiteren Verständnis geht es jedoch auch um darüber hinaus gehende *kompensatorische Effekte*, die durch das Reisen möglich werden. Phänomene, die damit in Verbindung stehen, sollen hier ebenfalls dargestellt werden.

Durch die veränderte Beziehung zur Umwelt einerseits und durch die veränderten Sozialbeziehungen andererseits, kommt es zu einer *Verschiebung der Dynamik zwischen den Polen Autonomie und Geborgenheit*. Hier muss neu reagiert werden, darüber kann größere psychische Flexibilität entstehen.

Mit den Worten Altmans (1975) könnte man vielleicht auch sagen: die Privatheit kann neu reguliert werden.

In Abhängigkeit von der Bewegung auf der Spannungs-Ruhedimension in die eine oder andere Richtung, kann es zu Prozessen der Persönlichkeitsentwicklung und Progression einerseits und zu Prozessen der Regeneration und Entspannung andererseits kommen. Beide Prozesse können das Alltagserleben erholsam ergänzen, vor allem dann, wenn solche Erfahrungsmöglichkeiten eine Neubelebung erfahren, die im Alltag zu stark im Hintergrund stehen und wenn solche Lebensbereiche entspannt werden können, die im Alltag sehr stark belastet werden.

Wichtig ist nochmals zu betonen, dass diese *kompensatorische Verschiebung* parallel in verschiedenen Lebensbereichen in eine unterschiedliche Richtung gehen kann. So kann man sich im Urlaub geistig regenerieren, zugleich jedoch körperlich entfalten, wenn man z.B. eine neue Sportart lernt. Umgekehrt kann man sich geistig ent-

---

[12] Zur Schwierigkeit der Definition von Erholung vgl. Lohmann(1993).

falten und körperlich regenerieren, wenn man z.b. einen Badeurlaub macht, der viel Zeit zum Lesen lässt und der durch Ausflüge zu kulturellen Sehenswürdigkeiten ergänzt wird.

Eine progressiver Prozess, wie er bei den Travellern für viele Lebensbereiche zu beobachten ist, führt zu einer Steigerung von Selbstsicherheit und Selbstvertrauen. Dabei kommt es zunächst zu einer Destabilisierung, die überwunden werden muss. Diese Destabilisierung wird durch die fremden und unbekannten Lebenssituationen ausgelöst.

Dieser Prozess hat offensichtlich gerade bei jungen Menschen ein wichtige Bedeutung beim Reisen. Die Erfahrung, fremde und schwierige soziale Situationen bewältigen zu können, führt zu einer Vergrößerung der Selbstwirksamkeitserwartung.

Gelingt eine Bewältigung der fremden Situationen jedoch nicht, kann dies zu einer erneuten Destabilisierung führen. Dies kann bis hin zum körperlichen und/oder psychischen Zusammenbruch führen (vgl. auch Kap. 3.2). Dies lässt sich im Urlaub jedoch dadurch steuern, dass die Umwelterausforderungen bei den meisten Reiseformen frei gewählt werden können und dass man sich bei Überforderung schnell wieder in eine Sicherheitszone (z.B. ins Hotel) zurückziehen kann.

Im Rahmen einer *kompensatorischen Verschiebung* können vor allem solche Bereiche des Erlebens, die in den durch eine zweckrationale Lebensführung gekennzeichneten postindustriellen Gesellschaften eine untergeordnete Rolle spielen, eine Wiederbelebung erlangen. Dabei ist gerade an solche Erfahrungsmöglichkeiten zu denken, die ontogenetisch vor der Vorherrschaft des Verstandes über körperliches und emotionales Erleben und phylogenetisch vor der Epoche der Aufklärung anzusiedeln sind (vgl. Spode 1993a, 1993b). Diese Erfahrungsbereiche haben beim Reisen offensichtlich eine zentrale Bedeutung. Darum ist auch das intellektuelle Begreifen beim Reisen nicht so wichtig, die es von Tourismustheoretikern lange angenommen oder zumindest gefordert wurde.

Aus polaren Bedürfnisgruppen, die sich um das Bedürfnispaar Abhängigkeit versus Autonomie gruppieren lassen, können intrapsychische Konflikte entstehen. Dies ist normal und kommt bei allen Menschen vor. Mentzos (1993) geht davon aus, dass solche Spannungen dann zu neurotischen Konflikten werden, wenn der ein oder andere Pol (libidinöse Kontaktbedürfnisse einerseits oder narzißtische Verselbständigungstendenzen andererseits; vgl. Mentzos 1993, S. 136) regelmäßig bevorzugt wird. Der dadurch entstehende Rückzug in eine rigide und einseitige Position schränke die Möglichkeiten einer freien und flexiblen Entwicklung ein. Hier kann auf der Reise entgegengesteuert werden, und darüber eine Lockerung und Flexibilisierung der Konfliktdynamik erreicht werden.

Umgekehrt kann jedoch auch mit verstärkter Anstrengung in jene Richtung gegangen werden, die im Alltag sowieso schon bevorzugt wird (vg. Kap. 3.4.2). So kann die Reise auch in den Dienst einer neurotischen Dynamik gestellt werden. Dies triff z.b. dann zu, wenn jemand kontinuierlich in den Schutzraum der Campinggemeinde flieht, anstatt anliegende Aufgaben im Alltag zu meistern. Oder wenn ein Mensch, dem es schwer fällt, feste Bindungen einzugehen, diese Tendenz durch ein entsprechendes Reiseverhalten verstärkt auslebt. Aber auch gesellschaftliche Einflüsse (vgl. Lasch 1979; Schulze 1993) und das Lebensalter haben einen Einfluss auf die beschriebene Dynamik. So findet sich bei jüngeren und besser qualifizierten Personen eine stärkere Bevorzugung der Autonomie in Alltag und Freizeit. Bei älteren und weniger qualifizierten Menschen hingegen findet sich eine stärkere Bevorzugung der Geborgenheit. Dies spiegelt sich auch im Urlaubsverhalten wieder. So beeinflussen gesellschaftliche Prozesse des Wertewandels (hin zu Individualisierung, Mobilisierung, Flexibilisierung) letztlich auch das Reiseverhalten.

Die Reise kann darüber hinaus eine Unter- oder Überstimulation durch die Umwelt im Alltag für die Dauer der Reise kompensieren. Dies kann kurzfristig zu Erholung führen. Darüber hinaus kann jedoch auch das *Adaptationniveau*, verstanden als jenes Erregungsniveau, das individuell bevorzugt wird (vgl. Kap. 3.2), dauerhaft verändert werden. Dies kann zu einem langfristigen Veränderungseffekt führen. Dieser Effekt wird bereits im Rahmen pädagogischer Programme genutzt. Ein Beispiel dafür stellen solche Projekte dar, in deren Rahmen hyperaktive Kinder oder sozial auffällig gewordene Jugendliche für eine längere Zeit in einer einsamen und natürlichen Umgebung untergebracht werden. So soll das *Adaptationsniveau* dauerhaft gesenkt werden. Ein weiteres Beispiel für diesen Effekt, welches in die umgekehrte Richtung zielt, sind jene Kurse, die „Survivaltrainings" für Manager und Führungskräfte in der Wildnis anbieten. Hier geht es darum, das Adaptationsniveau zu steigern und so eine höhere Stressresistenz im Job und eine Steigerung der Selbstsicherheit zu bewirken[13].

Hinweise für solche langfristigen Effekte finden sich auch in den Ergebnissen der Interviewstudie. Traveller berichten häufig über eine größere Stressresistenz und mehr Selbstsicherheit im Alltag als eine Folge der Reise. Wohnwagenurlauber hingegen betonen eine größere Ruhe und Gelassenheit, die über die Reise hinaus andauert. Auch dies kann zu einer größeren Stressresistenz im Alltag führen.

Umgekehrt kann man jedoch auch beobachten, dass bei manchen Menschen mit der Rückkehr in den Alltag der Erfahrungsraum der Reise vollständig zurückgelassen wird. Woran es liegt, ob ein Transfer der therapeutischen Erfahrungen in den Alltag gelingt oder nicht, ist eine wichtige Frage, deren Beantwortung weiter aussteht. Forschung in diesem Bereich wäre sicher hilfreich, um gesundheitsförderliche Effekte von Reisen, aber auch von Kuren oder stationären Heilbehandlungen optimieren zu können (vgl. auch Lohmann 1993).

Die *Veränderung der sozialen Beziehungen* ist ein zentrales Phänomen beim Reisen. Nicht nur die Beziehung zur physischen Umwelt auf der Reise gestaltet sich neu, sondern auch die zur sozialen Umwelt. Unabhängig davon, ob diese Beziehungen durch häufigen Wechsel oder durch Kontinuität gekennzeichnet sind, wird von fast allen Interviewpartnern berichtet, dass die zwischenmenschlichen Kontakte im Urlaub als intensiver und bedeutsamer erlebt werden als die im Alltagsleben.

Therapeutisch günstige soziale Erfahrungen sind vor allem dann zu erwarten, wenn solche Beziehungsformen gelingen, die zu Hause (noch) nicht möglich sind. Besonders bei den Travellern kann die Reise zu einem sozialen Übungsfeld werden, welches den entscheidenden Vorteil hat, dass Misserfolge und Fehlschläge keine dauerhaften Konsequenzen nach sich ziehen. Man sieht die Menschen, denen man begegnet ist, wenn man nicht will, nicht wieder. Es kann gelernt werden, wie Kontakt zu Fremden aufgenommen wird, wie man um Hilfe bittet, wie Kontakte wieder beendet werden können. Ebenso kann gelernt werden, wie dauerhafte enge Beziehungen gelebt werden können, wenn z. B zwei Menschen unbedingt aufeinander angewiesen sind, oder, wie man sich in eine Gruppe einfügt

---

[13] Zur Outward-bound Bewegung vgl. z.B. Breß (1994).

und zugleich behaupten kann. Es kann erfahren werden wie es ist, allein und auf sich selbst gestellt zu sein, jedoch auch, wie es ist, wenn man sich in einer Gemeinschaft geborgen fühlt.

Schwieriger wird es dort, wo das Reisen genutzt wird, soziale Anforderungen, mit denen im Alltag umgegangen werden müsste, zu vermeiden um sich in jene Kontakte zu flüchten, die man kennt, und in denen man sich sicher fühlt. Für eine begrenzte Zeit und als Ausgleich zum Alltag mag das günstig sein und zumindest kurzfristig zu Entlastung und Erholung führen. Langfristig jedoch kann durch ein solches Verhalten die Fähigkeit den Alltag zu bewältigen und sozial flexible Bindungen einzugehen beeinträchtigt werden. Wenn man festhält, dass der therapeutische Effekt des Reisens dadurch gekennzeichnet ist, dass nicht nur die Reise selbst erholsam ist sondern dass auch im Anschluss an die Reise der Alltag besser bewältigt und genossen werden kann, dann wäre dies hierdurch nicht erreicht.

Reisen und Urlaub machen können in bestimmten Fällen als Vermeidungsstrategie und als Flucht benutzt werden, die aber trotzdem, zumindest kurzfristig, zu der vielleicht dringend benötigten Erholung führen kann.

In beiden hier untersuchten Reisemilieus gibt es fließende Übergänge zu einem völligen Ausstieg aus der Alltagsgesellschaft. Der Alltagswelt wird der Rücken zugekehrt, weil man mit ihren Bedingungen nicht mehr umgehen will oder kann. Spätestens dann jedoch verliert auch diese Welt den bunten Anstrich des Besonderen, wird selbst zum Alltag und damit verbunden tauchen neue Schwierigkeiten auf. Das gilt vor allem für die Traveller, die ihr Erwachsenenleben größtenteils noch vor sich haben. Bei den Wohnwagenurlaubern hingegen findet man viele Rentner und Frührentner, die ihr Erwerbsleben hinter sich haben und die sich tatsächlich dauerhaft in ihrer selbst geschaffenen Traum- und Spielwelt einrichten können.

Ein wichtiges Thema beim Reisen ist das der Regression (vgl. Spode). Urlaub und Reise werden von vielen Reisenden zu *regressivem Erleben* genutzt. Auch hier gibt es Chancen und Schwierigkeiten. Eine zeitlich begrenzte Regression kann zu psychischer Stabilisierung beitragen, wird sie jedoch zum Dauerzustand, können die Bewältigungsressourcen darunter leiden.

In der Fremde erfahren wir das Neue. Im Rahmen gestalttherapeutischer Überlegungen ist es gerade das Neue, die neue Erfahrung, welche „nährt" und welche die Persönlichkeitsentwicklung vorantreibt. Darum sind solche Erfahrungen vor allem für junge Menschen von so großer Bedeutung. Das Neue und Fremde führt zu Erregungsangst, die nicht sofort durch automatisiertes Verhalten gesenkt werden kann, da es ja für solche fremden Situationen noch keine Verhaltensroutinen gibt. So muss neues Verhalten ausprobiert werden.

Bei einem *niedrigen Arousal* hingegen kommt es zu Lösung und Entspannung. Dies begünstigt einen kreativen Prozess, innere Bilder und Vorstellungsinhalte können an die Außenwelt abgegeben werden. Der Raum kann gestaltet werden und darüber kann Geborgenheit entstehen.

Aber auch bei den Wohnwagenurlaubern finden sich Veränderungen im Verhalten. Diese entstehen jedoch nicht immer wieder neu, sondern sind als *alternative Verhaltensroutinen* zu begreifen. Ein solches Verhalten kann aus der Sicht der *Rollentheorie* erklärt werden (vgl. Kap. 2.5): Die Ferienwelt geht mit *Ferienrollen* einher, die sich von dem unterscheiden, was im Alltag gespielt wird. Auch hier sind es die *kompensatorischen Rollen,* die für Erholungseffekte verantwortlich sind.

Nun möchte ich zum zweiten wichtigen Effekt kommen, zur *imaginären Erfahrung*. Die Wahrnehmung des Reisenden unterliegt offensichtlich einer spezifischen Verzerrung insofern, als verstärkt solche Elemente der Umwelt ins Zentrum der Aufmerksamkeit rücken, die geeignet sind, psychische Bedürfnisse zu erfüllen. Sie orientiert sich am Lustprinzip und dient weniger der Bewältigung von Alltagsanforderungen. Dabei kommt es zunächst, durch den entstandenen psychischen Freiraum, zu einer Belebung und Intensivierung der sinnlichen Wahrnehmung, ein Phänomen, auf das alle Interviews schließen lassen. Die Aufmerksamkeit heftet sich also gerade an das, was unseren (zum Teil im Alltag vernachlässigten) Bedürfnissen entgegenkommt. Der Rest wird ausgeblendet. Die wahrgenommene Reiseumwelt wird im Dienste der Wunscherfüllung verändert und idealisiert, sie wird zur Projektionsfläche. Diese *urlaubsspezifische Wahrnehmungsverzerrung* ist auch für die *positive emotionale Grundtönung* verantwortlich, die mit einer gelungenen Reise einher geht. Gelingt es nicht, selektiv und wunschorientiert wahrzunehmen und auf diesem Wege eine Art Wunschwelt zu kreieren, so ist der Urlaub

nicht gelungen (was jedoch aufgrund sozialer Erwartungen keiner so leicht zugeben würde).
Insofern ist Reisen eine sehr egozentrische Erfahrung. Endlich kann das verschüttete Lustprinzip wieder in Erscheinung treten und sich vor eine Orientierung an der äußeren Wirklichkeit stellen. Die Umweltwahrnehmung orientiert sich am *Selbst und seinen affektiven Bedürfnissen*. Allein diese temporäre Wiederbelebung des Lustprinzips, die mit einer Revitalisierung der kindlichen Spielwelt, die auf der Grundlage innerer Bilder entstehen kann, vergleichbar ist, erklärt einen großen Teil der heilsamen Kraft von Urlaub und Reisen.
Diese Welt kann so gestaltet werden, dass alles was uns unwirtlich erscheint, ausgeschlossen wird, während wir unsere Aufmerksamkeit auf das richten, was unserer momentanen Bedürfnislage entgegenkommt. So kann zumindest für eine gewisse Zeit eine *Wunsch- und Traumwelt* entstehen, die uns für Frustrationen und Schmerz im Alltag entschädigt und die uns über Enttäuschungen hinweg trösten kann. Wer jedoch aus dieser Welt nicht mehr aufzutauchen vermag, und ihren besonderen Charakter nicht mehr erkennt, der wird im „wirklichen Leben" nicht mehr Fuß fassen. Darüber hinaus unterstützt die bedürfnisorientierte, imaginäre Wahrnehmung jedoch auch den oben genannten Prozess der *kompensatorischen Verschiebung*, in dem sie solche Aspekte der Umwelt auswählt, die eine Belebung dieser Dynamik unterstützen, und die dadurch der inneren Entlastung dienlich sind.
Die Reiseform der Traveller geht häufig mit einem *hohen Arousal* einher. Dieses dient zunächst dem bloßen Überleben in einer fremden Welt und ist stark auf die Bewältigung von Umweltanforderungen gerichtet. Dadurch entsteht aber auch ein starkes Gefühl von Bewusstheit für den jeweiligen Augenblick, dafür, im „Hier-und-Jetzt" zu leben. Die Aufmerksamkeit ist ganz auf den Moment fokussiert. Vergangenheit und Zukunft, Grübeln und Planen, treten in den Hintergrund. Auch dies kann positiv, als *psychische Belebung und Erleichterung* zugleich erlebt werden. Die idealisierende Verklärung im Dienste der Wunscherfüllung setzt hier eher rückwirkend ein, wenn schwierige Situationen überwunden worden sind.
Die spezifische am inneren Prozess orientierte Wahrnehmungsverzerrung, die das auswählt, was jeweils gebraucht wird, erleichtert also das Zustandekommen kompensatorischer Effekte. Ein möglichst freies Pendeln auf dem Spannungskontinuum kann darüber

hinaus aber auch durch die physische, äußere Umgebung unterstützt werden. Dies wird der Diskussionsschwerpunkt im nächsten Kapitel sein (Kap. 7.2).

Über den Effekt der Erleichterung eines kompensatorischen Erlebens hinaus, ist die imaginative Erfahrung auch selbst heilsam. Sie ist vielleicht am ehesten mit dem Genuss ästhetischen Erlebens zu vergleichen, der nicht das „Wahre" sondern das „Schöne" ins Zentrum der Aufmerksamkeit rückt. Dabei kann das Schöne überall dort gefunden werden, wo ein innerer Raum dafür besteht.

Vielleicht verstecken sich hinter diesem Phänomen auch die mit dem Reisen in Zusammenhang gebrachten *Paradiessehnsüchte* (vgl. Opaschowski 1991). Sie suchen die „schöne" Welt. Die schöne Welt ist die, die unseren Wünschen entgegenkommt. Häufig findet sich in den Erzählungen der Interviewpartner ein Bild perfekter Harmonie, als sollte im Urlaub eine solche Welt wiederhergestellt werden. Ein solcher Prozess gelingt leichter in einem zweckfreien Raum. Die Bilder der Urlaubskataloge sprechen von solchen Sehnsüchten.

7.2 Zur Gestaltung von Regenerations- und Erlebnisräumen: Architekturpsychologische Überlegungen

Zunächst nochmals zusammengefasst die beiden Haupteffekte, die im Rahmen dieser Arbeit als wesentliche, für die Erholung bedeutsame Ergebnisse herausgearbeitet worden sind:

- Die *kompensatorische Verschiebung* (mit den Möglichkeiten der *Regeneration* und des *Wachstums*)
- Das *imaginäre Erleben* (mit der Möglichkeit einer vorübergehenden *Regression* und der *Wunsch- und Bedürfniserfüllung*).

Aus umwelt- und architekturpsychologischer Sicht ist es nun interessant zu fragen, welche Schlussfolgerungen solche Ergebnisse für die Gestaltung von Freizeiträumen erlauben. Wie sollen Urlaubsorte und Freizeitstätten gestaltet werden, damit sie den psychologischen Bedingungen der Erholung gerecht werden können? Aus den oben genannten Ergebnissen lassen sich die folgenden Überlegungen ableiten:

Freizeitorte sollten zum einen so gestaltet und organisiert sein, dass ein möglichst fein abgestuftes Pendeln auf dem Ruhe – Spannungskontinuum möglich ist. Das heißt, es sollte die verschiedensten *Settings* geben, die eine möglichst große Variation von Erlebensmöglichkeiten gewährleisten und aus denen das jeweils passende ausgewählt werden kann. Dies gilt sowohl für einzelne Freizeitstätten, wie Erlebnisbäder oder Unterhaltungszentren, als auch für Urlaubsorte und –regionen als ganze betrachtet. Solche Überlegungen können auch für die Gestaltung von Freizeiträumen in Städten oder Agglomerationen bedeutsam sein.

Werden Freizeitangebote so geplant und gestaltet, kann dies psychologische Erholungseffekt begünstigen. Dabei sollte es von meditativen, ruhigen Räumen bis hin zu solchen Räumen, die Spannung und Abenteuer bieten, möglichst viele Variationsmöglichkeiten geben, so dass auf dem Spannungs- Ruhekontinuum Bewegung entstehen kann. Eine solche Gestaltung kann dazu beitragen, dass intrapsychische Spannungen (vgl. Kap. 3.4.1, 3.6.1) in Urlaub und Freizeit ausbalanciert werden können.

Zur Verdeutlichung möchte ich an dieser Stelle nochmals die im theoretischen Teil bereits vorgestellte Graphik darstellen (vgl. Kap. 3.4.2., *Abb. 3.4.2.1*). Die geschwungene Linie bezeichnet das erwünschte freie Pendeln zwischen den Polen im Verlauf der Zeit. Die Blasen stellen die verschiedenen *Settings* dar, die ich *Regenerations-* oder *Erlebnisräume* nennen will. Zum *Regenerations-* oder *Erlebnisraum* kann jedes *Setting* werden, das mit bestimmten Formen des Verhaltens und Erlebens einher geht (vgl. zum Begriff des *Behavior-settings* Barker & Schoggen 1973).

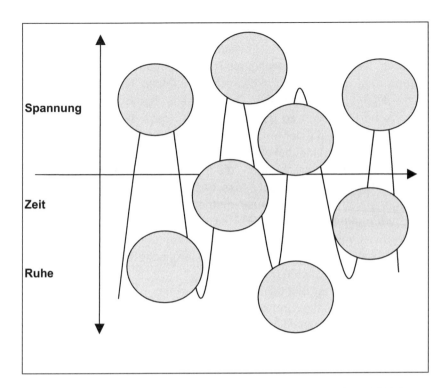

Abb.7.2.1: Anordnung von Regenerationsräumen (unter) und Erlebnisräumen (oben) auf dem Spannungs-Ruhe-Kontinuum

Das Spannungs- Ruhekontinuum ist verantwortlich für die *Intensität der erlebten Emotionen*. Die *positive emotionale Tönung*, die für einen gelungenen Urlaub auch wichtig ist, entsteht jedoch über das wirksam werden der Imagination und die Wiederbelebung des Lustprinzips. Dieser Prozess erinnert, worauf ich an verschiedenen Stellen hingewiesen habe (vgl. auch Hennig 1997), *an eine ästhetische Erfahrung* (wobei ich die Ästhetik als die Lehre vom „Schönen" verstehen will).

Auch der Prozess der imaginativen Wahrnehmung und der Entfaltung des wunschgesteuerten Erlebens kann über die Gestaltung des physischen Raumes unterstützt werden. Die Umwelt kann solche Merkmale tragen, welche diesen Prozess begünstigen (vgl. Kap. 6.2, Kategorie 32).

Vor allem aber sollte hier auf die Ergebnisse zur *Umweltästhetik* zurückgegriffen werden. Die Umweltästhetik beschäftigt sich damit, wie natürliche und künstliche Umwelten gestaltet sein sollten um als schön beurteilt zu werden. Umwelten, die als schön wahrgenommen werden, lösen positive emotionale Reaktionen aus.

Wenn man den *spannungstheoretischen Ansatz* einerseits und den *umweltästhetischen Ansatzes* andererseits berücksichtigt, können physische Umwelten so gestaltet werden, dass sie Einfluss auf Intensität und Qualität der emotionalen Erfahrung ausüben können.

Wenn man sich Urlaubskataloge betrachtet und ihre Bilder auf die angedeuteten Versprechungen, die in ihnen enthalten sind hin analysiert, dann stellt man fest, dass das Imaginäre des touristischen Erlebens von der Tourismusindustrie bereits stark aufgenommen und vermarktet worden ist. Hier ist die Werbung der Wissenschaft schon weit voraus. Verkauft werden Träume und Wünsche, die sich im Wesentlichen auf narzistische und erotische Bedürfnisse sowie auf Paradiessehnsüchte richten.

Aus soziologischer Sicht sind meiner Meinung nach vor allem rollentheoretische Ansätze und solche Theorien, die sich mit der Phänomenologie gesellschaftlicher Submilieus beschäftigen, zu berücksichtigen (vgl. auch Kap. 2.2). Die rollentheoretische Perspektive betont die Wichtigkeit, im Urlaub neue, *andere soziale Rollen* zu spielen und darüber die Grenzen der eigenen Persönlichkeit zu entfalten (vgl. Scheuch 1981; Kap. 2.5). Diese Idee ist verwandt mit der oben dargestellten Idee der *kompensatorischen Verschiebung*.

Hier wie dort geht es darum, durch eine Veränderung im Erleben zu einem neuem Gleichgewicht und zur Persönlichkeitsentfaltung zu gelangen. Auch aus der rollentheoretischen Perspektive geht es vorwiegend darum, *kompensatorische Rollen* zu spielen, das heißt solche, die alternative Reaktionen in der sozialen Umwelt hervorrufen und sich dadurch integrierend auf die Identität, die immer auch eine soziale ist (vgl. z.B. Tajfel & Turner 1986), auswirken können.

Ziel wäre es also solche *Settings* zur Verfügung zu stellen, die das Spielen kompensatorischer Rollen, also solcher, die im Alltag nicht gespielt werden können, ermöglichen.

Was als „schön" erlebt wird ist nicht für alle Menschen dasselbe. Neben intrapsychischen Parametern (s.o.) fließen auch Gruppeneinflüsse entscheidend in das ästhetische Urteil mit ein. Theorien, die sich mit den Erscheinungsformen gesellschaftlicher Submilieus beschäftigen, interessieren sich auch für deren Moden, für deren Präferenzurteile in dem, was gefällt und was gemacht wird. So können

Zielgruppen identifiziert werden; man versucht ihre Vorlieben herauszufinden und Konsumangebote entsprechend darauf abzustimmen. Moden haben darüber hinaus die Eigenschaft, sich zu verändern und Verhaltensveränderungen nach sich zu ziehen. Moden avantgardistischer gesellschaftlicher Gruppen haben außerdem Vorbildfunktion und werden von anderen Gruppen mit einer gewissen zeitlichen Verzögerung nachgemacht und übernommen.

All diese Überlegungen können bei der Gestaltung und Etablierung von Erholungsräumen hilfreich sein. Durch das Aufnehmen ästhetischer Merkmale, die in bestimmten Milieus „modern" sind, kann die Attraktivität gesteigert werden und bestimmte Gruppen können gezielt angesprochen werden. Wichtig ist dabei jedoch, die Gestaltung so umzusetzen, dass auf Veränderungen der ästhetischen Vorlieben reagiert werden kann. Moden haben auch für den Tourismus eine herausragende Bedeutung. Innerhalb verschiedener gesellschaftlicher Submilieus gibt es bestimmtes Reiseverhalten, das wiederum von bestimmten Mitgliedern dieser Gruppen geprägt wird (vgl. Meinungsführermodelle). Das Reiseverhalten innerhalb bestimmter gesellschaftlicher Submilieus ist oft überraschend homogen.

Darüber hinaus kann man davon ausgehen, dass, wenn die Akzeptanz bestimmter Milieus gewonnen werden kann, über den Vorbildeffekt andere Gruppen folgen werden.

7.3 Schlussfolgerungen für die Planung von Freizeitorten und Freizeiteinrichtungen

Im Rahmen dieses Beitrags wurde eine *individuozentrierte* Perspektive auf das Tourismusphänomen dargestellt. Die Erforschung dessen, was *der einzelne Reisende* erlebt und wünscht, stand im Zentrum des Interesses. So sollte ein vertieftes Verständnis für psychologische Wirkzusammenhänge von Tourismus und Freizeit entwickelt werden.

Projekte und Programme, die Freizeit- oder Tourismusangebote erarbeiten, sollten bei der Planung solche psychologischen Aspekte berücksichtigen (zum Forschungsstand siehe Kap. 2.4). Wie dies schließlich in der Praxis umgesetzt werden kann, muss im Rahmen konkreter Einzelprojekte betrachtet werden. Die folgenden Überlegungen können hier nur allererste Anregungen sein.

Wie können erholungsförderliche Umwelten geschaffen werden? Wie sollten diese beschaffen sein?

Der Raum kann auf drei Ebenen betrachtet werden: der *Makroebene* (z.B. ein Urlaubsort, eine Stadt), der *Mikroebene* (z.B. eine Freizeiteinrichtung, wie ein Erlebnisbad oder ein Kino) und schließlich der des *Settings* (z.B. Whirlpool) oder des *Behavior Settings* (Mensch im Whirlpool).

Es sollten (an)spannende und entspannende Settings im Mikro- und im Makroraum vorhanden sein (s.o.). Im Makroraum (z.B. Ferienort) sollte über die Vernetzung und Erreichbarkeit unterschiedlicher Mikroräume (z.B. Freizeitbad, Restaurant, Hotel) von unterschiedlichem Anregungsniveau nachgedacht werden. Innerhalb der Mikroräume wiederum sollten variable Settings zu finden sein (z.B. Rutschbahn und Whirlpool im Erlebnisbad).

Je mehr verschiedene Settings vorhanden sind und je feiner ihre Abstufung auf dem Spannungs- Ruhekontinuum, desto höher ist das *Erholungspotential,* welches ein Ort bieten kann.

Darüber hinaus bedarf es Räume für die Gemeinschaft, Räume wo man Gleichgesinnte treffen kann und Räume zum Alleinsein.

Verschiedene gesellschaftliche Submilieus bevorzugen unterschiedliche Räume und unterschiedlich starke Anregung aus der physischen Umgebung. Dasselbe gilt für unterschiedliche Altersklassen und Lebensstiltypen. Darüber hinaus ist die Lebenssituation von Bedeutung: möchte man berufstätige oder erwerbslose Erwachsene ansprechen oder alleinstehende oder solche mit Partner oder mit Familie oder aber Senioren/ Rentner? Die Lebenssituation im Alltag hat einen wichtigen Einfluss darauf, was jeweils als Erholung erlebt wird. Hierbei müssen auch Nutzungskonflikte im Raum beachtet werden: Unterschiedliche Nutzungsmöglichkeiten können zu Konflikten führen, verschiedene Räume können sich und ihre Nutzer gegenseitig stören und behindern, wenn sie zu nah beieinander sind.

Wie können die *imaginäre Wahrnehmung* und das *ästhetische Erleben* gefördert werden? Die in den USA verbreitete „Disneyisierung" der Umwelt würde in Europa voraussichtlich aus kulturellen Gründen nicht so gut ankommen.

Es kann aber überlegt werden, inwieweit Umweltelemente, die zu positiven Emotionen führen, gestärkt werden können, sowohl an Freizeitorten als auch zu Hause am Wohnort. Eine herausragende

Bedeutung haben hier Naturelemente: Pflanzen und Tiere, hügelige Grünanlagen mit (fließendem) Wasser und Brunnen.

7.4 Exkurs: Tourismus und nachhaltige Entwicklung

Die Aufgabe von Tourismuspolitik und -planung muss sein, die individuellen Bedürfnisse der Erholungsuchenden mit Interessen von Umwelt und Gesellschaft in Beziehung zu setzen. Das Ziel, diese Interessen in die Richtung einer *nachhaltigen Entwicklung*[14] zu lenken, ist nicht leicht zu verwirklichen. Sobald man sich dem Problemfeld annähert, zeichnet sich eine Vielzahl von Konflikten ab.
Was ist unter einem nachhaltigen Tourismus zu verstehen?

„Sustainable tourism meets the needs of present tourists and host regions while protecting and enhancing opportunity for the future. It is envisaged as leading to the management of all resources in such a way that economical, social and ästhetic needs can be fullfilled while maintaining cultural integrity, essential ecological processes, biological diversity and life support systems"(WTO 1995, Earth Council).

Tourismus ist leider mit schwerwiegenden ökologischen und sozialen Problemen verbunden. Die wichtigsten sollen hier, zusammen mit ersten Gedanken zu Lösungsansätzen, kurz dargestellt werden:

Schadstoffemissionen durch Verkehr

Große Umweltbelastungen entstehen durch den mit Urlaubsreisen verbundenen Verkehr. Besonders problematische Verkehrsmittel sind dabei das Flugzeug und das Auto. Hier muss die Nutzung jener Fortbewegungsmittel gefördert werden, die weniger umweltbelastend

---

[14] Zum Thema einer nachhaltigen Entwicklung vgl. Umweltbundesamt. *Nachhaltiges Deutschland – Wege zu einer dauerhaften Entwicklung* Berlin: 1997.
Zum Thema Tourismus und nachhaltige Entwicklung vgl. Forum Umwelt und Entwicklung. *Positionspapier zur Umwelt- und Sozialverantwortlichkeit des Tourismus im Rahmen einer nachhaltigen Entwicklung* Bonn: 1998.
Oder auch Umweltbundesamt. *In (die) Zukunft reisen? Perspektiven für unseren Traumurlaub.* Berlin: 1997.

sind als das Auto oder Flugzeug. Dabei müssen Komfort und Flexibilität - von der Haustür bis zum Feriendomizil, einschließlich Fortbewegungsmöglichkeiten am Urlaubsort - gesichert sein. Besser als über eine Preisregulation bestimmte gesellschaftliche Gruppen von Mobilitätsmöglichkeiten auszuschließen, ist es, nach attraktiven Alternativen zu unter Nachhaltigkeitsgesichtpunkten problematischen Reiseformen zu suchen, und darüber hinaus zu versuchen, vor allem jene Gruppen dafür zu gewinnen, die innerhalb der Gesellschaft Meinungsführerfunktion inne haben. Wenn man die sozialen Regelmäßigkeiten, die im Verlauf der Geschichte des Tourismus zu beobachten sind (vgl. Kap. 2.1), betrachtet, kann davon ausgegangen werden, dass dies dazu führen würde, dass andere gesellschaftliche Gruppen „nachziehen". Es ist weiter darüber nachzudenken, wie ökologisch günstige Verkehrsmittel, wie z.B. die Bahn, das Fahrrad oder auch der Bus weiter aufwertet werden können. Viele Überlegungen gingen bisher in die Richtung, die Anfahrt zum Urlaubsort selbst zu einem Erlebnis zu machen (z.B. durch den Einsatz von Sonderzügen mit Spielangebot für Kinder und Erholungsmöglichkeiten für die Eltern). Darüber hinaus könnten geeignete Verkehrsangebote auch am Urlaubsort selbst Erlebniswert erhalten (z.B. Elektroautos als Cabriolets, Wiederbelebung historischer Bahnlinien mit nostalgischen Loks oder Waggons, wie der „rasende Roland" auf Rügen). Auch die günstigen Bedingungen des Bahnfahrens für Entspannung und Regeneration, gegenüber dem oft sehr anspannenden Autofahren, sind in der Vergangenheit hervorgehoben worden.

Landschaftszersiedelung

Ein weiteres ökologisches Problem des Tourismus ist die *Landschaftszersiedelung* (vgl. auch Krippendorf 1981, „Die Landschaftsfresser"). Hier gilt es durch effektivere Nutzung vorhandener Beherbergungskapazitäten entgegenzusteuern. Eine optimierte Nutzung vorhandener Strukturen und die Umnutzung von Strukturen aus anderen wirtschaftlichen Zusammenhängen (z.B. Industrie oder Landwirtschaft) muss hier ein Ziel sein. Vorhandene bau- und infrastrukturelle Gegebenheiten müssen erneuert, verbessert (funktional und/oder ästhetisch) oder durch Umgestaltung einer touristischen Nutzung zugeführt werden.

Aber auch die häufig beschimpften Centerparks, mit ihrem hochverdichteten Erlebnis- und Regenerationsangebot können einen Beitrag dazu leisten, dass keine übermäßige räumliche Ausfransung touristischer Infrastrukturen stattfindet. Darüber hinaus können sie Vorbild dafür sein, wie vielfältigen touristischen Wünschen und Bedürfnissen auf engem Raum entsprochen werden kann.

Soziale und kulturelle Desintegrationsprozesse

Tourismus kann in den Zielregionen zu weitreichenden Veränderungen der Gesellschaftsstruktur führen, was bei ungünstigen Rahmenbedingungen soziale und kulturelle Desintegrationsprozesse zur Folge haben kann (vgl. Guntern z.B. 1979). Dies geschieht vor allem dann, wenn in sehr kurzer Zeit sehr viele Touristen einfallen. Ist die Zahl der Touristen begrenzt, kann es hingegen eher dazu kommen, dass wirkliche soziale Begegnungen stattfinden, die zu beiderseitigem Nutzen sind. Dies würde gerade den Bedürfnissen der Touristen entgegenkommen, die fast alle berichten, dass sie sich Kontakt zu den „Einheimischen" wünschen.
Im Rahmen der Forderungen nach einem „sanften Tourismus" wurde besonders nachdrücklich auf das Wohlergehen der „Bereisten" hingewiesen. Diese sollten die Möglichkeit haben, den touristischen Zustrom zu kontrollieren und zu begrenzen und darüber hinaus den vorrangigen wirtschaftlichen Nutzen von der touristischen Entwicklung haben.

Wenn die genannten Probleme in der Zukunft besser gelöst werden können, kann der Tourismus seine weitreichenden positiven Möglichkeiten um so besser entfalten. Die wichtigsten davon sind die folgenden:

- Tourismus kann einen wichtigen Beitrag zu *Völkerverständigung* und *Friedenssicherung* leisten, indem er Kontakte zwischen Menschen unterschiedlichster Herkunft ermöglicht. Dies gelingt aber nur dann, wenn diese Kontakte für beide Seiten positiv verlaufen.
- Tourismus kann zur *Erhaltung der natürlichen Lebensgrundlagen und zur Bewahrung der kulturellen Identität* der Gastgeberregionen beitragen. Durch den Tourismus erwirt-

schaftete Gewinne können in ökologische und kulturelle Projekte reinvestiert werden und so zum Naturschutz und zur kulturellen Entwicklung beitragen. Darüber hinaus kann das Interesse der Touristen dazu führen, dass die regionale Identität der Gastgebergemeinden gestärkt wird.
- Tourismus kann einen wichtigen Beitrag zur *wirtschaftlichen und zur sozialen Entwicklung* insgesamt leisten, gerade in strukturschwachen Regionen. Dies wiederum hat positive Auswirkungen auf *Wohlstand und Lebensqualität* der dort lebenden Menschen.

Wünschenswert ist die Förderung solcher touristischer Angebote, die den psychologischen Bedürfnissen der Urlauber gerecht werden können, die aber ökologische und soziale Probleme so weit wie möglich vermeiden.
Das Forum Umwelt und Entwicklung fordert vom Tourismus, dass er ethisch und sozial gerecht, kulturell angepasst, ökologisch tragfähig sowie wirtschaftlich sinnvoll und ergiebig sein muss. Erst wenn diese Bedingungen erfüllt sind, können die positiven Kräfte des Tourismus voll zum Tragen kommen. Dabei gilt es jedoch auch das Recht jedes einzelnen auf Freizeit und Erholung anzuerkennen (vgl. WTO Tourism Bill of Rights, Artikel 1, Sofia 1985).
Im Januar des Jahres 1999 fand in der Evangelischen Akademie Loccum eine Tagung mit dem Schwerpunktthema „Tourismuspolitik der Zukunft" statt. Im Rahmen dieser Tagung wurden erste Ziele für eine nachhaltige Entwicklung im Tourismus formuliert. 50 Experten aus Tourismuswissenschaft und -praxis kamen für drei Tage zusammen, um sich über zentrale Themen eines zukunftsfähigen Tourismus und über daraus folgende Forderungen an die Tourismuspolitik auszutauschen. Ziel der Tagung war es, Perspektiven einer regionalen, nationalen und internationalen Tourismuspolitik zu entwerfen, Ideen für eine zugleich kreative und verantwortungsbewusste Tourismuspolitik zu entwickeln und Akteure aus den verschiedenen Handlungsfeldern in Politik, Wirtschaft, Wissenschaft und Journalismus zu einem interdisziplinären Austausch zusammenzubringen (vgl. Burmeister 1999, S. 5).
Im Anschluss an die Tagung wurde auf der Grundlage von vier verschiedenen Diskussionsforen (1. Neue Reiseformen; 2. Raumplanung/Verkehr/Ökologie; 3. „Global Code of Ethics" Tourismus und

Entwicklungspolitik; 4. Tourismus als Kulturpolitik) der „Loccumer Impuls" als Vorschlag für die Richtung einer zukunftsfähigen Tourismuspolitik formuliert.
Die Experten gehen grundsätzlich davon aus, dass Tourismus, als einer der wichtigsten Bereiche der Weltwirtschaft, zahlreiche positive Effekte auf Mensch, Natur und Kultur haben kann. Zur Vermeidung der mit ihm verbundenen ökologischen und sozialen Probleme (s.o.), gilt es jedoch die folgenden Schritte einzuleiten:

(1) Der mit dem Tourismus verbundene Ressourcen- und Energieverbrauch, muss reduziert werden. Dabei gilt es zum einen den landschaftlichen Flächenverbrauch durch Besiedlung zu senken, zum anderen die durch Flug- und Autoverkehr entstehenden Schadstoffemissionen zu minimieren.

(2) Der von der WTO ausgearbeitete *„Global Code of Ethics",* der die Zukunft des Tourismus in den Rahmen einer nachhaltigen Entwicklung stellt, muss eingehalten werden. Dieser Code soll in Kooperation zwischen Tourismuswirtschaft, Behörden und der Zivilgesellschaft, vor allem NGOs, in touristischen Zielgebieten und in Entsenderländern, umgesetzt werden. Unabhängige Institutionen sollten überprüfen, ob dies geschieht.

(3) Nur solche touristischen Projekte, die diesen Richtlinien genügen, sollten gefördert werden. Vor allem bei der Vergabe von Fördermitteln sollte darauf geachtet werden, dass nur solche Vorhaben berücksichtigt werden, die einem ökologisch verträglichen und sozial und kulturell verantwortlichen Tourismus gerecht werden. Dabei muss *das Verursacherprinzip* zur Anwendung kommen, d.h. die Verantwortung für entstandene Kosten muss von den Erzeugern übernommen werden. Kosten dürfen nicht externalisiert werden. Die Tourismuspolitik sollte dafür sorgen, dass diesbezügliche Maßnahmen transparent gestaltet und verbindlich aus-

gestaltet werden; dies soll durch unabhängige Kontrollen gesichert werden.

(4) Alte und neue Freizeitanlagen und touristische Betriebe sollten mehr als bisher auf ihre Nachhaltigkeit und Umweltverträglichkeit hin geprüft werden.

(5) Die Arbeitsbedingungen für Menschen, die im Tourismus tätig sind müssen menschenwürdig gestaltet sein. Im Tourismus arbeiten besonders viele Menschen ohne gute Weiterbildungsmöglichkeiten und zu schlechten Löhnen. Berufe im Tourismus müssen qualitativ, materiell und ideell aufgewertet werden.

(6) Bestandteil einer Tourismuspolitik muss der Respekt vor kultureller Vielfalt, der Schutz der ökologischen Bedingungen sowie die Wahrung der Würde der Einheimischen und der Menschen, die im Tourismus tätig sind, sein. Dabei muss die Partizipation der Betroffenen in den Zielgebieten zu einer Selbstverständlichkeit werden.

(7) Es gilt Visionen für eine neue Reisekultur zu entwickeln und ein sozialkulturelles Klima für einen sozial, kulturell und ökologisch verträglichen Tourismus zu schaffen. Dafür gilt es gezielt Informations- und Ausbildungsmaßnahmen zu entwickeln. Diese sollten in erster Linie die Gestalter touristischer Angebote für die Notwendigkeit einer nachhaltigen Entwicklung im Tourismus sensibilisieren. Darüber hinaus könnten Informationssysteme geschaffen werden, welche die Reisenden selbst erreichen und diese über die Zielregionen und über die Folgen eines nicht nachhaltigen Wirtschaftens in touristischen Räumen informieren. Die Arbeit von Organisationen, die Probleme im Tourismus in verschiedenen Regionen der Welt untersuchen und breitflächig darüber informieren muss unterstützt werden.

(8) Eine nachhaltige Tourismusentwicklung kann vor allem in strukturschwachen, ländlichen Räumen zur Quelle regionaler Wertschöpfung und Identität werden, Arbeitsplätze schaffen und zur Förderung der Lebensqualität der Bevölkerung beitragen. Dabei kommt es darauf an, dass Kommunen für ihre Tourismuspolitik ein Leitbild entwickeln, welches sich an regionalen Zielen orientiert. Darüber hinaus sollte ein Leitfaden zur Bewertung von Freizeitprojekten aufgestellt werden, der einerseits ihre Erholungsqualität einschätzt und andererseits ihren Beitrag zur Nachhaltigkeit feststellt. Dazu müssten konkrete Kriterien für den Standort, das Vorhaben selbst, die Investoren und die Betreiber erarbeitet und in einem Katalog zusammengefasst werden. Dieser könnte als Entscheidungsgrundlage für die kommunale Tourismuspolitik genutzt werden.

Eine nachhaltige Tourismusentwicklung muss in der Zukunft zu einer „nachhaltigen Raumentwicklung mit Hilfe des Tourismus werden" (vgl. Müller 1995). Dabei sollten besonders die gemeinsamen Interessen von Touristen und Kommunen hervorgehoben und berücksichtigt werden.

Diese gemeinsamen Interessen versucht Müller zur „Fünf-Eck-Pyramide" einer nachhaltigen touristischen Entwicklung zusammen- zufassen.

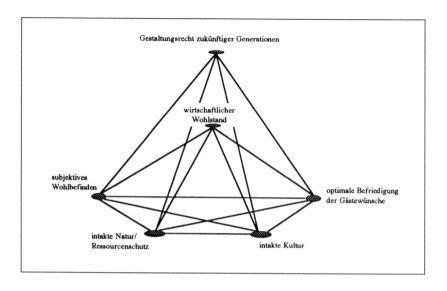

Abb. 7.3.1: Die „fünf-Eck-Pyramide" einer nachhaltigen Entwicklung (Müller 1995)

Die Abbildung soll zum Ausdruck bringen, dass eine intakte Natur und eine lebendige Kultur ebenso wie der Ressourcenschutz im Interesse von Wohlstand und Lebensqualität der ortsansässigen Bevölkerung sind, aber genauso den Wünschen der Touristen und den Interessen zukünftiger Generationen entgegenkommen.

7.5 Zur Wechselwirkung von Theorie und Empirie: Kritische Methodenreflektion

An dieser Stelle möchte ich zum Abschluss zum methodischen Vorgehen Stellung nehmen, also zum Weg, auf dem die dargestellten Ergebnisse zustande gekommen sind.

Da ich mich mit dem Thema des Reisens schon seit geraumer Zeit beschäftige, bin ich keineswegs ohne theoretische „Vorbelastung" in diese Untersuchung hineingegangen. Die wissenschaftlichen Ideen, die mich vorwiegend geleitet haben, sind im Theorieteil ausführlich dargestellt. Wenn man sich nun aber die Ergebnisse der Untersuchung ansieht, so finden sich die meisten Ideen, die bereits vorab formuliert worden waren, in der einen oder anderen Form wieder.

Man könnte also kritisch anmerken, dass hier nichts weiter geschehen sei, als das, was schon bekannt war, neu zusammenzusetzen und dass es dafür vielleicht nicht einmal einer empirischen Untersuchung bedurft hätte.

Hierzu möchte ich im Sinne der *Hermeneutik*, die sich im 19. Jahrhundert als die „Kunstlehre des Verstehens" (Lamnek 1995, Bd. 1, S. 71) entwickelt hat, Stellung nehmen. „Verstehen" ist nach Dilthey (1957; 1961) das *Erkennen eines Inneren an dem Äußeren eines Zeichens*. Die Hermeneutik kann neben der Phänomenologie als der metatheoretischen Hintergrund der qualitativen Sozialforschung verstanden werden. Sie geht davon aus, dass die kultur- und sozialwissenschaftliche Forschung durch Methoden des *Sinnverstehens* gekennzeichnet sein sollte. Menschliche Verhaltensäußerungen und Produkte müssen über einen Prozess des *Sinnverstehens* erst erschlossen werden.

Dieses „Verstehen" ist Untersuchungsgegenstand der Hermeneutik. Wie kann es zu einem solchen Verstehen kommen? Dilthey kennzeichnet die wissenschaftlich kontrollierte Interpretation als eine Form des Verstehens mit Hilfe von *hermeneutischen Zirkeln*. Es handelt sich dabei um eine wiederkehrende kreisförmige Bewegung, die den Prozess des Sinnverstehens begreiflich machen kann. Zwei hermeneutische Zirkel können voneinander unterschieden werden. Der erste geht davon aus, dass Texte jeglicher Art nur dann verstanden werden können, wenn ein gewisses Vorverständnis beim Interpreten vorhanden ist. Die Textinterpretation findet also immer auf der Grundlage eines Vorverständnisses statt, welches es zu explizieren gilt. Insofern kann der Forderung nach „Offenheit" in der qualitativen Sozialforschung immer nur mit Einschränkung entsprochen werden (vgl. Kap. 4.1). „Neues" entsteht so also immer auf der Grundlage von „Altem".

Durch die Analyse und mit einem zunehmendem Verstehen des Textes kommt es zu einer Korrektur und Erweiterung des Wissens. Daraus wiederum entsteht ein besseres Verstehen des Textes und in Folge davon wieder eine Korrektur und eine Erweiterung des bisherigen Wissens. Die folgende Abbildung erläutert diesen Prozess.

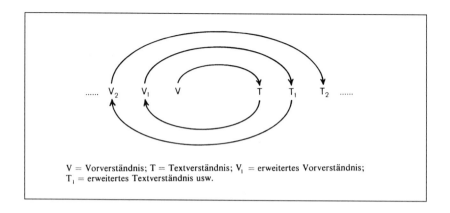

Abb. 7.4.1: Hermeneutischer Zirkel I. Das Entstehen von Textverständnis (nach Lamnek 1995, Bd. 1, S.75).

Der Wunsch bei diesem Vorgehen ist, dass ein Text (hier ein Interviewtranskript) schließlich so verstanden werden kann, wie er vom Erzeuger des Textes beabsichtigt und gemeint worden ist. Dabei wird es jedoch nur zu einer möglichst guten Annäherung kommen und nicht zu einer völligen Kongruenz. Der bestehenbleibende Unterschied zwischen dem, was der Erzeuger des Textes gemeint hat und dem, was der interpretierende Sozialforscher daraus schließt, wird als *hermeneutische Differenz* bezeichnet (vgl. Danner 1979).

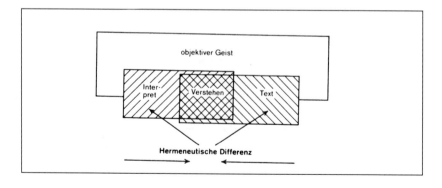

Abb. 7.4.2: Die hermeneutische Differenz (nach Lamnek 1995, Bd. 1, S.76)

Beim Verstehen von Texten kommt jedoch noch ein weiterer hermeneutischer Zirkel zur Anwendung (vgl. Abb. 7.4.3). Hierbei geht darum, wie das Verstehen und die Erkenntnis dadurch wachsen, indem immer wieder Relationen vom Speziellen zum Allgemeinen oder von Teilen zum Ganzen hergestellt werden. Diesen Prozess kann man sich als eine spiralförmige Bewegung vorstellen, die zwischen den einzelnen Teilen und dem Ganzen hin und her pendelt und auf diesem Wege ein besseres Sinnverstehen ermöglicht.

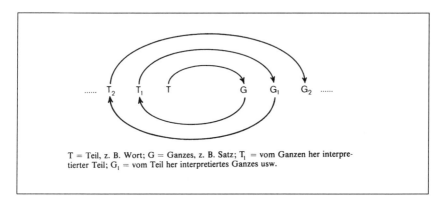

T = Teil, z. B. Wort; G = Ganzes, z. B. Satz; T_1 = vom Ganzen her interpretierter Teil; G_1 = vom Teil her interpretiertes Ganzes usw.

Abb. 7.4.3: Hermeneutscher Zirkel II. Erweiterung des Textverständnisses durch Relationen zwischen dem Ganzen und seinen Teilen (nach Lamnek 1995, Bd. 1, S.77).

Das Verstehen von einzelnen Teilen eines Textes ergibt sich aus dem Ganzen, und umgekehrt, das Verstehen des Ganzen ergibt sich aus dem Verstehen einzelner Teile. Verstehen ist darauf ausgerichtet, die Bedeutung bestimmter Sachverhalte zu ergründen. Verstehen ist das Erkennen und die Erfassung dessen Bedeutung. Dilthey (1957, S. 318) definiert „Verstehen" so:

„Wir nennen den Vorgang, in welchem wir aus Zeichen, die von außen sinnlich gegeben sind, ein Inneres erkennen: Verstehen!"

Es geht beim Verstehen also darum, das zu erfassen, was nicht unmittelbar zu sehen oder wahrzunehmen ist. Es handelt sich um einen Interpretationsprozess, in dessen Verlauf von äußeren Zeichen auf innere Bedeutungen geschlossen werden muss.

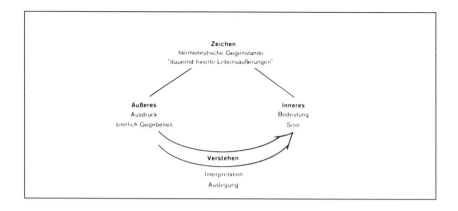

Abb. 7.4.4: Zum Prozess des Verstehens (nach Lamnek1995, Bd. 1, S.79).

Die Beschreibung dieser Prozesse beschreibt das, was auch ich im Verlauf meiner Beschäftigung mit dem Reisen versucht habe. Auf der Grundlage von theoretischen Überlegungen, Gesprächen mit Experten aber auch Laien, Literaturstudien und den eigenen Vorerfahrungen, als Reisende und aus meiner Diplomarbeit, wurden zunächst die beiden kontrastierenden Untersuchungsgruppen ausgewählt. Durch die teilnehmende Beobachtung in beiden Milieus wurde versucht, das Vorverständnis zu erweitern.

Auf dieser erweiterten Grundlage wiederum wurde der erste Interviewleitfaden entwickelt. Nach der ersten Interviewphase wurde der Interviewleitfaden modifiziert: Solche Konzepte, die sich als weniger bedeutsam oder geeignet gezeigt haben, wurden im Folgenden weggelassen.

Gerade die „offenen" Teile der Interviews, also jene Teile, die durch die freie Erzählung der Interviewpartner gekennzeichnet waren, lieferten interessantes und reichhaltiges Material. Diese Beobachtung habe ich bereits in verschiedenen Zusammenhängen gemacht. Ergänzend zu den Interviews mit Reisenden wurden zwei Experteninterviews durchgeführt, die als eine weitere Interpretationshilfe herangezogen wurden. Auf dieser Grundlage, vor allem auch durch ein kontinuierliches Herstellen von Bezügen einzelner Ergebnisse (Kategorien) zum Gesamtzusammenhang, wurde die Theorie entwickelt.

Die Introspektion spielte während des gesamten Forschungsprozesses eine wesentliche Rolle. Da das Reisen in meinem eigenen Leben eine wichtige Bedeutung hat, haben mich meine persönlichen Erfahrungen stark beeinflusst und waren neben den Interviews Grundlage für intuitive Entscheidungen im Forschungsprozess. Darüber hinaus habe ich auch im Rahmen der teilnehmenden Beobachtung mit Hilfe von Reisetagebüchern vorwiegend introspektive Daten erhoben. Dadurch habe ich als Person stärker auf die Forschungsergebnisse Einfluss genommen als dies häufig der Fall ist. Dies möchte ich jedoch auch damit begründen, dass im Rahmen der qualitativen Forschungslogik auf introspektive Daten besonderer Wert gelegt wird (vgl. Kap. 4.1).

Eine Schwierigkeit auf die ich hier zu sprechen kommen will, ist die im Rahmen der qualitativen Forschung betonte Forderung nach Alltagsnähe. Ich habe versucht, durch die teilnehmenden Beobachtungen in den verschiedenen Milieus, möglichst tief in den jeweiligen Reisealltag einzudringen. Viele der Interviews fanden jedoch zu Hause statt, nicht während der Reise. Dabei fiel mir auf, dass die Reise rückwirkend offensichtlich einem nochmaligen Idealisierungsprozess unterliegt. Während vor Ort befragte Reisende durchaus über gesundheitliche Probleme, Alltagsschwierigkeiten o.ä. berichten, werden in der Rückschau negative Erfahrungen offensichtlich stark ausgeblendet. Da viele der Interviews nach dem Urlaub zu Hause durchgeführt wurden, sind die Ergebnisse unter dem Aspekt der Alltagsnähe also nur bedingt zu interpretieren. Dieser Einschränkung habe ich versucht durch die teilnehmende Beobachtung Rechnung zu tragen, auf deren Grundlage ich die Interviews interpretiert und offensichtliche Diskrepanzen relativiert habe.

Darüber hinaus kann man aber sagen, dass zumindest wenn es um therapeutische Effekte des Reisens geht, auch eine nachträglich verzerrte Sichtweise subjektive Veränderungen bewirken kann, selbst wenn diese nicht der konkreten Alltagserfahrung auf der Reise entspricht.

8 Ausblick

Ich möchte an dieser Stelle drei Richtungen aufzeigen, die ich für weiterführende Forschungsarbeiten als besonders interessant einschätze. Es handelt sich dabei um zwei stärker *grundlagenorientierte Ansätze* und um einen direkter *anwendungsorientierter Ansatz*.

Zunächst zur ersten Idee zu einer grundlagenorientierten Forschung. Es wurde dargestellt, dass sich beim Reisen die Wahrnehmung und in Folge davon der gesamte Informationsverarbeitungsprozess verändert. Er verändert sich dahingehend, dass eine stärker den Gesetzen des Lustprinzips verpflichtete Reizselektion getroffen wird, wobei die Wahrnehmung stark durch Wünsche überformt wird. Dieses Phänomen hat Helmholtz schon vor langer Zeit beobachtet und „illusorische Perzeption" genannt. Von illusorischer Perzeption sprach er dann, wenn Wünsche sich verstärkt in die Wahrnehmung mischen. Die illusorische Perzeption scheint für einen gelungenen Urlaub sehr wichtig zu sein. Hier ist es interessant mehr zu erfahren. Wie kommt diese Veränderung der Reizselektion bei der Wahrnehmung zustande und an welche Bedingungen ist sie geknüpft? Wie entsteht diese spezielle Form der Wahrnehmung auf der Grundlage innerer Prozesse, wodurch wird sie begünstigt und wodurch wird sie gehemmt. Wie bilden sich innere Bilder in einer teilweise uneindeutigen Umgebung ab? Diese Fragestellungen fallen in den Bereich der Wahrnehmungsforschung. Es ginge also zunächst darum, wahrnehmungspsychologische Ergebnisse und daran anschließend Beiträge zur ästhetischen Umweltwahrnehmung aufzubereiten, um daraus gezielte Fragestellungen zur touristischen Wahrnehmung abzuleiten. Vor allem die Ergebnisse zum Zusammenhang zwischen Wahrnehmung einerseits und Stimmung/Emotion andererseits, können hier weiterführen.

Auf der Grundlage dieser Ergebnisse könnten Untersuchungen geplant werden, die geeignet sind, den Prozess der selektiven, emotionsgesteuerten Wahrnehmung weiter zu erhellen.

Vielleicht wäre es möglich, zunächst experimentelle Designs auszuarbeiten, die versuchen, eine urlaubsähnliche oder eine urlaubsunähnliche Situationen zu simulieren (als Variation der UV) und in Abhängigkeit davon Prozesse der Wahrnehmungsselektion (als AV) zu studieren und zu vergleichen. Ergebnis solcher Forschungsbemühungen könnte sein, mehr Aufschluss darüber zu gewinnen, welche Umweltstimuli jeweils bevorzugt aufgenommen werden und daraus Empfehlungen abzuleiten, wie touristische Räume ästhetisch zu gestalten sind.

Nun zu einer zweiten Überlegung: die Erholungsforschung steht nach wie vor erst an ihrem Anfang. Psychologisch kompensatorische Prozesse spielen offensichtlich eine wichtige Rolle. Wie diese kompensatorischen Effekte genau aussehen und an welche Bedingungen sie jeweils geknüpft sind ist aber erst ansatzweise bekannt. Über die differenziertere Betrachtung der wichtigen Spannungs – Ruhe Dimension hinaus, ist ein solcher Ansatz vielversprechend, der versucht, Verbindungen herzustellen zwischen den multiplen Identitätsanforderungen an den (post)modernen Menschen einerseits und deren Ausbalancieren im Rahmen einer Übernahme kompensatorischer Rollen andererseits. Hierdurch könnte das Thema Erholung inhaltlich stärker in den gesellschaftlichen Kontext eingebettet werden.

Zuletzt ein dritter Denkansatz, der direkter anwendungsorientiert ist als die beiden zuvor genannten. Tourismus ist ein globales Phänomen, das mit vielen Chancen, aber auch mit zahlreichen Problemen verbunden ist (vgl. Kap. 7.3). Die Potentiale und die Gefahren des Tourismus betreffen alle drei Bereiche von Nachhaltigkeit[15], die soziale, die ökologische und die ökonomische Dimension.

Überlegungen, die sich damit beschäftigen, wie die an Reisen und Urlaub gestellten Wünsche von Seiten der Erholungsuchenden einerseits und die Forderungen von Umwelt und Gesellschaft andererseits, besser in Übereinstimmung gebracht werden können, sollten die Tourismusforschung der Zukunft begleiten. Eine solche Forschung müsste versuchen, intensiv zwischen verschiedenen Interessengruppen zu vermitteln und immer wieder solche Situationen schaffen, die im Interesse aller liegen (vgl. Müller 1995, Abb.: 7.3.1).

Vor allem qualitative Erhebungsmethoden, wie Interviews und Gruppendiskussionen, aber auch stärker handlungsorientierte Verfahren wie die Aktionsforschung[16], könnten hier zum Einsatz kommen. Für ein solches Vorgehen bedarf es darüber hinaus der Zusammenarbeit und des regelmäßigen Austauschs von Experten und Akteuren auf unterschiedlichen Ebenen. Dies auf die Beine zu Stellen, ist eine wichtige Herausforderung an zukünftige Planungsprozesse.

Touristisches Reisen hat psychologische Effekte, die an zentralen, für die psychische Gesundheit wesentlichen Prozessen ansetzen und kann einen wichtigen Beitrag zur Gesundheit der Menschen

---

[15] Zur Definition von „Nachhaltigkeit" und zum „Leitbild einer nachhaltigen Entwicklung" vgl. z.B. BUND und Misereor (1996).
[16] Die Bezeichnung Aktionsforschung wurde durch Lewin geprägt. Er experimentierte mit Gruppen, um ihr Verhalten, ihre Vorurteile, ihre Führungsstile u.s.w. zu verändern (vgl. z.B Lewin 1948; 1965).

leisten (vgl. Kap. 7.1). Diese Chancen sollten genutzt werden, um die Lebensqualität zu verbessern und um präventiv Gesundheitsförderung zu betreiben. Dabei dürfen jedoch ökologische Herausforderungen und gesellschaftliche Erfordernisse nicht vernachlässigt werden.

9 Zusammenfassung

Zielsetzung des Beitrags war es, jene psychologischen Effekte von Ferienreisen und Urlaub zu erarbeiten, die für *Gesundheit* und *Erholung* förderlich sind. Im Zentrum stand die Fragestellung, ob und wie Reisen zur Entstehung und Förderung seelischer Gesundheit beitragen kann.

Auf der Grundlage theoretischer Überlegungen wurden zwei kontrastierende Untersuchungsgruppen ausgewählt: zum einen *Wohnwagentouristen*, die ihren Urlaub in Deutschland verbringen und zum anderen *„Traveller"*, Rucksackreisende, die fremde Kontinente bereisen. Die Gegenüberstellung dieser beiden Gruppen sollte Aufschluss über Gemeinsamkeiten und Unterschiede verschiedener Reiseformen geben.

In jedem Milieu wurde eine *teilnehmende Beobachtung* durchgeführt, wobei Feldnotizen in Form von Reisetagebüchern gemacht wurden. Daran anschließend wurden in jeder Untersuchungsgruppe sechs Interviews durchgeführt und analysiert. Ergänzend wurden zwei Experteninterviews durchgeführt.

Die Forschungsstrategie insgesamt folgte den *Prinzipien der qualitativen Sozialforschung*. Die Interviewführung erfolgte mit Hilfe der von Witzel vorgeschlagenen Strategien (Problemzentrierte Interviews; Witzel 1985). Die Datenanalyse erfolgte mit Hilfe der Techniken der *Grounded Theory* (z.B. Strauss & Corbin 1996).

Touristisches Reisen hat zwei wesentliche psychologische Effekte. Zum einen eine *kompensatorische Verschiebung* (a) und zum anderen die *Wiederbelebung des Lustprinzips* mit einer *bedürfnisgerechten Umweltwahrnehmung* (b) Beide sind nicht unabhängig voneinander, (b) kann (a) fördern und begünstigen.

Kompensatorische Verschiebung meint, dass es zwischen den Polen Aufregung/ Abenteuer einerseits und Ruhe/ Entspannung andererseits, welche die Spannungsdimension umschließen, zu einer Flexibilisierung, Dynamisierung und Verschiebung kommt.

Diese Verschiebung kann in verschiedenen Lebensbereichen in eine unterschiedliche Richtung gehen. Folge von einer Bewegung in Richtung Spannung ist Entwicklung, Folge von einer Bewegung in Richtung Entspannung ist Regeneration im entsprechenden Lebensbereich. Dieser kompensatorische Prozess führt subjektiv zum Gefühl von Erholung. Darüber hinaus kommt es zu einer Wiederbelebung des Lustprinzips und damit verbunden zu einer solchen Wahrnehmungsselektion, bei der Wünsche und Bedürfnisse einen besonders starken Einfluss haben („illusorische Perzeption"). Reisen rückt damit in die Nähe von Phantasie und Illusion, im Dienste der Wunscherfüllung. Dieser Prozess beeinflusst die Entstehung positiver Emotionen im Urlaub.

Reisen und Urlaub machen haben Einfluss auf zentrale psychologische Prozesse, die bis zum Beginn der Onto- und der Phylogenese zurückverfolgt werden können. Dies erklärt auch, dass Urlaub und Reisen subjektiv als so bedeutsam eingeschätzt werden. Beide Effekte können sich aber auch negativ auf die Gesundheit auswirken. Wenn die kompensatorische Verschiebung in jene Richtung erfolgt, die im Alltag sowieso schon stark bevorzugt wird kann dies zu einer Verfestigung neurotischer Strukturen und/oder zu einer Vermeidung von Entwicklungsanforderungen führen. Wenn es über eine kontinuierliche Zuflucht ins Imaginäre dazu kommt, dass der Alltag und die damit verbundenen Anforderungen an die Lebensbewältigung aus den Augen verloren werden, kann dies zu einer dauerhaften Regression führen, was wiederum erhebliche Beeinträchtigungen der Bewältigungsressourcen zur Folge haben kann (Reisen als Flucht).

Um positive Gesundheitseffekte von Reisen und Urlaub zu unterstützen, kann der physische Raum in touristischen Gebieten in bestimmter Weise gestaltet sein. Über die Bereitstellung einer möglichst breiten Variation von *Settings*, von spannenden Räumen bis hin zu entspannender Räumen, kann das Ausbalancieren auf dem Spannungskontinuum erleichtert werden. So kann auch die Intensität emotionaler Erfahrung beeinflusst werden.

Darüber hinaus kann die Attraktivität touristische Räume, auf Grundlage umweltästhetischer Überlegungen verbessert werden. So kann die Entstehung positiver Emotionen gefördert werden.

10 Literatur

Adler-Vonessen, H. (1971). Angst in der Sicht von Kierkegaard, Freud und Heidegger. Psyche. Zeitschrift für Psychoanalyse und ihre Anwendungen. Bd. 15. S. 693-715. Stuttgart: Ernst Klett Verlag.
Aldwin, C. A., Revenson, T. A. (1987). Does coping help? A reexamination of the relation between coping and mental health. Journal of Personality and Social Psychology, 53, 337-348.
Aldwin, C. A., Stokols, D. (1988). The effects of environmental change on individuals and groups: Some neglected issues in stress research. Journal of Environmental Psychology, 8, 57-75.
Altman, I. (1975). Environment and social behavior: Privacy, personal space, territory, and crowding. Monterey, CA: Brooks/Cole.
Altman, I., Wohlwill, J. F. (1978). (Hrsg.). Children and the Environment. New York: Plenum Press.
Altman, I., Chemers, M. M. (1980). Culture and environment. Monterey, CA: Brooks/Cole.
Altman, I. & Wohlwill, J. (1983). (Eds.). Human behavior and environment., Vol. 6: Behavior and the natural environment. (pp. 51-84). New York: Plenum Press.
Altman, I., Stokols, D. (1987). (Eds.). Handbook of environmental psychology. New York: Wiley.
Altman, I., Rogoff, B. (1987). World Views in Psychology: Trait, Interaction Organismic and Transactional Approaches. In: I. Altman, D. Stokols (Eds.). Handbook of Environmental Psychology. New York: Wiley.
Antonovsky, A. (1979). Health, stress, and coping. San Francisco: Jossey-Bass.
Antonovsky, A. (1987). Unraveling the mistery of health. San Francisco: Jossey-Bass.
Appleton, J. (1975) The experience of landscape. London: Wiley and sons.
Appleton, J. (1996). The experience of landscape (rev. ed.). Chichester: Wiley.
Apsel, R. (1995). (Hrsg.). Ethnopsychoanalyse. Arbeit, Alltag, Feste. Frankfurt a. M.: Brandes & Apsel Verlag GmbH.
Balint, E. (1994). Entfernung in Raum und Zeit. In M. Balint (1994). Angstlust und Regression. 4. Aufl. Stuttgart: Klett-Kotta.
Balint, M. (1967). Therapeutische Regression, Urform der Liebe und die Grundstörung. Psyche. Zeitschrift für Psychoanalyse und ihre Anwendungen. Bd. 11. S. 713-727. Stuttgart: Ernst Klett Verlag.
Balint, M. (1994). Angstlust und Regression. 4. Aufl. Stuttgart: Klett-Kotta.
Balint, M. (1997). Die Urformen der Liebe und die Technik der Psychoanalyse. 2. Aufl. München: Klett-Cotta.
Bamberg, E. (1986). Arbeit und Freizeit. Eine empirische Untersuchung zum Zusammenhang zwischen Stress am Arbeitsplatz, Freizeit und Familie. Weinheim: Beltz.
Barker, R. G., Schoggen, P. (1973). Qualities of community life. San Francisco: Jossey-Bass.

Barker, R. G. (1968). Ecological Psychology: Concepts and methods for studying the environment of human behavior. Stanford, CA: Stanford University Press.
Barker, R. G. (1979). Settings of a professional lifetime. Journal of Personality and social Psychology., 37, 2137-2157.
Barker, R. G. (1987). Prospecting in environmental psychology: Oskaloosa revisited. In D. Stokols, I. Altman (Eds.). Handbook of environmental psychology (Vol.II, pp.1413-1432). New York: Wiley-Interscience.
Barker, R. G. (1990). Recollections of the Midwest Psychological Field Station. Environment and Behavior, 22, 503-513.
Bausinger, H., Beyrer, K., Korff, G. (1991). (Hrsg.). Reisekultur. Von der Pilgerfahrt zum modernen Tourismus. München: Verlag C. H. Beck.
Bechtloff, D. (1997). (Hrsg.). Kunstforum. Ästhetik des Reisens. Ruppichteroth.
Becker, P. (1982). Psychologie der seelischen Gesundheit. Bd. 1: Theorien, Modelle, Diagnostik. Göttingen: Hogrefe.
Becker, P. (1985). Bewältigungsverhalten und seelische Gesundheit. Zeitschrift für Klinische Psychologie, 14, 169-184.
Becker, P. (1992). Seelische Gesundheit als protektive Persönlichkeitseigenschaft. Zeitschrift für Klinische Psychologie, 21, 64-75.
Bell, P. A., Baum, A., Fisher, J. D., Greene, T. C. (1996). (Hrsg.). Environmental Psychology. 4. Aufl. New York (u.a.): Harcourt Brace College Publishers.
Berlyne, D., E. (1960). Conflict, arousal and curiosity. New York: McGraw-Hill.
Berlyne, D., E. (1974). Studies in the new experimental aesthetics: Steps towards an objective psychology of aesthetic appreciation. New York: Halsted Press.
Bittner, G. (1971). Über Erschrecken, Fallengelassenwerden und objektlose Reaktion. Psyche. Zeitschrift für Psychoanalyse und ihre Anwendungen. Bd.15. S. 192-205. Stuttgart: Ernst Klett Verlag.
Bourdieu, P. (1991). Die feinen Unterschiede. 4.Aufl. Frankfurt am Main:
Braun, O. L. (1993a). (Urlaubs-) Reisemotive. In H. Hahn, H. J. Kagelmann (Hrsg.). Tourismuspsychologie und Tourismussoziologie. Ein Handbuch zur Tourismuswissenschaft. München: Quintessenz.
Braun, O. L. (1993b). Vom Alltagsstress zur Urlaubszufriedenheit. München: Quintessenz.
Brehm, J. W. (1966). A theory of psychological reactance. New York: Academic Press.
Breß, H. (1994). Erlebnispädagogik und ökologische Bildung: Förderung ökologischen Bewusstseins durch Outward Bound. Berlin: Luchterhand.
Burmeister, H.-P. (1998). (Hrsg.). Auf dem Weg zu einer Theorie des Tourismus. Loccumer Protokolle 5/98. Loccum: Evangelische Akademie.
Burmeister, H.-P. (1999). (Hrsg.). Tourismuspolitik der Zukunft. Perspektiven Handlungsfelder Strategien. Loccumer Protokolle 5/99. Loccum: Evangelische Akademie.
Campbell, D. E. (1979). Interior office design and visitor response. Journal of Applied Psychology, 64, 648-653.
Clifford, J. (1988). The predicament of culture. Twentieth-century ethnography, literature and art. Cambridge, London: Harvard University Press.
Crandall, R. (1984). Work and leisure in the life space. In M. D. Lee, R. N. Kanungo. (Eds.). Management of work and personal life (pp. 86-111). New York: Präger.

Crapanzano, V. (1995). Ritual der Wiederkehr. In R. Apsel (1995). (Hrsg.). Ethnopsychoanalyse. Arbeit, Alltag, Feste. Frankfurt a. M.: Brandes & Apsel Verlag GmbH.
Crompton, J. (1979). Motivations for pleasure Vacation. Annuals of Tourism Research, 6, 408-424.
Czikszentmihalyi, M. (1975). Beyond boredom and anxiety. San Francisco: Jossey-Bass.
Czikszentmihalyi, M., Rochberg-Halton, E. (1981). The meaning of things: Domestic symbols and the self. Cambridge: Cambridge University Press.
Czikszentmihalyi, M. (1998). Flow. Das Geheimnis des Glücks. 6. Aufl. Stuttgart: Klett-Cotta.
Danner, H. (1979). Methoden geisteswissenschaftlicher Methodik. München, Basel.
Devereux, G. (1973). Angst und Methode in den Verhaltenswissenschaften. München: Hanser.
Dienel, H.-L., Schmucki, B. (1997). (Hrsg.). Mobilität für alle. Stuttgart: Franz Steiner Verlag.
Dienel, H.-L. (1997). Ins Grüne und ins Blaue: Freizeitverkehr im West-Ost-Vergleich. BRD und DDR 1949-1990. In H.-L. Dienel, B. Schmucki. (Hrsg.). Mobilität für alle. Stuttgart: Franz Steiner Verlag.
DIVO. (1961). Die Reise im Vorstellungsbild und in den Erwartungen des Touristen. Unveröffentlichte Untersuchung. Starnberg: Studienkreis für Tourismus.
DIVO. (1962). Urlaub und Reise. Eine sozialpsychologische und motivationspsychologische Voruntersuchung. Unveröffentlichte Untersuchung. Starnberg: Studienkreis für Tourismus.
Dilthey, W. (1957). Die Entstehung der Hermeneutik. In Gesammelte Schriften V. Stuttgart, Göttingen.
Dilthey, W. (1961). Die geistige Welt. In Gesammelte Schriften. Bd. V. Stuttgart.
Dlugosch, G. E. (1994). Modelle in der Gesundheitspsychologie. In P. Schwenkmetzger, L. R. Schmidt (1994). (Hrsg.). Lehrbuch der Gesundheitspsychologie. Stuttgart: Ferdinand Enke Verlag.
Dovey, K. (1985). Home and homelessness. In I. Altman, C. M. Werner. (Eds.). Home Environments. New York and London: Plenum Press, S. 33-64.
Dreitzel, H. P. (1998). Emotionales Gewahrsein. Psychologische und gesellschaftliche Perspektiven in der Gestalttherapie. München: dtv.
Ellenberger, H. F. (1973). Die Entdeckung des Unbewussten. Bd. 1 . Bern, Stuttgart, Wien: Verlag Hans Huber.
Ellenberger, H. F. (1973). Die Entdeckung des Unbewussten. Bd. 2. Bern, Stuttgart, Wien: Verlag Hans Huber.
Enzensberger, H. M. (1958). Vergebliche Brandung der Ferne. Eine Theorie des Tourismus. Merkur, 12 (8), 701-720.
Enzensberger, H. M. (1962). Eine Theorie des Tourismus. In H. M. Enzensberger, (Hrsg.). Einzelheiten 1. Frankfurt am Main: Suhrkamp. Zuletzt wieder abgedruckt in: Universitas 42, (1987).
Erikson, E. H. (1999). Kindheit und Gesellschaft. Stuttgart: Klett-Cotta. (Originalausgabe 1950).
Flade, A. (1993 a). Spielen von Kindern im Wohnviertel: das Home-range Konzept. In H. J. Harloff, (Hrsg.). Psychologie des Wohnungs- und Siedlungsbaus. Psychologie im Dienste von Architektur und Stadtplanung. Göttingen, Stuttgart: Verlag für Angewandte Psychologie.

Flade, A. (1993 b). Wohnen und Wohnbedürfnisse im Blickpunkt. In H. J. Harloff, (Hrsg.). Psychologie des Wohnungs- und Siedlungsbaus. Psychologie im Dienste von Architektur und Stadtplanung. Göttingen, Stuttgart: Verlag für Angewandte Psychologie.

Flick, U., v. Kardorff, E., Keupp, H., v. Rosenstiel, L., Wolff, S. (1995). (Hrsg.). Handbuch Qualitative Sozialforschung. Grundlagen, Konzepte, Methoden und Anwendungen. 2. Aufl. Weinheim: Beltz, Psychologie-Verl.-Union.

Flick, U. (1996). Qualitative Forschung. Theorie, Methoden, Anwendung in Psychologie und Sozialwissenschaften. Reinbek bei Hamburg: Rowohlt.

Forgas, J. P. (1995). Soziale Interaktion und Kommunikation. Weinheim: Beltz.

Forum Umwelt & Entwicklung. (1998). (Hrsg.). Positionspapier zur Umwelt- und Sozialverantwortlichkeit des Tourismus im Rahmen einer nachhaltigen Entwicklung. Bonn: Forum Umwelt und Entwicklung.

Franke, A.; Broda, M. (1993). Psychosomatische Gesundheit. Versuch einer Abkehr vom Pathogenesekonzept. Tübingen: dgvt-Verlag.

Freud, S. (1908). Der Dichter und das Phantasieren. In Sigmund Freud. Studienausgabe Band X. Bildende Kunst und Literatur. Frankfurt am Main: Fischer.

Freud, S. (1921). Massenpsychologie und Ich-Analyse. In Gesammelte Werke. Bd. XIII. Frankfurt am Main: Fischer.

Freud, S. (1930). Das Unbehagen in der Kultur. In Sigmund Freud. Studienausgabe Band IX. Fragen der Gesellschaft. Ursprünge der Religion. Frankfurt am Main: Fischer.

Fuhrer, U. Kaiser, F. (1993). Ortsbindung: Ursachen und deren Konsequenzen für die Wohn- und Siedlungsgestaltung. In H. J. Harloff (1993). (Hrsg.). Psychologie des Wohnungs- und Siedlungsbaus. Psychologie im Dienste von Architektur und Stadtplanung. Göttingen, Stuttgart: Verlag für Angewandte Psychologie.

Gawatz, R., Novak, P. (1993). (Hrsg.). Soziale Konstruktionen von Gesundheit. Wissenschaftliche und alltagspraktische Gesundheitskonzepte. Ulm: Universitätsverlag GmbH.

Gebauer, O. J. (1981). Urlaub und Erholung aus psychologischer Sicht. Eine Modellstudie zum psychotherapeutischen Wert des Urlaubs. Phil. Diss., Freie Universität Berlin.

Gebhardt, U. (1991). Kind und lebendige Natur. Psychologische Aspekte kindlicher Naturbeziehungen. Habilitationsschrift: Universität Hannover.

Gebhardt, U. (1993). Erfahrungen von Natur und seelische Gesundheit. In H.-J. Seel, R. Sichler, B. Fischerlehner (Hrsg.). Mensch – Natur. Zur Psychologie einer problematischen Beziehung. Opladen: Westdeutscher Verlag.

Geertz, C. (1973). (Hrsg.). The interpretation of cultures. London: Hutchinson.

Geertz, C. (1983). Dichte Beschreibung. Beiträge zum Verstehen kultureller Systeme. Frankfurt: Suhrkamp.

Gibson, J. J. (1950). The perception of the visual world. Boston: Houghton Mifflin.

Gibson, J. J. (1966). The senses considered as perceptual systems. Boston: Houghton Mifflin.

Gibson, J. J. (1979). An ecological approach to visual perception. Boston: Houghton Mifflin.

Girtler, R. (1984). Methoden der qualitativen Sozialforschung. Anleitung zur Feldarbeit. Wien: Böhlau.

Glaser, B. G., Strauss, L. (1967). The Discovery of Grounded Theory. Strategies of Qualitative Research. Chicago: Aldim Publ.

Glaser, B. G. (1978). Advances in the Methodology of Grounded Theory. Theoretical Sensitivity. Mill Valley: The Sociology Press.

Glass, D. C., & Singer, J. E. (1972). Urban stress. New York: Academic Press.

Görlitz, D., Harloff, H. J., Mey, G., Valsiner, J. (1998). (Eds.). Children, Cities, and Psychological Theories. Developing Relationships. Berlin, New York: Walter de Gruyter.

Gohlis, T., Hennig, C., Kagelmann, H. J. Kramer, D. Spode, H. (1997). (Hrsg.). Voyage – Jahrbuch für Reise- & Tourismusforschung. Warum reisen? Köln: DuMont.

Gohlis, T., Hennig, C., Kagelmann, H. J. Kramer, D. Spode, H. (1998). (Hrsg.). Voyage – Jahrbuch für Reise- & Tourismusforschung. Das Bild der Fremde – Reisen und Imagination. Köln: DuMont.

Gohlis, T., Hennig, C., Kagelmann, H. J. Kramer, D. Spode, H. (1999). (Hrsg.). Voyage – Jahrbuch für Reise- & Tourismusforschung. Künstliche Ferien – Leben und Erleben im Freizeitreservat. Köln: DuMont.

Gohlis, T., Hennig, C., Kagelmann, H. J. Kramer, D. Spode, H. (2001). (Hrsg.). Voyage – Jahrbuch für Reise- & Tourismusforschung. Tourismus verändert die Welt – aber wie? Köln: DuMont.

Gohlis, T., Hennig, C., Kagelmann, H. J. Kramer, D. Spode, H. (2002). (Hrsg.). Voyage – Jahrbuch für Reise- & Tourismusforschung. Reisen & Essen. Köln: DuMont.

Graf, B. (1994). Die Psychologie des Reisens – Eine qualitative Studie zur Reisemotivation. Unveröffentlichte Diplomarbeit an der Technischen Universität Berlin. Psychologie im Institut für Sozialwissenschaften.

Graumann, C. F., Kruse, L., Lantermann E. D. (1985). Umweltpsychologie. Ein Handbuch in Schlüsselbegriffen. München: Urban & Schwarzenberg.

Graumann, C. F. (1996). Einführung in eine Geschichte der Sozialpsychologie. In W. Stroebe, M. Hewstone, G. M. Stephenson (Hrsg.) Sozialpsychologie. Eine Einführung. Berlin: Springer.

Greenacre, P. (1957). The childhood of the artist, libidinal phase development and giftedness. Psychoanal. Study Child, 12, S. 47-72.

Greenacre, P. (1958). The family romance of the artist. Psychoanal. Study Child., 13, S. 9-43.

Guntern, G. (1974). Sozialer Wandel und seelische Gesundheit: Der Wandel eines Bergdorfes von der Agrikultur zum Gastgewerbe. Psychiatria clinica, 7, 287-313.

Guntern, G. (1975). Changement social et consommation d'alcool dans un village de montagne. Schweitzer Archiv für Neurologie, Neurochirurgie und Psychiatrie, 116(2), 353-411.

Guntern, G. (1978). Alpendorf: tourisme, changement social, stress et problemes psychiatriques. Social Psychiatry, 13, 41-51.

Guntern, G. (1979). Social change, stress and mental health in the pearl of the alps. Berlin: Springer.

Haesler, L. (1994). Psychoanalyse. Therapeutische Methode und Wissenschaft vom Menschen. Stuttgart: Kohlhammer.

Hahn, H., Kagelmann, H. J. (1993). (Hrsg.). Tourismuspsychologie und Tourismussoziologie. Ein Handbuch zur Tourismuswissenschaft. München: Quintessenz.

Hard, G. (1975). Brache als Umwelt: Bemerkungen zu den Bedingungen ihrer Erlebniswirksamkeit. Landschaft und Stadt, 4, S. 145-153.

Hardin, G. (1968). The tragedy of the commons. Science, 162, 1243-1248.

Harloff, H. J. (1989). Zur Grundlegung der Wohnpsychologie. Zu Hause/Heim als transaktionales Konzept. Report Psychologie, 43, (5-6), 10-15.

Harloff, H. J. (1993). (Hrsg.). Psychologie des Wohnungs- und Siedlungsbaus. Psychologie im Dienste von Architektur und Stadtplanung. Göttingen, Stuttgart: Verlag für Angewandte Psychologie.

Harloff, H. J., Ritterfeld, U. (1993). Psychologie im Dienste der Wohnungs- und Siedlungsplanung. In H. J. Harloff (1993). (Hrsg.). Psychologie des Wohnungs- und Siedlungsbaus. Psychologie im Dienste von Architektur und Stadtplanung. Göttingen, Stuttgart: Verlag für Angewandte Psychologie.

Harloff, H. J., Hinding, B. (1993). Interaktionsmöglichkeiten in der Wohnsiedlung. Die freie Wohnungswirtschaft, 6, 172-177.

Harloff, H. J. (1998 a). Transactional, holistic, and relational-developmental perspectives on children in the cities. Introduction. In D. Görlitz, H. J. Harloff, G. Mey, J. Valsiner (1998). (Eds.). Children, Cities, and Psychological Theories. Developing Relationships. Berlin, New York: Walter de Gruyter.

Harloff, H. J., Lehnert, S., Eybisch, C. (1998 b). Children's life worlds in urban environments. In D. Görlitz, H. J. Harloff, G. Mey, J. Valsiner (1998). (Eds.). Children, Cities, and Psychological Theories. Developing Relationships. Berlin, New York: Walter de Gruyter.

Harloff, H. J., Christiaanse, K.W., Wendorf, G. & Zillich, K. unter Mitarbeit von B. Graf, B. Hinding, S. Lehnert, & O. Saphörster (1999 a). Die Bedeutung von Wohngruppen für die Bildung nachhaltiger Konsummuster. Forschungsbericht aus der Abteilung Psychologie im Institut für Sozialwissenschaften der Technischen Universität Berlin, Nr. 1-99.

Harloff, H. J., Hinding, B., Graf, B. (1999 b). Nachhaltige Raumpartnerschaften. Chancen und Probleme aus verkehrspsychologischer Sicht. Posterpräsentation.

Hart, R. A. (1979). Children's experience of place. New York: Irvington.

Hart, R. A. (1982). Wildlands for children: Consideration of the value of natural environments in landscape planning. Landschaft und Stadt, 14, S. 34-39.

Hartmann, K. D. (1962). Gruppierung von Urlaubsbedürfnissen aufgrund der Studie DIVO (1962). Unveröffentlichtes Vortragsmanuskript. Starnberg: Studienkreis für Tourismus.

Haubl, (1995). Kein Fest ohne Narren. In R. Apsel. (1995). (Hrsg.). Ethnopsychoanalyse. Arbeit, Alltag, Feste. Frankfurt a. M.: Brandes & Apsel Verlag GmbH.

Heckhausen, H. (1989). Motivation und Handeln. 2. Auflage. Berlin: Springer-Verlag.

Hellbrück, J., Fischer, M. (1999). Umweltpsychologie. Ein Lehrbuch. Göttingen, Bern, Toronto, Seattle: Hogrefe, Verlag für Psychologie.

Hellpach, W. (1935). Geopsyche (4.Aufl.). Leipzig: Wilhelm Engelmann.

Hennig, C. (1997). Reiselust. Touristen, Tourismus und Urlaubskultur. Frankfurt am Main und Leipzig: Insel.

Hennig, C. (1998). Reisen und Imagination. In: T. Gohlis, C. Hennig, H. J. Kagelmann, D. Kramer, H. Spode (1998). (Hrsg.). Voyage – Jahrbuch für Reise- & Tourismusforschung. Bd. 2: Das Bild der Fremde – Reisen und Imagination. Köln: DuMont.
Henrich, D., Iser, W. (1999). (Hrsg.). Theorien der Kunst. Frankfurt am Main: Suhrkamp
Heinrichs, H.-J. (1997). (Hrsg.). Das Fremde verstehen. Gespräche über Alltag, Normalität und Anormität. Gießen: Psychosozial-Verlag.
Herbers, K. (1991). Alte Wege: Unterwegs zu heiligen Stätten. Pilgerfahrten. In H. Bausinger, K. Beyrer, G. Korff (Hrsg.). Reisekultur. München: C.H. Beck.
Holkomb, B. (1977). The perception of natural vs. built environments by young children. In Northeastern Forest Experimentation Station (Hrsg.). Children, nature and the urban environment. Proceedings of a symposium fair. USDA Forest Servive general technical Report, NE-30, S. 33-38.
Jaeggi, E. (1989). Das präsentative Symbol als Wirkfaktor in der Psychotherapie oder: Der Patient als Künstler. Forum der Psychoanalyse, 2 , 1989, 140-153.
Jaeggi, E., Rohner, R., Wiedeman, P. M. (1990). Gibt es auch Wahnsinn, hat es doch Methoden. Eine Einführung in die Klinische Psychologie aus sozialwissenschaftlicher Sicht. München: Piper.
Jaeggi, E. (1995). Zu Heilen die zerstossenen Herzen. Die Hauptrichtungen der Psychotherapie und ihre Menschenbilder. Reinbek bei Hamburg: Rowohlt.
Jaeggi, E. (1999). Liebesglück – Beziehungsarbeit. Warum das Lieben heute schwierig ist. Reinbeck bei Hamburg: Rowohlt.
Johannsmeier, E. (1985). Über die Notwendigkeit von Naturerfahrungen bei kleinen Kindern. Das Gartenamt, 34, S. 292-300.
Kagelmann, H. J. (1993). (Hrsg.). Tourismuswissenschaft. Soziologische, sozialpsychologische und sozialanthropologische Untersuchungen. München: Quintessenz.
Kagelmann, H. J. (1993). Klinische Psychologie und Tourismus. In: H. Hahn, H. J. Kagelmann (1993). Tourismuspsychologie und Tourismussoziologie. Ein Handbuch zur Tourismuswissenschaft. München: Quintessenz.
Kagelmann, H. J. (1997). (Hrsg.). Tourismus und Gesundheit. Gießen: Psychosozial-Verlag.
Kagelmann, H. J. (1998). Erlebniswelten. Grundlegende Bemerkungen zum organisierten Vergnügen. In M. Rieder, R. Bachleitner, H. J. Kagelmann (1998). (Hrsg.). Erlebniswelten: Zur Kommerzialisierung der Emotionen in touristischen Räumen und Landschaften. München, Wien: Profil.
Kaplan, R. (1975). Some methods ans strategies in the prediction of preference. In E. H. Zube, R. O. Brush, & J. G. Fabos (Eds.). Landscape assesment (pp. 118-129). Stroudsburg, PA: Dowden, Hutchinson, & Ross.
Kaplan, S., & Kaplan, R. (1982). Cognition and the environment: Functioning in an uncertain world. New York: Praeger.
Kaplan, R. (1985). Nature at the doorstep: Residental satisfaction and the nearby environment. Journal of Architectural Planning Research, 2, 115-127.
Kaplan, R., & Kaplan, S. (1987). The garden as a restorative experience. In M. Francis & R. T. Hester, Jr. (Eds.). Meanings of the garden. (pp. 334-341). Davis, CA: University of California, Davis.
Kaplan, R., & Kaplan, S. (1989). The experience of nature: A psychological perspective. New York: Cambridge University Press.

Keitz, C. (1997). Reisen als Leitbild. Die Entstehung des modernen Massentourismus in Deutschland. München: dtv.
Kellert, S. R., Wilson, E. O. (Eds.). The biophilia hypothesis. Washington, DC: Island Press.
Kentler, H. (1963 a).Urlaub als Auszug aus dem Alltag. Deutsche Jugend, 11 (3), 118-124.
Kentler, H. (1963 b). Urlaub auf Sizilien. Beobachtungen in einem Jugendfreizeitlager am Mittelmeer. München: Studienkreis für Tourismus.
Kentler, H., Leithäuser, T., Lessing, H. (1969). Jugend im Urlaub. 2 Bände. Weinheim: Beltz.
Keul, A. G. (1997). Reise, Erholung, Urlaub, Gesundheit: Ein Feld zwischen Mythos und Empirie. psychosozial 20.Jg. Heft III (Nr. 69).
Keupp, H., Röhrle, B. (1995). (Hrsg.). Soziale Netzwerke. Frankfurt am Main: Campus.
Klein, M. (1950). Contributions to Psychoanalysis. London.
Klein, M., Heimann, P., Money-Kyrle, R. (1957). (Hrsg.) New Directions in Psychoanalysis. New York: Basic Books.
Klein, M. (1997). Das Seelenleben des Kleinkindes. Stuttgart: Klett-Cotta. (Originalausgabe 1962).
Kleining, G. (1994). Qualitativ-heuristische Sozialforschung. Schriften zur Theorie und Praxis. Hamburg-Harvestehude: Rolf Fechner Verlag.
Kleining, G. (1995). Lehrbuch Entdeckende Sozialforschung. Bd. 1. Von der Hermeneutik zur qualitativen Heuristik. Weinheim: Beltz, Psychologie Verlags Union.
Kleining, G. (1999). Introspektion als Forschungsmethode. Journal für Psychologie, Jahrgang 7/ Heft 2/ Juni 1999. Heidelberg: Asanger Verlag.
Knebel, H. J. (1960). Soziologische Strukturwandlungen im modernen Tourismus. Stuttgart: Enke
Koch, A., et al. (1990). Campingurlaub in der Bundesrepublik Deutschland. München: Verlag des Deutschen Wirtschaftswissenschaftlichen Instituts für Fremdenverkehr an der Universität München.
Kottje-Birnbacher, L., Sachsse, U., Wilke, E. (1997). (Hrsg.). Imagination in der Psychotherapie. Bern: Verlag Hans Huber.
Krippendorf, J. (1981). Die Landschaftsfresser. Tourismus und Erholungslandschaft – Verderben oder Segen. Bern: Forschungsinstitut für Fremdenverkehr.
Krippendorf, J. (1984). Die Ferienmenschen. Für ein neues Verständnis von Freizeit und Reisen. Zürich: Orell Füssli.
Krisch, R., Ulbing, M. (1992). Zum Leben finden. Beiträge zur angewandten Gestalttherapie. Köln: Edition Humanistische Psychologie.
Krisch, R. (1992). Der gestalttherapeutische Krankheitsbegriff. In R. Krisch, M. Ulbing (1992). Zum Leben finden.. Beiträge zur angewandten Gestalttherapie. Köln: Edition Humanistische Psychologie.
Krusche, D. (1994). Reisen. Verabredung mit der Fremde. München: Verlag C.H. Beck.
Kunzendorf, E. (1993). Konzeptionelle Zugänge zu einer positiven Bestimmung des Begriffes Gesundheit. In R. Gawatz, P. Novak. (Hrsg.) Soziale Konstruktionen von Gesundheit. Wissenschaftliche und alltagspraktische Gesundheitskonzepte. Ulm: Universitätsverlag GmbH.

Lang, A. et al. (1987). Gemeinschaft und Vereinsamung im strukturierten Raum: Psychologische Architekturkritik am Beispiel Altersheim. Schweizerische Zeitschrift für Psychologie, 46 (3/4), 277-289.

Lamnek, S. (1995). Qualitative Sozialforschung. Band 1: Methodologie. Weinheim: Beltz, Psychologie Verlags Union.

Lamnek, S. (1995). Qualitative Sozialforschung. Band 2: Methoden und Techniken. Weinheim: Beltz, Psychologie Verlags Union.

Lasch, C. (1979). Das Zeitalter des Narzißmus. München: DTV

Lazarus, R. S. (1966). Psychological stress and the coping prozess. New York: Mc Graw-Hill.

Lazarus, R. S., Launier, R. (1978). Stress-related transactions between person and environment. In L. A. Pervin, M. Lewis. (Eds.). Perspectives in interactional psychology (pp. 287-327). New York: Plenum.

Legewie, H. (1995). Feldforschung und teilnehmende Beobachtung. In U. Flick, E. v. Kardorff, H. Keupp, L. v. Rosenstiel, S. Wolff (Hrsg.). Handbuch Qualitative Sozialforschung. Grundlagen, Konzepte, Methoden und Anwendungen. 2. Aufl. Weinheim: Beltz, Psychologie-Verl.-Union.

Lehr, U. (1964). Urlaubserwartungen – Lebensalter. Das Reisebüro, 3.

Lewin, K. (1928). Bedeutung der psychischen Sättigung für einige Probleme der Psychotechnik. Psychotechnische Zeitschrift, 3, 182-188.

Lewin, K. (1943). Defining the „field at a given time". Psychological Review, 50, 292-310.

Lewin, K. (1946). Behavior and development as a function of the total situation. In L. Carmichael (Ed.). Manual of child psychology. New York: Wiley.

Lewin, K. (1948). Resolving social conflicts: selected papers on group dynamics. New York: Springer-Verlag.

Lewin, K. (1963). Feldtheorie in den Sozialwissenschaften. Bern: Huber.

Lewin, K. (1965). Group decision and social change. In H. Proshansky and B. Seidenberg (Eds.). Basic studies in Social Psychology. London: Holt, Rinehart & Winston.

Liebs, E. (1991). Reisen auf dem Kanapee. Schelme, Schiffbrüchige und Schaulustige: Robinsonaden und Aventüren als Alibi für Zivilisationskritiker, Gottsucher und Erotomanen. In H. Bausinger, K. Beyrer, G. Korff (Hrsg.), Reisekultur. München: C.H. Beck.

Lindner, R. (1981). Die Angst des Forschers vor dem Feld. Überlegungen zur teilnehmenden Beobachtung als Interaktionsprozess. Zeitschrift für Volkskunde.

Linke, H. (1971). Es-Autonomie und Ich-Entwicklung. Psyche. Zeitschrift für Psychoanalyse und ihre Anwendungen, Bd. 15, S. 801-830. Stuttgart: Ernst Klett Verlag.

Löschburg, W. (1997). Und Goethe war nie in Griechenland. Kleine Kulturgeschichte des Reisens. Leipzig: Gustav Kiepenhäuer.

Lohmann, M. (1993). Langfristige Erholung. In H. Hahn, H. J. Kagelmann (Hrsg.). Tourismuspsychologie und Tourismussoziologie. Ein Handbuch zur Tourismuswissenschaft. München: Quintessenz.

Mahler, M., Pine, F., Bergmann, A. (1993). Die psychische Geburt des Menschen. Symbiose und Individuation. (Erste Auflage 1975). Frankfurt am Main: Fischer.

Malinowski, B. (1922). Argonauts of the western pacific. An account of native enterprise and adventure in the archipelagoes of melanesian New Guinea. London (1953): Routledge & Kenan Paul LTD.

Martin, R. A., Kuiper, N. A., Olinger, L. J., & Dobbin, J. (1987). Is stress always bad? Telic versus paratelic dominance as a stress-moderating variable. Journal of Personality and Social Psychology, 53, 970-982.

Maslow, A. (1973). Psychologie des Seins. München: Kindler.

Maurer, M. (1999). (Hrsg.). Neue Impulse der Reiseforschung. Berlin: Akademie Verlag.

Mayring, P. (1990). Einführung in die qualitative Sozialforschung. München: Psychologie Verlags Union.

Mäder, U. (1982). Fluchthelfer Tourismus: Wärme in der Ferne? Zürich: Rotpunktverlag.

Mäder, U. (1985). Sanfter Tourismus: Alibi oder Chance? Zürich: Rotpunktverlag.

Mentzos, S. (1993). Neurotische Konfliktverarbeitung. Einführung in die psychoanalytische Neurosenlehre unter Berücksichtigung neuer Perspektiven. Frankfurt am Main: Fischer.

Meuser, M., Nagel, U. (1991). ExpertInneninterviews – vielfach erprobt, wenig bedacht. Ein Beitrag zur qualitativen Methodendiskussion. In D. Garz, K. Kraimer (Hrsg.). Qualitativ empirische Sozialforschung. S. 441-468. Opladen: Westdeutscher Verlag.

Mitscherlich, A. (1965). Die Unwirtlichkeit unserer Städte. Frankfurt am Main: Suhrkamp Verlag.

Mogel, H. (1995). Geborgenheit. Psychologie eines Lebensgefühls. Berlin: Springer-Verlag.

Moore, R, Young, D. (1978). Children Outdoors: Towards a Social Ecology of the Landscape. In I. Altman, J. F. Wohlwill (Hrsg.). Children and the Environment. New York: Plenum Press.

Muchow, M., & Muchow, H. H. (1978). Der Lebensraum des Großstadtkindes [The life space of the urban child]. Bensheim: päd. extra. (Orginal work published 1935).

Müller, H. (1995). Nachhaltige Regionalentwicklung durch Tourismus: Ziele – Methoden – Perspektiven. In A. Steinecke (Hrsg.). Tourismus und nachhaltige Entwicklung. Strategien und Lösungsansätze. ETI-Texte, 7, Trier.

Nickel, H. (1982). Entwicklungspsychologie des Kindes- und Jugendalters. Band I. Bern Stuttgart Wien: Verlag Hans Huber.

Nöldner, W. (1990). Gesundheitsverhalten in Freizeit und Urlaub. In R. Schwarzer (Hrsg.). Gesundheitspsychologie. Ein Lehrbuch. Göttingen, Toronto, Zürich: Verlag für Psychologie. Dr. C.J. Hogrefe.

Northeastern Forest Experimentation Station (1977). (Hrsg.). Children, nature and the urban environment. Proceedings of a symposium fair. USDA Forest Servive general technical Report, NE-30, S. 33-38.

Opaschowski, H. W. (1991). Mythos Urlaub. Die unerfüllbare Sehnsucht nach dem Paradies – eine motivationspsychologische Studie. Hamburg: B.A.T. Freizeit - Forschungsinstitut.

Opaschowski, H. W. (1994). Einführung in die Freizeitwissenschaft. Opladen: Leske & Budrich.

Opaschowski, H. W. (1996). Tourismus. Eine systematische Einführung. Opladen: Leske & Budrich.

Opaschowski, H. W. (1999). Umwelt. Freizeit. Mobilität. Konflikte und Konzepte. Opladen: Leske & Budrich
Otterstädt, H. (1962). Untersuchungen über den Spielraum von Vorortkindern einer mittleren Stadt. Psychologische Rundschau, 13, S.275-287.
Parr, A. E. (1966). Psychological aspects of urbanology. Journal of social issues, 22, 39-45.
Pearce, P.L. (1983). The social psychology of tourism. London: Pergamon Press.
Pearls, F. S. (1991). Das Ich, der Hunger und die Aggression. München: dtv/Klett-Cotta.
Pearls, F. S., Hefferline, R. F., Goodman, P. (1992). Gestalttherapie. Grundlagen. München: dtv/Klett-Cotta.
Pfeiffer, I. (1980). Reise nach Madagaskar. Marburg. Zitiert nach H. Zientek (1995). Ida Pfeiffer: 1797-1858. In Eile um die Welt. In L. Potts (Hrsg.). Aufbruch und Abenteuer. Frauen- Reisen um die Welt ab 1785. Frankfurt am Main: Fischer.
Pfeiffer, I. Abenteuer Inselwelt. Die Reise 1851 durch Borneo, Sumatra und Java. [Hrsg.: Gabriele Habinger (1993).]. Wien: Promedia-Verl.-Ges.
Piaget, J. (1923). La langue et la pensée chez l'enfant. Neuchâtel: Delachaux et Niestlé.
Piaget, J. (1936). La naissance de l'intelligence chez l'enfant. Neuchâtel: Delachaux et Niestlé.
Piaget, J. (1948). Psychologie der Intelligenz. Zürich: Rascher.
Potts, L. (1995). Alexandra David-Neel: 1868-1969. Reisen als Abenteuer des Geistes - als Lamina und Bettelnonne in Tibet. In L. Potts (Hrsg.). Aufbruch und Abenteuer. Frauen- Reisen um die Welt ab 1785. Frankfurt am Main: Fischer.
Prahl, H. W., Steinecke, A. (1981). Tourismus. Stuttgart: Reclam.
Richter, D. (1984). Schlaraffenland. Geschichte einer populären Phantasie. Köln: Diederichs.
Rieder, M., Bachleitner R., Kagelmann, J. (1998). (Hrsg.). Erlebniswelten: Zur Kommerzialisierung der Emotionen in touristischen Räumen und Landschaften. München, Wien: Profil.
Rogers, C. R. (1951). Client-Centered Therapy. Boston: Houghton Mifflin.
Rogers, C. R. (1970). On Becoming a Person: A Therapist's View of Psychotherapy. Boston: Houghton Mifflin.
Rogers, C. R. (1977). Carl Rogers on Personal Power. New York: Delacorte Press.
Romeiß-Stracke, F. (1997). Nomaden sind wir alle. In T. Gohlis, C. Hennig, H. J. Kagelmann, D. Kramer, H. Spode. Voyage. Jahrbuch für Reise- & Tourismusforschung 1997. Schwerpunktthema: Warum reisen? Köln: DuMont Buchverlag.
Saegert, S., & Winkel, G. (1980). The home: A critical problem for changing sex roles. In G. R. Wekerle, R. Peterson, & D. Morley (Eds.). New space for women (pp. 41-63). Boulder, CO: Westview.
Saegert, S. (1987). Environmental psychology and social change. In D. Stokols, I. Altman (Eds.). Handbook of environmental psychology. Vol. 1. New York: Wiley.
Schachter, S. & Singer, J. E. (1962). Cognitive, social and physiological determinants of emotional states. Psychological Review, 69, 379-399.

Scheuch, E. K. (1977). Soziologie der Freizeit. In R. König (Hrsg.). Handbuch der empirischen Sozialforschung. Bd. 11. Freizeit und Konsum. 2. Aufl. Stuttgart: Enke.
Scheuch, E. K. (1981). Tourismus. In F. Stoll (Hrsg.) Kindlers `Psychologie des 20. Jahrhunderts´. Bd. 2. Weinheim: Beltz.
Schmitz-Scherzer, R., Rudinger, G. (1969). Motive, Erwartungen, Wünsche in bezug auf Urlaub und Verreisen. In Motive – Meinungen – Verhaltensweisen. Starnberg: Studienkreis für Tourismus.
Schmitz-Scherzer, R. (1977). Urlaub – Wer reist warum wohin: Tourismus-Forschung. Psychologie heute, 6, 25-26.
Schneider, K.(1990). Grenzerlebnisse. Köln: Edition Humanistische Psychologie.
Schnur, H. (1997). „Die unzweifelhaft glücklichsten Tage meines Lebens". Zur Geschichte des Reisens in Seebäder. Heilbad und Kurort. Zeitschrift für das gesamte Bäderwesen. 49. S. 236-240. Bonn: Deutscher Bäderverband e.V.
Schober, R. (1975). Was wollen die Urlauber wirklich? Animation im Urlaub. Starnberg: Studienkreis für Tourismus.
Schober, R. (1979). Urlaubserwartungen – Urlaubswünsche. Das Reisebüro, 9.
Schultz, I., Empacher, C., Götz, K. (1999). Konsumtypen und Konsumstile deutscher Haushalte. Ergebnisse einer empirischen Haushaltexploration zu nachhaltigem Konsumverhalten. Frankfurt am Main: ISOE GmbH.
Schulze, G. (1993). Die Erlebnisgesellschaft. Kultursoziologie der Gegenwart. Frankfurt/New York: Campus Verlag.
Schwenkmetzger, P., Schmidt, L.R. (1994). (Hrsg.). Lehrbuch der Gesundheitspsychologie. Stuttgart: Ferdinand Enke Verlag.
Seel, H.-J., Sichler, R., Fischerlehner, B. (1993). (Hrsg.). Mensch – Natur. Zur Psychologie einer problematischen Beziehung. Opladen: Westdeutscher Verlag.
Segal, H. (1986). Delusion and Artistic Creativity & Other Psychoanalytic Essays. London: Free Associations Books.
Seithe, A. (1997). Die Rolle der Imagination in der Psychotherapie. In L. Kottje-Birnbacher, U. Sachsse, E. Wilke (1997). (Hrsg.). Imagination in der Psychotherapie. Bern: Verlag Hans Huber.
Selye, H. (1956). The stress of life. New York: McGraw-Hill.
Sherrod, D. R., Armstrong, D., Hewitt, J., Madonia, B., Speno, S., Fenyd, D. (1977). Environmental attention, affect and altruism. Journal of Applied Social Psychology, 7, 359-371.
Spijk van, P. (1993). Gesundheitskonzepte in historischer Perspektive. In R. Gawatz, P. Novak. (Hrsg.) Soziale Konstruktionen von Gesundheit. Wissenschaftliche und alltagspraktische Gesundheitskonzepte. Ulm: Universitätsverlag GmbH.
Spode, H. (1988). Der moderne Tourismus – Grundlinien seiner Entstehung und Entwicklung vom 18. Bis zum 20. Jahrhundert. In D. Storbeck (Hrsg.). Moderner Tourismus – Tendenzen und Aussichten. Trier: Selbstverlag der geographischen Gesellschaft Trier in Zusammenarbeit mit der Fachgruppe Geographie der Universität Trier.
Spode, H. (1993 a). Geschichte des Tourismus. In H. Hahn, H. J. Kagelmann (Hrsg.). Tourismuspsychologie und Tourismussoziologie. Ein Handbuch zur Tourismuswissenschaft. München: Quintessenz.

Spode, H. (1993 b). Historische Tourismusforschung. In H. Hahn, H. J. Kagelmann (Hrsg.). Tourismuspsychologie und Tourismussoziologie. Ein Handbuch zur Tourismuswissenschaft. München: Quintessenz.

Spode, H. (1997). Wohin die Reise geht. In T. Gohlis, C. Hennig, H. J. Kagelmann, D. Kramer (Hrsg.). Voyage – Jahrbuch für Reise- & Tourismusforschung. Bd. 1: Warum reisen? Köln: DuMont.

Scheuch, E. K. (1981). Tourismus. In „Die Psychologie des 20. Jahrhunderts", Bd. XIII. – Zürich.

Stark, W. (1989). (Hrsg.). Lebensweltbezogene Prävention und Gesundheitsförderung - Konzepte und Strategien für die psychosoziale Praxis. Freiburg: Lambertus.

Stark, W. (1989). Prävention als Gestaltung von Lebensräumen. Zur Veränderung und notwendigen Reformulierung eines Konzeptes. In W. Stark (Hrsg.). Lebensweltbezogene Prävention und Gesundheitsförderung - Konzepte und Strategien für die psychosoziale Praxis. Freiburg: Lambertus.

Steinecke, A. (1988). Urlaubserwartungen und Urlaubertypen – Möglichkeiten und Probleme der soziologischen und psychologischen Zielgruppenbestimmung und Marktsegmentierung. In D. Storbeck (Hrsg.). Moderner Tourismus – Tendenzen und Aussichten. Trier: Selbstverlag der geographischen Gesellschaft Trier in Zusammenarbeit mit der Fachgruppe Geographie der Universität Trier.

Steinecke, A. (1995). (Hrsg.). Tourismus und nachhaltige Entwicklung. Strategien und Lösungsansätze. ETI-Texte, 7, Trier.

Stokes, A. (1957). Form in Art. In M. Klein, P. Heimann, R. Money-Kyrle (Hrsg.). New Directions in Psychoanalysis. New York: Basic Books.

Stokes, A. (1962). Some Connections and Differences Between Visionary and Aesthetic Experience. Three Essays on the Painting of our Time. London: Tavistock Publications.

Storbeck, D. (1988). (Hrsg.). Moderner Tourismus – Tendenzen und Aussichten. Trier: Selbstverlag der geographischen Gesellschaft Trier in Zusammenarbeit mit der Fachgruppe Geographie der Universität Trier.

Storbeck, D. (1988). Der moderne Tourismus als Gegenstand interdisziplinärer Forschung. In D. Storbeck (Hrsg.). Moderner Tourismus – Tendenzen und Aussichten. Trier: Selbstverlag der geographischen Gesellschaft Trier in Zusammenarbeit mit der Fachgruppe Geographie der Universität Trier.

Storbeck, D. (1988). Sozialwissenschaftliche Erklärungsansätze für den modernen Tourismus. In D. Storbeck (Hrsg.). Moderner Tourismus – Tendenzen und Aussichten. Trier: Selbstverlag der geographischen Gesellschaft Trier in Zusammenarbeit mit der Fachgruppe Geographie der Universität Trier.

Strauss, A. L. (1994). Grundlagen qualitativer Sozialforschung. München: Wilhelm Fink Verlag.

Strauss, A. L., Corbin, J. (1996). Grounded Theory: Grundlagen Qualitativer Sozialforschung. Weinheim: Beltz.

Stroebe, W., Hewstone, M., Stephenson, G. M. (1996). (Hrsg.) Sozialpsychologie. Eine Einführung. Berlin: Springer.

Strübing, J. (1997). ATLAS/ti-Kurs. Einführung in das Arbeiten mit dem Programm ATLAS/ti für Windows95 Versionen 4.0 und 4.1. Mitteilungen aus dem Schwerpunktbereich Methodenlehre, Heft 48, Institut für Soziologie an der Freien Universität Berlin.

Suedfeld, P., Turner, J. W., Jr., & Fine, T. H., (Eds.). (1990). Restricted environmental stimulation: Theoretical and empirical developements in flotation REST. New York: Springer.
Tajfel, H., Turner, J. C. (1986). The social identity theory of intergroup behavior. In S. Worchel & W. G. Austin (Eds.). Psychology of intergroup relations. Chicago: Nelson-Hall.
Titchener, E. B. (1912). Prolegomena to a Study of Introspection. American Journal of Psychology, 23, 427-448.
Tögel, C. (1989). Berggasse – Pompeji und zurück. Sigmund Freuds Reisen in die Vergangenheit. Tübingen: Edition Diskord.
Trojan, A., Hindebrandt, A. (1989). Konzeptionelle Überlegungen zur Netzwerkförderung auf lokaler Ebene. In W. Stark (Hrsg.). Lebensweltbezogene Prävention und Gesundheitsförderung. Freiburg: Lambertus.
Tuan, Yi-Fu (1978). Children and the natural environment. In I. Altman, J. F. Wohlwill. (Hrsg.). Children and the Environment. New York: Plenum Press.
Ulrich, R. S. (1979). Visual landscapes and psychological wellbeing. Landscape research, 4, 17-23.
Ulrich, R. S. (1981). Natural versus urban scenes: Some psychophysical effects. Environment and Behavior, 13, 523-556.
Ulrich, R. S. (1983). Aesthetic and affective responses to the natural environment. In I. Altman & J. Wohlwill (Eds.). Human behavior and environment., Vol. 6: Behavior and the natural environment. (pp. 51-84). New York: Plenum Press.
Ulrich, R. S. (1984). View trought a window may influence recovery from surgery. Science, 224, 420- 421.
Ulrich, R. S. (1986). Human responses to vegetation and landscapes. Landscape and Urban Planning, 13, 29-44.
Ulrich, R. S., Simmons, R. F., Losito, B. D., Fiorito, E., Miles, M. A., & Zelson, M. (1991). Stress recovery during exposure to natural and urban environments. Journal of Environmental Psychology, 11, 201-230.
Ulrich, R. S. (1993). Biophilia and the conservation ethic. In S. R. Kellert, E. O. Wilson (Eds.). The biophilia hypothesis. Washington, DC: Island Press.
Umweltbundesamt Berlin. (1997). In (die) Zukunft reisen? Perspektiven für unseren Traumurlaub. Berlin: UBA.
Umweltbundesamt Berlin. (1997). Nachhaltiges Deutschland – Wege zu einer dauerhaften Entwicklung. Berlin: Erich Schmidt.
Watson, J. B. (1913). Psychology as the Behaviorist views it. Psychological Review, Band 20, 158-177.
Webley, P. (1981). Sex differences in home range and cognitive maps in 8-year-old children. Journal of Environmental Psychology, 1, 293-302.
Werner, C. M., Altman, I. (1998). A dialectical/transactional framework of social relations: Cildren in secondary territories. In D. Görlitz, H. J. Harloff, G. Mey, J. Valsiner (1998). (Eds.).Children, Cities, and Psychological Theories. Developing Relationships. Berlin, New York: Walter de Gruyter.
Widmer, P. (1991). Die Lust am Verbotenen und die Notwendigkeit, Grenzen zu überschreiten. Zürich: Kreuz-Verlag.
Wiemann, I. (1970). Der Mann und seine Freizeit. Unterwegs. Zur Psychologie des Urlaubs. Stuttgart: Ehapa.

Wilke, E. (1997). Zur Entwicklung und Definition der Katathym-imaginativen Psychotherapie (KiP). In L. Kottje-Birnbacher, U. Sachsse, E. Wilke (1997). (Hrsg.). Imagination in der Psychotherapie. Bern: Verlag Hans Huber.

Wilson, E. O. (1984). Biophilia: The human bond with other species. Cambridge, MA: Harvard University Press.

Winter, G. (1988). Motivations- und emotionspsychologische Aspekte von Reisehandlungen. In D. Storbeck (Hrsg.). Moderner Tourismus – Tendenzen und Aussichten. Trier: Selbstverlag der geographischen Gesellschaft Trier in Zusammenarbeit mit der Fachgruppe Geographie der Universität Trier.

Witzel, A. (1985). Das problemzentrierte Interview. In G. Jüttemann (Hrsg.). Qualitative Forschung in der Psychologie. Weinheim: Beltz.

Wohlmann, R. (1993). Entwicklung des Tourismus 1954-1991. In H. Hahn, H. J. Kagelmann (1993). Tourismuspsychologie und Tourismussoziologie. Ein Handbuch zur Tourismuswissenschaft. München: Quintessenz.

Wohlwill, J. F. (1974). Human response to levels of environmental stimulation. Human Ecology, 2, 127-147.

World Health Organisation. (1989 a). (Eds.). Monitoring of the strategy for health for all by the year 2000. Part 1: Monitoring by country 1988/1989. Copenhagen: WHO

World Health Organisation. (1989 b). (Eds.). Evaluation of the strategy for health for all by the year 2000. Part 2: Monitoring by country 1988/1989. Copenhagen: WHO

WTO Tourism Bill of Rights. (1985). Sofia.

Wyss, D. (1991). Die tiefenpsychologischen Schulen von den Anfängen bis zur Gegenwart. Entwicklung, Probleme, Krisen. 6., ergänzte Auflage. Göttingen: Vandenhoeck & Ruprecht.

Zientek, H. (1995). Ida Pfeiffer: 1797-1858. In Eile um die Welt. In L. Potts (Hrsg.). Aufbruch und Abenteuer. Frauen- Reisen um die Welt ab 1785. Frankfurt am Main: Fischer.

Zube, E. H., Brush, R. O. & Fabos J. G. (1975). (Eds.). Landscape assesment. Stroudsburg, PA: Dowden, Hutchinson, & Ross.

Zuckerman, M. (1979). Sensation seeking: Beyond the optimal level of arousal. Hillsdale, NJ: Erlbaum.

Zentrum **Technik und Gesellschaft**

Technische Universität Berlin

Transdisziplinäres Forschungszentrum mit den Schwerpunkten

- **Nachhaltigkeit/ Forschung für eine nachhaltige Entwicklung/ sozialökologische Forschung**
- **Sozialwissenschaftliche Mobilitätsforschung**
- **Technik im Alltag**
- **Kommunikation, Wissen, Bildung**